云南民族大学·学术文库

中国农民经营组织化研究

——基于鲁、陕、晋、宁四省区的实地调研

史冰清　著

人民出版社

责任编辑:邵永忠
装帧设计:徐　晖
责任校对:吕　飞

图书在版编目(CIP)数据

中国农民经营组织化研究:基于鲁、陕、晋、宁四省区的实地调研/史冰清　著.
　-北京:人民出版社,2012.6
ISBN 978 - 7 - 01 - 010790 - 5

Ⅰ.①中…　Ⅱ.①史…　Ⅲ.①农户经济-经济管理-研究-中国　Ⅳ.①F325.1

中国版本图书馆 CIP 数据核字(2012)第 056124 号

中国农民经营组织化研究

ZHONGGUO NONGMIN JINGYING ZUZHIHUA YANJIU

——基于鲁、陕、晋、宁四省区的实地调研

史冰清　著

人民出版社 出版发行
(100706　北京朝阳门内大街 166 号)

北京市文林印务有限公司印刷　新华书店经销

2012 年 6 月第 1 版　2012 年 6 月北京第 1 次印刷
开本:710 毫米×1000 毫米 1/16　印张:15.5
字数:270 千字　印数:0,001-2,000 册

ISBN 978 - 7 - 01 - 010790 - 5　定价:38.00 元

邮购地址 100706　北京朝阳门内大街 166 号
人民东方图书销售中心　电话 (010)65250042　65289539

《云南民族大学学术文库》总序

云南民族大学党委书记、教授、博导 甄朝党
云南民族大学校长、教授、博导 张英杰

　　云南民族大学是一所培养包括汉族在内的各民族高级专门人才的综合性大学,是云南省省属重点大学,是国家民委和云南省人民政府共建的全国重点民族院校。学校始建于1951年8月,受到毛泽东、周恩来、邓小平、江泽民、胡锦涛等几代党和国家领导人的亲切关怀而创立和不断发展,被党和国家特别是云南省委、省政府以及全省各族人民寄予厚望。几代民族大学师生不负重托,励精图治,经过近60年的建设尤其是最近几年的创新发展,云南民族大学已经成为我国重要的民族高层次人才培养基地、民族问题研究基地、民族文化传承基地和国家对外开放与交流的重要窗口,在国家高等教育体系中占有重要地位,并享有较高的国际声誉。

　　云南民族大学是一所学科门类较为齐全、办学层次较为丰富、办学形式多样、师资力量雄厚、学校规模较大、特色鲜明、优势突出的综合性大学。目前拥有1个联合培养博士点,50个一级、二级学科硕士学位点和专业硕士学位点,60个本科专业,涵盖哲学、经济学、法学、教育学、文学、历史学、理学、工学和管理学9大学科门类。学校1979年开始招收培养研究生,2003年被教育部批准与中国人民大学联合招收培养社会学博士研究生,2009年被确定为国家立项建设的新增博士学位授予单位。国家级、省部级特色专业、重点学科、重点实验室、研究基地,国家级和省部级科研项目立项数、获奖数等衡量高校办学质量和水平的重要指标持续增长。民族学、社会学、经济学、管理学、民族语言文化、民族药资源化学、东南亚南亚语言文化等特色学科实力显著增强,在国内外的影响力不断扩大。学校科学合理的人才培养体系和科学研究体系得到较好形成和健全完善,特色得以不断彰显,优势得以不断突出,影响力得以不断扩大,地位与水平得以

不断提升,学校改革、建设、发展不断取得重大突破,学科建设、师资队伍建设、校区建设、党的建设等工作不断取得标志性成就,通过人才培养、科学研究、服务社会、传承文明,为国家特别是西南边境民族地区发挥作用、作出贡献的力度越来越大。

云南民族大学高度重视科学研究,形成了深厚的学术积淀和优良的学术传统。长期以来,学校围绕经济社会发展和学科建设需要,大力开展科学研究,产出大量学术创新成果,提出一些原创性理论和观点,得到党委政府的肯定和学术界的好评。早在 20 世纪 50 年代,以著名民族学家马曜教授为代表的一批学者就从云南边疆民族地区实际出发,提出"直接过渡民族"理论,得到党和国家高层领导刘少奇、周恩来、李维汉等的充分肯定并采纳,直接转化为指导民族工作的方针政策,为顺利完成边疆民族地区社会主义改造、维护边疆民族地区团结稳定和持续发展发挥了重要作用,作出了突出贡献。汪宁生教授是我国解放后较早从事民族考古学研究并取得突出成就的专家,为民族考古学中国化作出重要贡献,他的研究成果被国内外学术界广泛引用。最近几年,我校专家主持完成的国家社会科学基金项目数量多,成果质量高,结项成果中有 3 项由全国哲学社会科学规划办公室刊发《成果要报》报送党和国家高层领导,发挥了资政作用。主要由我校专家完成的国家民委《民族问题五种丛书》云南部分、云南民族文化史丛书等都是民族研究中的基本文献,为解决民族问题和深化学术研究提供了有力支持。此外,还有不少论著成为我国现代学术中具有代表性的成果。

改革开放 30 多年来,我国迅速崛起,成为国际影响力越来越大的国家。国家的崛起为高等教育发展创造了机遇,也对高等教育提出了更高的要求。2009 年,胡锦涛总书记考察云南,提出要把云南建成我国面向西南开放的重要桥头堡的指导思想。云南省委、省政府作出把云南建成绿色经济强省、民族文化强省和我国面向西南开放重要桥头堡的战略部署。作为负有特殊责任和使命的高校,云南民族大学将根据国家和区域发展战略,进一步强化人才培养、科学研究、社会服务和文化传承的功能,围绕把学校建成"国内一流、国际知名的高水平民族大学"的战略目标,进一步加大学科建设力度,培育和建设一批国内省内领先的学科;进一步加强人才队伍建设,全面提高教师队伍整体水平;进一步深化教育教学改革,提高教育国际化水平和人才培养质量;进一步抓好科技创新,提高学术水平和学术地位,把云南民族大学建设成为立足云南、面向全国、辐射东南亚南亚的高水平民族大学,为我国经济社会发展特别是云南边疆民族地区经济社会发展作出更大贡献。

学科建设是高等学校龙头性、核心性、基础性的建设工程,科学研究是高等学校的基本职能与重要任务。为更好地促进学校科学研究工作、加强学科建设、推进学术创新,学校党委决定编辑出版《云南民族大学学术文库》。

这套文库将体现科学研究为经济社会发展服务的特点。经济社会需要是学术研究的动力,也是科研成果的价值得以实现的途径。当前,我国和我省处于快速发展时期,经济社会发展中有许多问题需要高校研究,提出解决思路和办法,供党委政府和社会各界参考和采择,为发展提供智力支持。我们必须增强科学研究的现实性、针对性,加强学术研究与经济社会发展的联系,才能充分发挥科学研究的社会作用,提高高校对经济社会发展的影响力和贡献度,并在这一过程中实现自己的价值,提升高校的学术地位和社会地位。云南民族大学过去有这方面的成功经验,我们相信,随着文库的陆续出版,学校致力于为边疆民族地区经济社会发展服务、促进民族团结进步、社会和谐稳定的优良传统将进一步得到弘扬,学校作为社会思想库与政府智库的作用将进一步得到巩固和增强。

这套文库将与我校学科建设紧密结合,体现学术积累和文化创造的特点,突出我校学科特色和优势,为进一步增强学科实力服务。我校 2009 年被确定为国家立项建设的新增博士学位授予单位,这是对我校办学实力和水平的肯定,也为学校发展提供了重要机遇,同时还对学校建设发展提出了更高要求。博士生教育是高校人才培养的最高层次,它要求有高水平的师资和高水平的科学研究能力和研究成果支持。学科建设是培养高层次人才的重要基础,我们将按照国家和云南省关于新增博士学位授予单位立项建设的要求,遵循"以学科建设为龙头,人才队伍建设为关键,以创新打造特色,以特色强化优势,以优势谋求发展"的思路,大力促进民族学、社会学、应用经济学、中国语言文学、公共管理学等博士授权与支撑学科的建设与发展,并将这些学科产出的优秀成果体现在这套学术文库中,并用这些重点与特色优势学科的建设发展更好地带动全校各类学科的建设与发展,努力使全校学科建设体现出战略规划、立体布局、突出重点、统筹兼顾、全面发展、产出成果的态势与格局,用高水平的学科促进高水平的大学建设。

这套文库将体现良好的学术品格和学术规范。科学研究的目的是探寻真理,创新知识,完善社会,促进人类进步。这就要求研究者必须有健全的主体精神和科学的研究方法。我们倡导实事求是的研究态度,文库作者要以为国家负责、为社会负责、为公众负责、为学术负责的高度责任感,严谨治学,追求真理,保证科研成果的精神品质。要谨守学术道德,加强学术自律,按照学术界公认的学术规范开展研究,撰写著作,提高学术质量,为学术研究的实质性进步作出不懈努力。只有这样,才能做出有思想深度、学术创见和社会影响的成果,也才能让科学研究真正发挥作用。

我们相信,在社会各界和专家学者们的关心支持及全校教学科研人员的共同努力下,《云南民族大学学术文库》一定能成为反映我校学科建设成果的重要平台和展示我校科学研究成果的精品库,一定能成为我校知识创新、文明创造、服务社会宝贵的精神财富。我们的文库建设肯定会存在一些问题或不足,恳请各位领导、各位专家和广大读者不吝批评指正,以帮助我们将文库编辑出版工作做得更好。

二○○九年国庆于春城昆明

目　录

CONTENTS

第1章 导　　论

第1节　研究背景

农产品供应链可以被描述为农产品沿着农户、加工企业、配送中心、批发商、零售商以及消费者运动的一个网状链条。目前，我国农民进入市场仍面临着重重困难。首先，由于我国市场发育很不完善，农民组织化程度不高，对市场不熟悉，很难获得足够、准确的信息，同时辨识评估能力很低，辨别结果具有较高的风险，很难取得公平的谈判地位，因此农户的市场交易成本很高。其次，我国农户普遍存在着经营规模小、资金匮乏、竞争能力弱等缺陷，这就更加降低了农户的经营效率。[①] 生产销售过程中的种种困难，使得单纯依靠"分"的制度的农民开始思考，开始寻求在流通、加工领域的合作，以适当规避风险，使自己的产品在市场上实现相应价值，从而得到应有的利益。于是，农户开始尝试与自己农产品生产有关的经纪人、公司、企业等各类组织合作，通过提高自身的组织化程度来节约进入市场的交易成本。其中最有代表性的"农户＋龙头企业"模式曾一度非常成功，国家也对龙头企业进行了大力支持，试图通过扶持龙头企业带动农民增收。然而，企业和农户是各自独立的利益主体，追求利润最大化的企业无法代替以提供服务为主要目的的农民专业合作经济组织，因此，国家通过扶持龙头企业而达到带动农民增收的目的就不能很好地实现。于是，具有相同生产经营内容的农户便自己组织起来，组成新型的农民专业合作经济组织参与市场交易。农民专业合作经济组织属于农民自己的组织，他们一方面将农民组织起来增

---

① 孔祥智：《中国农业社会化服务基于供给和需求的研究》，中国人民大学出版社 2009 年版，第45—46 页。

加谈判能力、保护农民利益，另一方面可以产生约束机制，降低交易成本。可以看出，农民在进入市场难，市场交易成本又过高的矛盾下，基于未来净收益超过未来成本的预期，通过提高自身组织化程度来实现其经营目标，成为节约交易成本、降低市场风险的一种自然选择。

此外，随着国民经济的发展，市场消费主体对质量的要求进一步提高，"无公害"、"绿色"、"有机"等消费概念兴起，农产品安全问题日益受到关注。近几年，我国农产品质量安全问题十分突出，使得消费者普遍缺乏安全感，并严重地影响了我国农产品的进出口贸易。对于这一问题的解决，仅靠加工和销售企业的努力显然是无法做到的，诸如抗生素的滥用、盐酸克仑特罗和乙烯雌酚等违禁物质的非法使用一般都发生在生产阶段，因此生产阶段的质量安全控制显得尤为重要。要解决农产品生产阶段的质量安全问题，比较有效的途径是提高农民的组织化程度，提高农民的组织化程度有助于对生产过程进行统一要求、统一控制，从而有助于实现农产品的溯源体系（Track and Traceability），确保质量安全。这就需要从农户的角度出发研究农户参与市场的组织化程度情况。目前，我国农户参与市场的形式是多样化的，主要包括市场交易形式、"农户 + 经纪人"形式、"农户 + 企业"形式、农户加入农民专业合作经济组织等形式。其中"农户 + 企业"形式既包括松散型"农户 + 企业"形式，也包括紧密型"农户 + 企业"形式。松散型"农户 + 企业"形式是通过交易双方只对数量和价格作限制的销售合同将农户与企业联结起来的一种合作形式；紧密型"农户 + 企业"形式是通过企业向农户提供生产资料并对农户生产过程进行限定的生产合同将两者联结起来的一种合作形式。

提高农户参与市场的组织化程度，一方面有助于农户降低交易成本、降低市场风险，另一方面有助于实现对生产过程的统一控制，降低产品质量不确定性，从而提高农户市场竞争力，增加农户收益。以"农户 + 企业"、"农户 + 农民专业合作经济组织"等较紧密的联结模式参与市场交易的形式逐渐替代传统的市场交易形式是提高我国农产品的品质以及国际竞争力的重要途径。可以看出，基于农户参与市场的组织化程度的经济学分析是深化农民组织化和农业生产经营组织化研究的重要领域和方向。所以，我们将选题定位于此是具有重要的现实意义和理论价值的。

第 2 节　研究的目标和意义

一、研究的目标

本书将以交易成本经济学为主要理论依据，运用定性分析和定量研究相结合的方法，考察目前农户参与市场的组织化程度现状，分析影响农户选择行为的因素，为有效地促进农村各种形式的农民合作组织的发展和有针对性地引导农户提高自身组织化程度提供政策建议。具体目标包括：第一，考察现实中农户参与市场的组织化程度现状；第二，在假定各种产销形式都可得的情况下，分析农户对不同产销形式的选择意愿及影响因素；第三，放开限制条件，分析现实中影响农户参与市场的组织化程度的因素，比较农户现实的选择行为和选择意愿是否一致，并分析原因；第四，根据研究结果，提出促进农村相关产销组织健康快速发展、有效引导农户提高自身组织化程度的途径和对策建议。

二、研究的意义

农户参与市场的组织形式有很多，这些组织形式在风险、收益、管理等方面存在差别。这些组织形式产生的经济学机理是什么，决定农户选择和参与不同组织形式的因素有哪些，是值得研究的。目前，国内对农业领域农民的组织化研究主要集中在对供应链中农户与企业垂直协作的现状、模式、产生动因和特征的分析，或者是单独对农民专业合作经济组织的成因、现状及影响其发展因素的研究，很少有将各种不同的产销形式纳入统一的框架下对农户参与市场的组织化程度进行研究。基于此，本书在前人研究的基础上，从农户的角度出发，结合交易成本理论，在一个统一的框架内，从交易主客体特征、交易三个维度、外界环境特征、不同产销组织可得性四方面分析农户是如何选择与自己相匹配的产销形式的。通过对农户选择不同产销形式的影响因素进行系统的梳理分析，以揭示制约农户提高自身组织化程度的因素，并探讨在约束条件下应采用什么样的利益联结机制，理清各影响因素的作用原理和机制，这对系统理论形成或许有贡献。

此外，从农户角度，探讨既定前提条件下农户的选择意愿与现实中农户的选择行为，有助于了解为什么农户愿意选择某种产销形式而不选择另一种产销形式；究竟哪些因素影响农户选择意愿及选择行为；农户的选择意愿与选择行为是否一致，造成意愿与行为偏离的原因等问题。对这些问题的探究有利于针对农户的实际需求，更好地设计有效的产销组织形式，以此改善限制农户选择行为的约束条件，这对加快推进农户组织化建设有重要的现实意义。

第3节　研究对象界定

一、"农户＋市场"的产销形式

广义的市场是指可以销售农产品的市场，主要包括普通的农产品贸易市场和专业的农产品批发市场。农产品专业批发市场是指以现货批发为主，集中交易某一类农业品或具有较强互补性和互替性农业品的场所，是一种大规模集中交易的坐商式的市场制度安排。虽然这种组织模式能够为买卖双方提供公平交易的场所，并且集中了诸多经济信息，有利于降低交易双方的交易成本，提高交易效率。但是，目前农产品批发市场布局很不合理，大部分大型农产品批发市场集中在销售地，并多集中于省会城市、区域经济发达的地级城市。这些批发市场大都距离农产品生产地较远，并且两者之间的交通经常很不方便，物流条件普遍较差，致使散户经营的普通农户难以承担交通运输、储藏等流通成本，而且，农户一旦进入批发市场，就是赔本也得交易。[①] 所以，这种专业农产品批发市场对于分散的小农户而言，直接的意义和作用并不大。因此，本书所分析的农产品市场主要是指普通的农产品贸易市场。

"农户＋市场"这一模式是指农户直接进入农产品贸易市场进行交易，是一种灵活、独立、一次性的交易，交易双方无期限约定，是一次性买断或者次次买断关系。在这种交易中，双方的身份并不重要，单个的买者和卖者之间并

---

① 屈小博：《不同经营规模农户市场行为研究——基于陕西省果农的理论与实证》，西北农林科技大学2008年博士学位论文，第126—127页。

不存在相互依赖的关系，交易双方不是利益共同体。双方之间的信息交流是有限的，且给对方施加的控制仅限于参与价格发现过程并决定是否接受该交易，如果双方的交易关系被一期期地延续，那只是因为目前的供应商可以持续地满足现货市场的报价。这种交易模式完全是由市场来确定交易价格，农户按照市场的供求状况来安排农业生产，这使得农户生产带有很大的随机性和盲目性，市场风险较大，交易成本也较高。这种交易方式是分散的小农户比较基本的经营模式，在这种模式中，农户是高度独立、分散、无组织的，或者可以表述为农户的组织化程度最低。

二、“农户＋经纪人”的产销形式

农村经纪人原是指活跃在农村经济领域，为买卖或交易双方介绍、促成交易以获取佣金的中间商人。其主要职能是沟通信息，撮合交易，提供买卖或交易相关的服务。目前，随着农村经纪人从事业务内容的拓展，农村经纪人的形式也多种多样，大体上可分为三类：（1）只为买卖双方介绍交易赚取佣金的中间人；（2）既赚取佣金又通过农产品赚取贩运购销差价的中间商；（3）受农产品流通商委托收购农产品，从流通商那里按比例获取佣金的代办人。①

随着农村经济的深入发展，农村经纪人扮演的已不仅仅是只获取佣金的中间商人的角色。由于农村经纪人常年活跃于供需双方之间，因而其掌握较多、较及时的市场供求信息、价格信息等，这些市场信息对农户顺利出售产品，有效调节种养结构起着重要作用。并且随着农村经纪人与农户合作关系的日益密切，一些农村经纪人与农户由最初临时性的一次性合作关系逐渐发展为以口头协议为主相对稳定的合作关系。

“农户＋经纪人”这种产销形式在一定程度上为农户出售农产品提供了便利，并有助于农户了解市场需求的趋势以按照市场需求的变化调整种养结构，进行商品化生产。这些都对提高农户参与、适应市场经营能力有一定的积极作用。但是，这种组织形式本身也存在较大的缺陷。首先，目前农村经纪人大多既是“抽佣金”的中介人，也是“赚差价”、“代办”等贩运商，而分散经营的农户由于获取交易信息的成本大、谈判能力低，农村经纪人就可以利用供需

---

① 屈小博：《不同经营规模农户市场行为研究——基于陕西省果农的理论与实证》，西北农林科技大学 2008 年博士学位论文，第 123 页。

双方的信息不对称而采取"压价"等机会主义行为获利。其次，分散且数量众多的小农户相对于规模较大、较集中的农产品流通商势单力薄，因而出现违约现象时，经纪人一般都倾向于商贩，农户常常承担违约损失。目前农村经纪人这种负面效应已经严重影响和制约了农户与农村经纪人合作关系的发展，也降低了农产品流通市场的有效性。① 总体来说，"农户 + 农村经纪人"这种产销形式下的农户比直接进入市场交易的农户组织化程度稍强些，但仍属于组织化程度很低的类型。

三、"农户 + 企业"的产销形式

"农户 + 企业"的产销模式主要是指以某种或某类农产品为原料的企业或公司与一定区域范围内的农户为了各自利益，围绕一个相似的目标，以一定的形式联结在一起的合作模式。按照农户与企业利益联结方式的紧密程度，本书将这种组织形式分为两种：即松散型"农户 + 企业"形式和紧密型"农户 + 企业"形式。

松散型"农户 + 企业"形式是企业与农户通过签订普通的销售合同而结成的一种组织形式，双方都是独立的经营主体，保持经济上、法律上的独立性，交易双方只对数量和价格作限制。在这种合作方式中，农户由于获得比较稳定的销售渠道而在很大程度上降低了交易各个环节的交易成本，同时也降低了收益的不确定性。而公司同样可以减少其在市场交易中的搜寻、辨别、监督等交易成本，以及由产品质量和数量不确定所造成的损失。这种产销形式通过契约实现了产销合作体内部的分工与协作，使农户和公司双方对未来有一个相对稳定的预期。

虽然这种产销形式在一定程度上降低了企业与农户的交易费用及不确定性，但是这种模式仍存在很大的弊端。首先，企业面对众多分散经营的农户，双方在搜寻对方、谈判、履约、规制时产生的交易成本仍居高不下。其次，公司与农户地位不平等。经营规模小、资金、技术力量薄弱的农户相对于经济实力雄厚、市场信息丰富的强大企业而言，在谈判中处于绝对劣势地位，这样就会损害农户的积极性，并且容易出现企业强订"霸王合约"的问题，使农户的利益受到侵害。最后，由于企业和农户是两个完全独立的利益主体，尽管通

---

① 屈小博：《不同经营规模农户市场行为研究——基于陕西省果农的理论与实证》，西北农林科技大学 2008 年博士学位论文，第 126 页。

过合同关系可以把两者联结起来，但这种普通的销售合同仍然是一种农产品即期交易模式，利益联结机制比较松散，没有形成紧密的利益联结与风险违约补偿机制，因此双方都存在潜在的机会主义行为。具体来说，当市场价格高于双方在契约中事先规定的价格时，农户有将农产品转售市场的强烈动机；而当市场价格低于契约价格时，龙头企业则有违约而从市场上收购农产品的倾向。更加关键的是，在这种合作形式下没有针对这类机会主义行为的有效制约机制。无论哪方违约，对方起诉的成本太大，而收益过小，因此只能对彼此的违约无能为力。约束力较弱的普通销售契约使得松散型"农户＋企业"的产销形式极其不稳定，故参与这种合作关系的农户组织化程度仍较低。①

　　紧密型"农户＋企业"组织模式是农户个体与企业通过相对紧密的生产合同联结在一起的产销合作形式。在这种合同关系中，企业会向农户提供良种、农药、化肥等多种生产资料，同时对订单农户进行技术培训、指导和服务，进而对生产过程进行限定。对于符合订单标准的农产品，企业一般会按照保底价格或优惠价格进行收购。在价格、质量、数量和交易时间比较固定的市场环境下，农户则按照合同要求将农产品销售给企业。这样，一方面，企业可获得相对稳定且质量标准较高的原料，以保证其生产与经营活动的稳定性和连续性；另一方面，农户可以以较低的成本获得较实用的生产资料与生产技术服务，并获得较高的经济利益，从而降低了双方的经营风险。这种将生产资料和技术服务与农产品销售捆绑在一起的契约形式在一定程度上加强了农户与企业双方的依赖性，任何一方随意毁约都会对自身或双方造成较大损失。因此两方行为主体的利益目标比较一致，容易形成长期稳定的交易关系，此种利益联结机制下的农户组织化程度较高。

　　虽然农户与企业通过生产型合同可结成较紧密的产销合作关系，但是由于农户与企业本质上仍是市场买卖关系，没有结成真正的利益共同体，彼此没有实质的"组织归属感"，所以在某些情况下，双方仍存在机会主义行为。首先，农户与企业都以追求自身利润最大化为目标，只要市场价格足够高或足够低，农户与企业仍会为了追逐各自更高的经济利益而毁约。其次，由于信息不对称造成多数农户与龙头企业之间的主体地位仍不对称，农户因缺乏对市场走势准确的判断力往往造成与龙头企业谈判地位低，农户对龙头企业实际上是一种依附和依赖关系，无法确保自身利益。如果契约不是在双方满意原则下制定

①　韩晓翠：《中国农民组织化问题研究》，山东农业大学 2006 年博士学位论文，第 82—83 页。

和执行的，那么也很难达到共赢之目的。

四、农户加入农民专业合作经济组织的形式

农民专业合作社经济组织主要包括以提供技术服务为主的各种农民协会和提供生产及销售等服务的农民专业合作社。由于本书主要研究的是农民参与市场销售过程中的组织化程度，故本书中的农民专业合作经济组织是指紧密型的农民专业合作社。农民专业合作社是在农村家庭承包经营基础上，同类农产品的生产经营者或者同类农业生产经营服务的提供者、利用者在技术、资金、信息、购销、加工、储运等环节自愿联合，实行自我管理、自我服务，以提高产品市场竞争力、增加成员收入为目的的一种民主、互助性经济合作组织。合作社的社员通过共同制定的章程把农产品的销售或加工交给合作社控制，并根据交易额分享合作社剩余。

农民专业合作经济组织把分散的农户组织起来，组成农民自己的利益共同体。在市场行情的掌握方面，农民专业合作经济组织可以通过建立各种信息网络来搜集、分析、预测和发布各种准确而实用的信息，使成员能充分了解市场变化趋势，从而在较大程度上降低农户生产经营的风险、不确定性。在产品的销售环节，农户以组织的形式参与市场交易，大大提高了农户的市场竞争力和谈判地位，规模化的销售有助于获取较高的销售价格，或以内部购买的方式开展农副产品精深加工，将获利以红利形式返还给社员，从而可以有效地提高农户的经济收益。更重要的是，通过合作组织销售，体现的是农户组织起来为自己服务，成员之间是一种经济利益共同体的关系，这就有效地避免了市场活动中的恶性竞争和机会主义行为。合作社的这种"财产所有者"和"惠顾者"重合的特征体现了组织内部的同一性，这是我国目前农民组织化程度最高的一种农民合作组织形式。

通过上述对农民专业合作经济组织的特征描述，我们可以看出，与"农户+企业"这种产销形式相比，农民专业合作经济组织更能代表农户自身利益，这就使得在与农民的交易中，农民专业合作经济组织可以更有效地降低由于不完全和非对称信息以及资产专用性的存在所产生的交易费用。但是，农民专业合作经济组织之所以能降低与农民之间的交易费用在于社员认为合作社是自己的组织，这又是建立在社员团结、信任与合作的基础上。所以，为了增强社员的认同感，合作社建立一系列的原则防止合作社的异化与"免费搭车"。与此同时，与"农户+企业"这种形式相比，合作社必须付出更高的组织协

调成本。[①] 这些问题的存在使我们认识到，在看到农民专业合作经济组织众多优点的同时不能忽视它的组织运行成本。

表 1−1　不同产销形式的特征及农民组织化程度

不同产销形式		各种形式的特征	农民参与市场的组织化程度
"农户＋市场"		交易双方无期限约定，是一次性买断或者次次买断关系。	组织化程度逐渐加强
"农户＋经纪人"		经纪人仅提供市场信息或一次性买断产品，最多为口头协议，利益联结机制很松散。	
"农户＋企业"	松散型"农户＋企业"销售合同（Sale Contracts）	交易双方只对数量和价格作限制，交易关系不稳定，利益联结机制较松散。	
	紧密型"农户＋企业"生产合同（Produce Contracts）	企业提供生产资料并对农户生产过程进行限定，交易关系比较稳定，利益联结机制比较紧密。	
"农户＋农民专业合作经济组织"（Cooperative）		代表农户自身利益的合作经济组织。组织的成员（即农户）通过共同制定的章程，把农产品的销售或加工交由农民专业合作经济组织统一安排，并根据交易额分享经济剩余。	

由上述对不同产销形式的内涵、特征的分析可以看出，各种产销形式在行为主体合作的经济目标一致性、主体间利益联结紧密程度及制度安排约束力方面存在差异。而行为主体间的经济目标一致性程度、利益联结紧密程度及制度安排约束力又恰恰体现了不同产销形式下农户的组织化程度。一般来说，随着行为主体间的经济目标一致性程度、利益联结紧密程度及制度安排约束力的增强，不同产销形式下农户的组织化程度也在逐渐加强。因此，本书以农户为中

①　林坚、马彦丽：《农业合作社和投资者所有企业的边界——基于交易费用和组织成本角度的分析》，《农业经济问题》2006 年第 3 期。

心将所研究的不同产销形式按照农户参与市场的组织化程度由低到高依次排序为："农户＋市场"形式、"农户＋经纪人"形式、松散型"农户＋企业"形式、紧密型"农户＋企业"形式及"农户＋农民专业合作经济组织"形式。

第4节 研究思路及创新点

一、研究思路

为了实现本书的研究目标，首先对国内外现有关于农户参与市场组织形式的文献进行总结和评述，然后对中国农民合作经济组织发展的制度变迁、发展变化历程及其在社会服务体系中的作用进行回顾和分析。基于相关文献的梳理，本书运用交易成本经济学理论，从交易主客体特征、交易特性、各种产销形式相关主体的发育情况及外部环境特征四方面对影响农户选择不同产销形式参与市场的因素进行理论分析，并依据理论研究结果和实践观察提出相关假说。在此基础上，通过对调研资料的分析，运用计量方法对农户的选择意愿及实际行为的相关假说进行验证。实证部分主要分为两部分：首先，在假定各种产销形式可得的前提下，分析农户对不同产销形式的选择意愿及影响因素；接下来放开研究的前提限制条件，探讨现实中农户的选择行为及影响因素，并在此基础上对比农户选择意愿与现实行为的偏离情况，并分析产生偏离的可能原因。最后，基于研究结果提出相关对策建议。

二、研究创新点与不足

（一）本书的创新点

第一，目前国内对农民组织化的研究多是对产业链中农户垂直协作关系的研究。在这些研究中，农户的垂直协作关系大多是以企业为中心，按照农户与企业协作关系的紧密程度来确定各种利益联结体组织化程度的高低。很少有人以农户为中心，以农户参与市场的组织化程度为视角对农户的不同产销形式的选择行为进行研究。本书尝试将不同产销形式纳入统一的分析框架下，以农户参与市场的组织化程度为视角，探讨农户是如何选择与自己相匹配的产销形式的。这在研究视角上是一个新的探索。

第二，国内现有的对农民组织化的研究大多仅从某个农产品种类对农户选择行为进行分析。而本书将所研究的农产品种类从单一的某个类型拓展到传统粮食作物、蔬菜、水果、食用菌、畜牧类产品等多个种类。这就可以更充分地分析种养经济价值不同、易腐性程度不同、生产设备投入不同的农产品的农户在选择意愿与选择行为上的差异。对研究客体种类的扩充与丰富，可以更全面、准确地研究农户对不同产销形式的选择机制。

第三，本书通过计量模型分析验证交易的三维度即交易的资产专用性、不确定性及交易频率对农户选择不同产销形式的意愿和现实行为的影响。在计量模型中，不仅将考察组与基本参照组进行对比分析，而且依照组织化程度的依次加强对相邻的考察组进行对比分析，从而从不同层面上比较各变量对选择不同组织化程度的产销组织的影响程度。

（二）本书的不足

由于受资料、时间、研究能力的限制，本书在以下几方面有待完善：

第一，本书对农户的选择行为进行研究的一个重要的假设是：所调研地区内同种类型的产销组织发育"质量"在同一水平上。忽略掉各地区同种类型产销组织的发育水平的差异有可能会影响到本书的精准性。因此，将各种产销组织发展的"质量"水平纳入研究体系中是本书需要进一步改进的方面。

第二，数据的科学性问题。在分析农户选择行为时，需要对农户的意愿和行为进行调查，但由于调查过程中可能存在的"方便抽样"问题，因此通过问卷收集的农户数据资料可能是有偏差的。

第三，用"目标农产品的单位净收益"作为变量分析农户选择行为也许会存在一定内生性。因为不同的产销形式也许会对农产品的价格有影响，但在实际调研过程中我们发现，对于同种类、同品质的农产品，单纯由销售形式带来的销售价格上的差异很小，农产品的单位净收益主要取决于产品种类和自身品质，所以在此仍尝试用"目标农产品的单位净收益"作为反映农产品特征的变量。当然，如何找到合适的工具变量以消除内生性是本书需要继续完善的问题。

第2章 农民组织化问题研究评述

目前我国农民参与市场的形式主要有"农户＋市场"、"农户＋经纪人"、松散型"农户＋企业"、紧密型"农户＋企业"和"农户＋农民专业合作经济组织"五种形式。为了研究农户参与市场时对不同产销形式的选择行为，本章将在对小农行为理论的综述基础上，从农户市场交易特征的角度，对农户在交易中协作的动机、协作的形式、协作方式选择的影响因素及农民组成农民合作经济组织的相关理论进行综述。

第1节 农户经济行为的研究

小农经济理论的文献比较多、研究也较深刻，主要代表有恰亚诺夫、斯科特、舒尔茨、黄宗智等以及当前一系列基于构建 AHM 模型的研究。目前国内外关于农户行为的研究，重点集中在农户是否理性的争论上。

以俄国恰亚诺夫为代表的组织生产学派从"劳动—消费均衡论"和"生命周期假说"两个微观基础出发，认为农户家庭经营不同于资本主义企业。恰亚诺夫（1925，1996译）经过对俄国十分详细统计数据、案例的分析认为，农民农场的运行逻辑与追求利润最大化的资本主义农场（企业）是完全不同的，小农有一套独特的经济核算方式。在没有劳动市场的前提假设下，农户的消费、生产等活动的决策都基于"劳动的辛苦程度"与"消费的满足程度"之间的权衡，然后确定最优的投入数量。

贝克尔（Gary Becker，1965）在恰亚诺夫理论的基础上创建了新农户经济学模型，认为农户作为生产和消费的结合体，在收入、生产函数和时间的约束下，追求其效用最大化。日本经济学家 Nakajima（1969，1986）认为，农户是一个农业企业、生产和消费者的结合体，其行为准则是效用最大化。[①]

舒尔茨（1964，2003 译）秉承了新古典经济学完全竞争市场和理性人的假设，将现代经济分析应用到农业领域。他认为小农与资本主义企业主具有同样的"理性"。舒尔茨的观点得到很多人的响应，波普金在他的代表作《理性的小农》（Popkin，1979）中提出，小农是为追求最大生产利益，在权衡了长短期利益及风险因素之后作出合理生产抉择的理性经济人。

相对于将农民看成追求最大利润的企业家的理论，斯科特（1976，2001 译）提出农民的道义经济学，他认为在人多地少、风险很大的前资本主义时代，农民生产、生活依据的是道义经济。这种"道义经济"是基于道德而不是理性，避免风险，奉行"生存第一"和"安全第一"的原则，具有追求安全高于利益的偏好。斯科特的理论根植于现实，他所建立的理论在现代西方经济的框架中是无法推导出来的。因此斯科特的理论为农户行为的研究提供了一种新的思维方式。

黄宗智（1985）在对中国从 20 世纪 30 年代到 70 年代的农村经济状况进行分析的基础上提出了"商品小农"的理论。黄宗智（1986，2000 译）认为革命前的小农兼有三副面貌，首先小农是为家庭消费进行生产，其次小农也为了追求利润而进行市场生产，同时小农作为阶级社会的底层而被剥削。他根据不同阶层的小农混合成分和侧重点不同，对不同阶层的小农进行了综合分析。富农或经营式农场主侧重于追求利润；中农侧重于追求生存；佃农、雇农侧重于受剥削的耕作者。

此外，林毅夫（1988）认为理性行为要受到外部经济条件、信息搜寻成本以及主观认识能力等多重因素的制约。史清华（2000）以山西、浙江两省 1986—1999 年农户连续性观察资料为基础，对两省农户家庭经济利用效率及其配置方向进行比较分析认为，在进行家庭资源配置上，农户的行为完全是理性化的。

以上关于农户行为研究的不同观点，是不同学派在不同的研究假设下，用不同方法研究所得出的不同结论，应该说这些研究成果都有其合理性。可以说，理性是在一定约束条件下选择对自己最有利的行为模式。因此，在不同的环境设定和目标追求下，理性的原则要求农户选择不同的行为模式（李圣军，

[①]　转引自陈和午：《农户模型的发展与应用：文献综述》，《农业技术经济》2004 年第 3 期。

2008）。这些理论和观点拓展了经济学关于农户行为的研究空间，为我们研究当代中国农户行为提供了理论基础、广阔的视野及启示。

第2节 市场交易中的经济行为研究

交易作为经济活动的基本单位，是经济学研究的主要范畴。罗纳德·哈里·科斯（1937）的《企业的性质》最早利用新古典的理论对制度进行分析，指出交易费用是"运用价格机制的成本"，体现了交易费用的原创性思想，成为新制度经济学的基石。从此以科斯为首的新制度经济学逐渐兴起，随后致力于交易费用经济学理论研究的学者主要有威廉姆森（Williamson）、克莱因（Clein）、阿尔钦（Alchian）和克劳福德（Crawford）等，其中以威廉姆森为代表人物。此外，奥地利学派的代表人物之一路德维希·冯·米塞斯（Ludwig von Mises，1996）把交易经济学扩大为包括市场分析或是交换的科学。詹姆斯·布坎南（1989）提出交易经济学的核心在于人们之间的自愿协定，并由此发展出了公共选择理论。[①]

新制度经济学理论放宽了新古典微观经济学关于完全竞争市场的交易费用为零等诸多严格假定，认为交易费用对每一个市场参与者而言都是存在的。威廉姆森系统地分析了影响或决定交易费用的因素，他将这些因素主要归纳为两类：第一类是人的因素，第二类是交易的维度。

（1）人的因素。威廉姆森认为，现实经济生活中的人并不是古典经济学所研究的完全理性"经济人"，而是有限理性和机会主义倾向的行为主体。而有限理性和机会主义行为是导致交易费用的主要原因。有限理性是指尽管个体期望以理性的方式行动，但是其知识、信息、预测、技能等都是有限的，这就影响了个体完全理性的行为（Simon，1957，1961）。有限理性的存在会导致计划费用、信息费用以及对交易实施监督所付出费用的增加，进而增加了交易费用。机会主义行为倾向（Williamson，1975，1979），指交易者出于对自我利益的考虑和追求，利用交易对手弱点投机取巧为自己谋求利益最大化的倾向。

---

① 转引自彭可茂：《中国油菜产业——交易行为与合约选择研究》，华中农业大学 2007 年博士学位论文，第 20 页。

人的有限理性和机会主义行为的存在，导致了交易活动的复杂性，也正因如此，合约履行问题才会产生，从而使交易方式的选择成为必要。

（2）交易的维度。威廉姆森将交易维度划分为资产专用性、不确定性和交易频率三个维度。在上述三个维度之中，资产专用性是最重要的。专用性资产是最优用途的使用价值远远大于在次优用途的使用价值的资产（Joskow，1985）。威廉姆森把资产专用性划分为 5 类：地理区位的专用性、人力资产的专用性、物理资产的专用性、完全为特定协约服务的资产及名牌商标资产的专用性。由资产专用性可引发准租金和敲竹杠问题。交易的一方进行专用性资产投资后，会产生一种可占用的准租金（quasi - rents）。随着资产专用性的增大，可占用的准租金也不断上升。这时如果另一方试图攫取准租金，那么敲竹杠行为就产生了。而在新古典经济学中，凯恩斯认为不确定性的产生是因为很多事情无法用类似概率论那样的数学公理来识别和测度。

菲吕博顿和瑞切尔（2001）将交易费用分为市场型交易费用（market transaction costs）、管理型交易费用（managerial transaction costs）、政治型交易费用（political transaction costs）。其中，市场型交易费用主要包括：搜寻和信息费用、谈判和决策费用、监督费用和合约义务履行等费用。管理型交易费用主要包括建立、维持或改变一个组织设计的费用及组织运行的费用（罗必良，2006）。[①]

2001 年莱布森等美国经济学家提出了"行为经济学"的经济理论。行为经济学研究的是现实中经济主体的决策过程。行为经济学的产生源于不确定条件下的判断与决策理论，有限理性和偏好内生是其基本假设。传统经济学通过预期效用理论来修正理性经济人在不确定下的行为，而行为经济学是通过检验和反驳预期效用理论来构造自己的决策理论的。行为经济学这一新的决策理论框架是由卡尼曼和特维尔斯基在 1979 年发表的《Prospect Theory》中奠定的。行为经济学运用展望理论来解释不确定条件下经济主体的决策，展望理论认为经济主体关注的是财富对于某个愿望水平的相对变化量，而不是财富的最终价值本身。[②]

对应到农户在市场交易中的经济行为，罗必良等（2000）、周立群（2001）从新制度经济学角度研究小农户与大市场之间的矛盾。李岳云等

---

① 转引自罗必良：《交易费用的测量：难点、进展与方向》，《学术研究》2006 年第 9 期。
② 转引自于全辉：《基于有限理性假设的行为经济学分析》，《经济问题探索》2006 年第 7 期。

（1999）以江苏省农户为例，对不同经营规模农户农产品供给和市场应变能力进行实证分析。周章跃（1999）通过对市场整合研究方法的论述分析了粮食市场改革对农户生产的影响。卫新、胡豹（2005）采用浙江省全省1%的农村住户抽样调查和实地调查资料分析发现，不同经营规模、不同文化素质的农户，其生产经营行为和经营结构有明显的差异，市场导向已成为农户生产经营行为的主要特征。

第3节　农户市场交易中的协作行为研究

随着农业生产、加工及销售领域专业化程度的加深，农业领域内的产业纵向协作研究受到更广泛的关注并取得了一定的进展。

一、市场交易中协作动机的研究

国内外学者从多角度对农产品营销中农户协作行为产生的动因进行了探讨，总的来说，这些驱动因素大致可归结为内部动因和外部动因两大类。内部动因主要是为了增加收入，其中比较重要的是降低风险和减少市场交易成本。Mighell 和 Jones（1963）认为实行非市场纵向协作的主要动机有四个：增加效率、获取市场利益、避免风险和不确定性，获得资金支持。Helmberger（1981）认为获取技术的互补、降低风险的意愿和减少交易费用是纵向组织协作的主要动力。何坪华和杨名远（1999）通过实证分析指出，农户单独进入市场交易时，会产生因筹划、执行、监督等发生的高昂市场交易费用。为了降低交易费用，农户会选择农业产业化经营。Frank 和 Henderson（1992）从交易费用的角度对美国食品工业的纵向协调进行了研究，他们认为节省市场交易成本是食品工业出现契约农业的主要原因。而市场的不确定性、投入品供给的集中性、资产专用性和规模经济是影响交易成本的主要因素。Hobbs（1999）则运用交易费用理论构建了一个 DPTV 分析框架，对食品链纵向协调进行了深入研究，同样认为节省交易费用是促使农户垂直协作的主要原因。他认为交易成本主要由交易的不确定性、交易频率及资产专用性决定，而这些特征又由产品特性决定。而产品特性又受技术、管制以及社会经济的影响。曹利群（2001）利用交易费用学说对茶叶生产和初制环节的市场和纵向一体化两种组织形式进行了解释，认为是机会主义和茶叶的易腐烂特性导致了两种组织形式的并存。

外部动因实际上就是面对经济全球化趋势的加快、消费者需求不断变化、市场竞争的日益白热化、科学技术的突飞猛进等情况的变化所引起的外部刺激。当农户所面临的外部环境和自身具备的条件与能力之间原有的平衡被打破、原有的条件与能力将不再支持自身去实现目标时，单个农户无法应对，寻求合作是他们必然的选择。[①] 20 世纪 90 年代中期以来，我国农产品市场上买方市场的形成导致农产品市场竞争多极化，竞争越来越激烈，分散、细小的农户在激烈的市场竞争中愈发显示出竞争弱势。农户为了增强市场竞争力、降低市场风险倾向于纵向协调。王朝全（2003）认为，加入世贸组织以后，中国农业的市场竞争不再局限于国内同质同构的小农户之间，而是扩展到与国外强大对手的竞争；农业宏观管理体制与市场经济体制不匹配，甚至扭曲市场机制；缺少实施"绿箱政策"的施政载体等外部环境的变化是影响农户选择协作的主要原因。随着经济全球化进程的逐步加快，我国农产品市场的开放导致我国农业必须面对国外强势农产品的冲击，显然，我国分散细小的农户还缺乏迎接挑战的能力。为了更好地顺应经济全球化，于是，农户在产品营销中积极寻求与其他主体合作（池泽新，2004）。

二、市场交易中协作形式的研究

（Stuart D. Frank et al, 1992）认为，纵向协作（Vertical Coordination）包括从生产到营销的各纵向环节协调的所有方式，其实质上是一种关系连续体。市场交易和纵向一体化是纵向协作的两个极端形式，居于两者之间的是各种不同的形式，如准垂直一体化、合同、战略联盟、合作社等。准垂直一体化表现的组织形式具有多样性，以其组织与运行机制划分，主要有"农户 + 专业市场"模式、"农户 + 企业"模式、"农户 + 中介组织 + 企业"模式。威廉姆森称纵向协作中居于中间的各种形式为混合治理模式，也有人将其统称为合同模式。

市场交易是一种现货交易，是产业链纵向协作中最松散、控制强度最低的协作形式。在纯粹市场的调节下，农民分散生产，经营规模小，投入能力有限，信息不灵通。投资行为主要还是"蛛网理论"所描述的规律，农民抵御

---

① 郭锦墉：《农产品营销中农户合作行为实证研究——基于江西省农户的调研》，华中农业大学 2007 年博士学位论文。

风险能力差，收入不稳定（孙天琦等，2000）。纵向一体化则完全是一种非市场安排，是一种被"管理的"协作模式，是建立在内部层级关系的基础之上的，是控制程度最高的协作形式（Williamson，1985，1991）。其他模式的控制力度居于市场形式和纵向一体化之间，居于中间的混合模式体现出一种由"看不见的手"控制的状态逐渐向层级管理过渡的状态。

胡继连（2008）指出随着组织形式的不断创新，农业产业组织创新基本形成了龙头企业带动型、专业批发市场带动型、中介组织带动型和主导产业带动型等模式。"农户＋公司"形态中最简单的形式是龙头企业与农户签订销售合同，并按照市场价格收购农产品。更复杂一点的契约提供最低保护价或者规定契约收购价格高于市场价格的比例，企业也有可能按照契约要求提供一定的技术或者是生产资料（杨明洪，2002）。这种联合的好处是：有利于将企业的资金、技术、信息等资源引入农业生产领域，降低了双方的交易成本，增强了农户市场竞争力和抵御风险的能力。"农户＋中介组织＋企业"模式是农户通过中介组织与生产厂商结成的协作联盟，其中中介组织以农民专业合作经济组织、生产大户、农村"经济人"为主，各种中介组织为农户提供产前、产中、产后服务，为龙头企业提供收购、粗加工等服务，降低了农户、企业之间的交易费用，使双方之间的结合程度更为紧密，利益分配更趋合理。孙天琦、魏建（2000）认为：合作经济组织、专业农协等准企业（准市场）与农户之间的关系既非完全的市场交易关系，也非完全的企业内部交易关系。这种准企业（准市场）组织是克服市场失灵和内部科层组织失灵的一种处于边际状态的组织形式。

三、市场交易中协作形式选择的研究

（一）交易成本与协作组织形式选择关系研究

威廉姆森（Williamson，1985）指出，随着交易的复杂性、交易发生的频率、不确定性以及资产专用性程度的提高，协作的模式也会从古典模式转向新古典模式并最终走向纵向一体化的治理模式。当交易成本较低时对应的合适规制形式是市场交易，当交易成本较高时则用纵向一体化来规制。屈小博和霍学喜（2007）采用有序Probit模型，从信息成本、谈判成本、执行成本三个方面，分析交易费用对苹果种植农户农产品销售行为的影响。研究结果表明：信息成本对不同经营规模农户都有较强约束。Hobbs（1997）利用英国肉牛养殖户调查数据，分析交易费用对于农户选择不同的销售方式的影响。回归结果显示，销售肉牛给加工企业时面临的等级不确定性会对促使农户选择活体拍卖方式有正向显著影响，拍卖不成功的风险，拍卖所耗时间，每批拍卖数量，肉类加工企业向农户提供采购意向，拍卖前不知道需要哪种价格段的肉牛等指标对农户采用活体拍卖方式有负向显著影响。Bailey，Hunnicutt（2002）采用了Seemingly Unrelated Regression 方法对肉牛养殖户的调查来反馈其对于不同销售渠道交易特征的响应值。统计结果显示，在交易前获得信息的充分程度、市场中买主竞争激烈程度、买卖双方的信任程度、出售产品的风险高低、养殖规模和学历等对于农户选择不同的交易渠道有影响。Vakis，Sadoulet（2003）利用秘鲁马铃薯种植户的数据提出一套测试交易费用的方法。研究发现除可变交易费用外，获取价格信息能力、与潜在买主的关系、谈判能力等也是影响农民市场选择的重要因素。

当讨论的交易特性从交易成本演化到资产专用性时，对应的规制形式也由两种转为三种，资产专用性由低演变到高时，分别对应市场交易、混合模式、纵向一体化的规制形式（Williamson，1985）。在经济领域，早期的经验研究关注两类现象：纵向一体化和长期合同（Joskow，1988；Shelanski & Klein，1995；Saussier，2000）。早期的研究将关系性专用资产投资作为决定纵向一体化的关键因素（Monteverde&Teece，1982；Schmittlein，1984；Masten，1984；Joskow，1985），这些研究揭示了不同类型的专用资产投资会派生相应的组织结构。[1] 近期的研究中，Martinez（1999，2002）利用资产专用性、不确定性等维度对火鸡、鸡蛋以及猪肉等产品营销系统内的纵向协作机制进行了比较分析，指出交易成本是决定这几种产品差异性的纵向协作形式的关键性因素。Nickerson & Silverman（2003）提出关系性专用资产投资、交易费用及其他谈判困难的存在，导致了产权与合约的复杂性。王爱群等（2006）运用资产专用性、交易特性理论，分析合同一体化与垂直一体化方式的各自适应条件，认为双方资产专用性都很强时应采用垂直一体化，否则应采用合同关系。

Frank 和 Henderson（1992）通过对食品产业的研究指出，不确定性是导致非市场的纵向协作方式对市场协作方式的替代的一个重要因素。不确定性影响了组织与组织之间的关系形式和交易成本的大小（Heide，1994）[2]。Poole 等（1998）在对西班牙水果种植农场选择营销渠道行为的研究中指出，农户在交

---

① 转引自张静：《交易费用与农户契约选择——来自梨农调查的经验证据》，浙江大学 2009 年博士学位论文，第16—18 页。

② 转引自唐步龙：《产业链框架下江苏杨树产业纵向协作关系研究》，南京农业大学 2007 年博士学位论文，第30 页。

易中主要面临价格和付款的不确定性，这两者是影响农户营销决策选择的主要因素。

相关的研究表明，信任可以通过避免极其耗费成本的谈判和签约过程，从而降低交易成本（Dyer，1996，1997；Gulati，1995；Sako，1992），并影响纵向协作形式的选择。信任的存在可以简化烦琐的订立、监督和执行合同的过程，从而降低交易成本（Hill，1990）。信任可以分为三种类型：建立在过程基础上的信任、特征型信任和制度型信任（tucker，1986）。[①]

（二）农产品特征与协作组织形式选择关系研究

Anthony Winson（1990）从农作物的特性出发，发现番茄、黄瓜、胡椒、苹果、桃、樱桃、梨等农作物比较适合采用契约生产的方式，而玉米、大豆、豌豆等作物则适宜实施一体化经营。郭红东（2005）认为从事家畜、家禽、花卉苗木生产的农户更倾向于参与订单农业，粮食类农产品对农户是否参与订单农业影响一般，蔬菜、菌类对农户是否参与订单农业影响不大。Runsten 和 Nigel Key（1996）指出，传统稳定的农产品可以主要依赖现货市场供应原料；而特殊的经济作物，如香蕉生产、冷冻蔬菜加工等，应采取完全一体化的模式。Martinez（1999，2002）指出，肉鸡行业的资产专用性程度要高于生猪行业，所以，在美国，肉鸡行业合同化生产的比例明显要高于生猪生产行业。Rehber（2000）通过对世界各国契约农业的比较研究发现，生产不同类型农产品的农户参与契约农业的可能性不同，那些从事不耐储藏同时又需要及时加工处理农产品的农户参与契约农业的可能性更大。郭锦墉等（2007）认为农产品类型对农户选择不同的伙伴有着不同程度、不同方向的影响。

（三）市场结构与协作组织形式选择关系研究

Zuurbier（1996）在对蔬菜和水果链的纵向协作机制的研究中指出，市场结构会影响纵向协作形式的选择。当产品没有差异、市场集中程度很低的时候，市场交易是主要的协作机制。当在一个市场上，买者和卖者的数量在减少的时候，为了减少潜在的机会主义危险，企业就有可能考虑采用非市场的协作手段。[②] 郭锦墉等（2007）研究发现，相对于选择贩运户，生产集中度高、价

---

① 转引自唐步龙：《产业链框架下江苏杨树产业纵向协作关系研究》，南京农业大学 2007 年博士学位论文，第 32—33 页。

② 转引自唐步龙：《产业链框架下江苏杨树产业纵向协作关系研究》，南京农业大学 2007 年博士学位论文，第 6 页。

格波动大、销售难度大的农产品生产者更愿意选择工商企业、合作组织或协会和专业批发市场；距离市场远近对农户选择营销合作伙伴影响不显著。

（四）与协作组织形式选择相关的其他因素研究

Deval et al.（1998）对美国小麦生产者对合同生产的态度和行为的研究表明，年龄、非农就业、农业收入、参加合作社的经验以及对合同生产等的认知状况显著地影响了小麦生产者选择合同生产的行为。Boger（2001）对波兰生猪养殖行业订单发展情况的研究表明，养殖户的资产专用性投入、加工企业的规模及其对质量要求的高低都会影响养殖户与加工企业交易方式的选择。郭红东（2005）的研究表明，农户生产的专业化、商品化程度、农产品的类型、农产品的目标销售市场及政府支持等因素对农户参与订单农业的行为有不同程度的影响。王桂霞、霍灵光、张越杰（2006）对影响肉牛养殖户纵向协作形式选择的影响因素进行了实证分析。研究表明：交易成本是养殖户肉牛销售渠道选择行为的主要影响因素。Hobbs J. E. 和 Youg L. M.（2000）认为农业食物领域紧密垂直协作增加的动因主要来源于技术、规则和社会经济特征等的改变。

张云华、孔祥智等（2004）从交易成本、风险和不确定性、消费者需求与企业质量声誉角度等方面分析了安全食品供给中纵向协作的必要性。Key 等（2003）对美国生猪业养殖场参与契约农业意愿的调查表明，养殖场的经营规模越大，养殖场参与契约农业的可能性越大，而农场主的受教育程度越高，参与契约农业的可能性反而越低。周曙东等（2005）以江苏省为例，分别运用主成分分析法和 Logit 模型分析了养殖户选择销售渠道时考虑的因素、养殖户对生猪合同生产方式的意愿及影响因素。研究结果表明，价格和付款的不确定性是养殖户选择不同的生猪销售渠道的最重要影响因素。此外，户主的年龄、养殖规模、非农职业状况、有无借贷用于养猪、地区差异等因素对养殖户采用合同生产方式的意愿影响较大。吴秀敏和林坚（2004）对于农业产业化经营中应采用要素契约还是商品契约进行了研究，结果表明，如果农户的投资决策是无弹性的，农户的投资相对缺乏生产力，且龙头企业经营人员的人力资本是必要的，则适宜采取要素契约。如果龙头企业的资产和农户的资产互相独立，则适宜采取商品契约。如果龙头企业经营人员的人力资本和农民的人力资本都是必要的，则无论采取要素契约还是商品契约都更多地取决于龙头企业一方的意愿。祝宏辉和王秀清（2007）对新疆番茄产业中农户参与订单农业的影响因素的研究结果表明政府的支持、农户所处地区对农户是否参与订单农业有显著影响，农户的经营规模、对订单农业的了解程度对农户参与订单农业有显著的促进作用，随着户主年龄、户主文化程度、家庭劳动力人数以及番茄产业经营年数的增加，农户参与订单农业的可能性将减小。

第4节 农民合作经济组织理论研究

一、农民专业合作经济组织本质的研究

国外学者关于合作社本质的研究一直存在争议，主要有三种观点：一种是认为农业合作社是"农场的延伸"（垂直一体化）；二是认为农业合作社是独立的企业模式，可以被看做是投资者所有企业（IOF）的变体；三是认为农业合作社是农场主以集体或联合行动而存在的联盟模式。（刘勇，2009）

Emelianoff 在 1942 年首次提出将合作社看做是农场的延伸，是独立的农场主的不完全联合的观点。他建立了一个复杂且综合的合作社理论框架，该理论认为农业合作社是独立的农场主为了从纵向协调中获益的一种联合行动，坚持按成本交易（business – at – cost），它不是一个利润最大化的组织，因此，合作社不是企业性质的组织。从 20 世纪 80 年代中期开始，有学者对合作经济与集体经济两者的区别进行了研究。闵学冲（1986）认为合作经济与集体经济是两个不同层次的经济范畴，不能把它们简单地等同或对立起来。他从所有制的角度对两者的关系进行了分析，认为两者谁也不能包括谁，它们只有一部分是重合的，那就是"劳动群众集体所有制合作经济"。王文勇（1987）对这种"集体所有制合作经济"提出了质疑。他认为，随着农村改革实践的深入发展，集体所有制已不能准确概括合作经济的所有制形式了。合作经济的所有制既不是过去的集体所有制，也不同于西方单纯的农民私有制的合作，而是在保持土地公有权不变的条件下在承认并保留农民生产资料所有权的基础上，发展各种形式的社会主义合作关系。

杜吟堂（1998）分析了合作社与普通公司的本质区别。他认为从产权配置方式的角度来衡量，合作社与普通公司型企业之间的界限是比较模糊的。实际上，合作社与普通公司的最大区别在于其所有者的身份，合作社是用户所有和控制的公司，而普通公司是投资者所有和控制的公司。也就是说，产权归用

户所有是合作社区别于普通公司的基本特征，而"按交易额分红"等都是派生特征。在合作社中，只有这一基本特征不会因合作者利益的改变而改变。国鲁来（2001）更明确地指出，合作社与其他经济组织的根本区别在于组织内部的同一性，即合作社的财产所有者和惠顾者（业务伙伴或顾客）同一，两者可以完全重合。他认为，如果合作社的财产所有者和惠顾者出现错位，并且错位达到一定程度，则合作社就不成其为合作社了，或者演化为营利企业，或者演化为公益企业。其他一些学者，如潘劲（2001）、苑鹏（2003），虽然他们对此问题的表述不尽相同，但是他们都把财产所有者与惠顾者的统一作为合作社的本质特征。

由此国内学术界关于农民专业合作经济组织本质的认识，基本上形成了两种观点，一种观点认为交易的联合是合作社的本质，可以称之为"联合说"；另一种观点认为所有者与惠顾者的同一是合作社的本质，可称之为"同一说"。比较这两种观点，可以看出"联合说"突出了交易而不是资本在合作社内部制度的基础作用，是从制度的层面来分析合作社的本质，"同一说"则从产权的层面来分析合作社的本质。

二、合作行为与合作组织产生的动因研究

许多文献对合作社的产生机制进行了探讨。这些研究多运用新古典经济理论和交易费用理论来分析合作行为与合作组织产生的动因。

国内外学者们从20世纪40年代就开始运用新古典经济学理论研究农业合作社问题。Emelianoff（1942），Enke（1945）将经典的厂商理论应用于合作组织研究，视农户的合作为一种厂商类型，通过合作达成一体化以获取（外部）规模经济。此后，许多学者延续他们的思想，指出农户合作可以借助组合形成一种联盟，在规模增加的情况下促进联盟内成员的效益最大化。Helmberger（1962）运用新古典理论研究了合作社产生的原因，认为合作社的目标是确保社员获得较高的经济回报。Rhodes 也认为净经济收益（包括惠顾返还）是影响农民作出加入或者退出合作社决策的关键因素。Rhodes（1983，1987）运用可竞争理论分析认为，农业合作社产生的重要理由之一是应对市场失灵。国鲁来（2001）认为当收益内部化的结果大于成本内部化的结果时，合作社的产生成了可能。尽管合作社的运行成本比较高，但是合作社能够生存下来，主要是它把增进社员利益作为目标。

Albaek 和 Schultz（1998）从博弈论角度来分析合作行为产生的动机。他

们发展了一个 Cournot 双寡头垄断市场上合作社和 IOF 之间的竞争模型，研究发现合作社与利润最大化的公司比仍存在竞争优势，同时合作社内的农民也会赚得比 IOF 中的成员多，因而刺激了农户去合作，以获取更高的收益。

新古典经济学家从应对市场失灵的角度解释农业合作社的产生，新制度经济学则从交易成本角度来分析上述问题。

Levay（1983）和 Staatz（1987）运用交易费用理论分析了合作社组建的主要动因，认为只有降低交易费用时农业合作社才会出现。Staatz（1987）分析了资产专用性、不确定性、外部性以及科层制对合作社成立产生的影响，认为只有当采取合作社这种组织形式可以降低交易成本时，合作社才会出现。Shaffer（1987）和 Fulton（1995）认为，面对农业生产和市场交易中诸多不确定因素和垄断风险，合作社能比较有效地协调这些基本的经济活动，并在降低风险方面发挥重要作用。Hendrikse 和 Veerman（2001）以营销合作社为例，从交易费用的视角分析认为，只有当农产品加工阶段资产专用性程度比较低时，合作社才是有效率的经济组织。Royer（1995）认为，与 IOF 相比，合作社是农民的组织，它不会违反与农民社员之间的协议，因此，合作社能降低由资产专用性引起的交易成本。黄祖辉等（2000）认为，从制度安排角度看，农民合作组织是一种介于市场与科层之间的制度安排，能够降低交易成本与控制成本。Sykuta 和 Cook（2001）剖析了合作社、IOFs（Investor – owned Firms）以及新型的封闭社员资格的合作社与生产者之间的合约设计的不同。认为在不同的组织形式下，缔约方之间缔约动机有巨大差别，因此所使用的有效的合约形式也有巨大的差别。他们认为，在农产品供应的纵向一体化中，合作社有自己独特的优势。池泽新等（2003）认为较之于纯粹的市场交易，由于合作组织内部的共同计划和组织，使不确定性、有限理性、机会主义、资产专用性等因素的实际影响程度大为降低，因而具有较一般企业更低的管理成本。

Ollila 和 Nilsson（1997），Sexton 和 Iskow（1988）认为，相对于单个农户，合作社不仅具有规模经济和更强的市场开拓能力，而且还可以减少交易频率和交易风险，从而能确保农民获得稳定的收益。林坚（2006）采用市场结构失衡理论、交易费用理论、集体行动逻辑理论等分析认为，农业合作社是代表生产者利益的组织，可以更有效地降低交易费用，农业合作社本身又是一种高成本的组织，农业合作社节约的交易费用和产生的组织成本的比较决定了合作社的边界。张晓山（2003）认为，在产业化经营中发育农民专业合作社可以降低、减少农户进入市场的交易成本和获取规模收益、提供服务、增加收入，因此有其经济和社会的合理性。总之，当一群经济主体感到独立的与交易伙伴交易的成本过高时，合作组织就建立起来。姜明伦等（2005）从西方经济学的角度，探讨了农民合作的内在经济动因，认为提高市场谈判力和降低市场经营风险是农民组织出现的主要原因。

三、农户参与合作经济组织的影响因素研究

农民选择参加合作也要承担一定的成本。国鲁来（1995）指出这些内部化的成本具体表现为合作社内的组织运行成本，表现在管理、决策等诸多方面。我们知道，任何组织活动的开展和组织目标的高效实现都必须通过管理来对资源进行合理使用和有效配置，但管理活动需要相应的成本，如管理决策、维持管理顺利运行而必须进行的信息传递和沟通等的组织运行成本，在合作组织内部这些成本也同样通过分担机制对应到了各个社员（农户）身上（孙亚范，2006）。不仅如此，由于个体因素不同，农户合作还存在着不同的机会成本。周立（2005）补充说明，这些由选择合作的农户所承担的组织运行成本大多是显性的成本，最终表现为现金或是实物支付的现实成本，如一般组织所共有的交通费、电话费等管理费用；而事实上还存在一部分没有纳入现实成本核算的但也应由合作农户独自承担的成本，即经济学中称为的机会成本，是指农户为参加合作而放弃了从事外出打工、非农就业中获取的收益。这个成本现实存在，并困扰着农户的合作选择。

总而言之，从上述文献可知，农户合作与否主要在于其对合作成本与收益的比较，坚持了经济学中"成本—收益"对比的基本思路：只有当农户采取合作行为带来的预期收益大于合作行为产生的成本时，农户才会作出合作行为的决策（正式实施）。

苑鹏（2001），张晓山（2004）等研究指出，政府因素对推动农户选择合作具有重要作用，应更多地体现在加强农民专业合作社立法建设、制定经济扶持政策、提供公共物品等方面，从而减少农户合作的心理负担及承担的合作成本，进而有利于农户合作的开展。黄祖辉、徐旭初、冯冠胜（2002）基于对浙江省农民专业合作社的调研，对影响农户合作的若干因素进行了分析。他们指出产品特性、生产集群、合作成员及制度环境等因素会对农户的合作选择产生影响。更进一步对制度环境因素加以分析得出，宏观体制、法律法规、行政介入、文化等都是至关重要的影响因素。

石敏俊、金少胜（2004）通过对沿海地区农户合作意愿的研究显示：兼

业农户的增加在一定程度上降低了农户参加合作社的积极性；主要通过供销社销售农产品比通过农贸市场销售农产品的农户相对更趋向于接受合作；农户受教育程度高及在商品性集约经营上进行较大特殊生产投资对其加入合作有较明显的推动作用。郭红东、蒋文华（2004）的研究指出，农户是否愿意合作受其自身因素的影响。在这些自身因素中农民的文化程度、自家农产品的销售比例（农户家庭农业生产商品化程度）对合作意愿的影响显著为正，此外，农产品卖难问题同样影响农户的合作意愿。席爱华等（2007）通过对山西省农机户参与合作组织意愿的调查发现，农机户对合作组织的参与行为受到曾经参加组织的经历、农机户自有耕地面积、农机服务收入、主机数量及服务范围等因素的影响。徐力行（2002）认为经济发展水平、农民人均生产资源和规模、政府补贴与保护、历史文化、农产品市场化程度这些因素决定了农业组织模式的选择。不仅如此，有关研究还表明，在我国，农户本身对合作知识的缺乏是制约其合作的一大重要影响因素。孙亚范（2003）通过对江苏省412户农户的调查发现，农户对合作组织及其制度特征认知的缺乏是导致农户合作参加动力不足的原因。蒋玉珉（2004）补充指出农户无自发组织合作社的传统，也没受过合作教育，无法独自承担创建前的组织成本，同时相对缺乏管理经营，又使得合作难以持久开展，所以农户自身合作知识和管理经验方面的不足是重要的影响因素。

此外，农户合作创建的组织体（合作社）内部制度因素也对其行为主体产生制约或激励。一些研究表明，当合作规则，如所有权、剩余索取权（Fulton，1995；Fulton，Gibbings，2000）无法给成员带来收益或是确保收益的获得时，合作对农民来说将是低效的，将大大降低农户的合作意愿。由此可见，这些组织体内部制度安排因素通过对合作收益及其分配的影响进而影响了农户的合作选择。

本章小结

通过上文对相关文献的梳理可以看出，目前国内外对产业链中农户协作行为的研究已经比较广泛。具体而言，在农户协作的动机、形式、形式选择的影响因素等方面都已经有相当多的学者做了比较充分的研究。其中比较经典的分析都是运用交易成本理论从交易的三个维度即资产专用性、不确定性、交易频率对不同协作方式的选择问题进行讨论。而对于农民专业合作经济组织的研究，大多数都是基于交易费用理论对该类组织的产生原因与存在的必要性进行的分析，很少有结合交易费用理论从农户角度对农户加入农民合作经济组织做实证方面的研究。总的来看，现有对产业链中农户协作的研究大都是以企业为中心，以农户与企业结成协作关系的紧密程度为划分标准而进行的研究。很少有将各种协作形式放在统一的框架下以农户参与市场的组织化程度为视角而进行的研究。随着我国农民专业合作经济组织的发展，究竟是什么因素促使农民提高参与市场组织化程度的，不同的产销组织在农户参与市场过程中究竟发挥着怎样的作用，农户是如何选择与自己相匹配的产销形式的等问题的探讨变得有意义且有必要。基于此，本书将不同产销形式纳入统一的分析框架下，以农户参与市场的组织化程度为视角，研究农户对不同产销形式的选择行为及影响因素。

第3章 农民合作经济组织发展的制度变迁及政策评价

自 1978 年实行改革开放以来，我国农业开始从传统农业向现代农业的转型，几乎与之同步出现了农民自发组织的专业合作组织。其后 30 年里，合作组织所处的大环境发生着重大变化，农业在国民经济中的比重下降；农村地区经济由最初的快速发展到后来的波折，到目前远远滞后于国家整体经济的发展；农产品市场化程度越来越高；国家对农业的政策也发生变革，等等。这些制度的综合作用，对合作组织的产生和形式变迁都产生重大影响。以下结合农民专业合作经济的产生与发展过程，分三个阶段介绍其所处制度大背景的变迁及相关政策法规的评价。

第 1 节 1978—1989 年：探索和初步发展阶段

一、制度背景

十一届三中全会以来，人民公社体制开始解体，家庭联产承包制与双层经营逐步在农村建立巩固。随着"统"的体制的松动，我国农民有了自发建立合作经济组织的大环境。20 世纪 70 年代末，中国第一个农民科学种田技术协会在安徽省天长县成立，其后，农民专业合作组织在数量上有很大发展，以农民专业技术协会为例，截至 1987 年，全国农村已经陆续成立各种农民专业技术协会近 8 万个；截至 1993 年底，全国共有 13 万个[①]。

---

① 参见杜吟棠主编：《合作社：农业中的现代企业制度》，江西人民出版社 2002 年版，第 30 页。

此阶段的大背景是：（1）生产方式上，随着农村家庭联产承包责任制的推行，农民成为独立的商品生产经营主体。在 1979—1984 年间，农民人均纯收入从 134 元增加到 355 元，年均实际增长 14.8%。然而，农业生产在 1985—1988 年步入低谷，至 1989—1991 年又有恢复性增长[①]；（2）市场环境上，农产品市场化进程加快，虽然国家在流通领域仍然对主要农产品进行垄断经营，计划经济体制下的政府行政干预已经弱化；（3）经济结构上，农村地区经济结构调整加快，农业生产率大幅度提高，剩余劳动力开始向第二、第三产业转移，乡镇企业在东部沿海地区兴起；（4）在思想观念上，农民对于家庭经济在改革初的高效率感触颇深，所以，"分"的号召力普遍流行。

以上这些背景特征使得农民在这个阶段自发组建合作组织的动力不足。然而，家庭承包制相对于人民公社体制是一种新的制度安排，是由人民公社内部分工来实现纵向一体化生产转向由农户独自完成纵向一体化生产的新型制度安排。因此，实行家庭承包制后，农户作为独立的经济主体，必须独自解决产前、产中和产后各个环节的问题。但是，这种千家万户分散生产的方式在某种程度上又面临着生产经营规模小、技术水平提高困难、生产手段落后、商品信息闭塞、市场进入成本高昂等问题。所以，建立在农民家庭经营基础上的市场经济发展，导致了他们对社会化服务的更大需求。但与此相对应的是农村社区组织的服务功能却不断弱化，这使得农民对技术等方面的服务需求难以得到满足。各级政府的涉农部门围绕建立农村社会化服务体系的目标，开始推动新型社会中介组织的发展，组建起了不少专业合作技术协会。专业技术协会主要以技术合作和交流为主，组织成员之间没有产权结合，利益关系松散，不具有实体性质。

此外，农民自发组织的经营实体也开始出现，较早出现的有专业联营体的形式，如湖北孝感出现的农机联合体，将 4 个大队、11 个生产队的机手联合起来，统一经营自有机械，发挥协调作业的功能，起到规模效应[②]。还有在村集体的基础上成立的"农工商合作社"，较多地混同于集体经济或社区合作经济组织，但是也有独立于村组织的，比如，社员可以自由退社，不同于社区合作经济[③]。

---

①　王伟：《农村合作经济与农民增收》，《农业经济》2001 年第 9 期，第 23—24 页。
②　参见黄道霞等主编：《建国以来农业合作化史料汇编》，中共党史出版社 1992 年版，第 1089 页。
③　参见黄道霞等主编：《建国以来农业合作化史料汇编》，中共党史出版社 1992 年版，第 1202—1205 页。

总体看来，此阶段的制度大环境是由"统"刚步入"分"，在生产领域，"分"已成为不少地区的共识。在某些领域，"统"的制度依然没有改变，依然发挥其或利或弊的功能；而另一些领域内，"统"的制度发生瓦解，本该发挥的一些良性功能发生缺失，需要有新形式"统"的制度安排来代替。在改革的前五年里，农村地区得到超速发展，农民对现状、对"分"的制度普遍满意，没有意识到对新形式"统"的需求。但是对经济发展较快地区的农民来说，已经体会到了"统"的缺失，开始自发地联合起来。

二、政策内容

改革开放初期阶段，广大农民从生产中的实际需要出发，在实践中自发形成了一些合作经济组织，对于这样一种新型的经济组织，相关政策以积极的姿态进行着探索和引导，如表3-1所示，具体表现为以下几个方面：

表3-1　1978—1989年关于合作经济组织的主要政策

时间	名称	具体内容
1982年11月30日	《政府工作报告》	随着联产承包责任制的推行，专业户、重点户的大批涌现，农村商品生产的日益发展，组织经济联合已开始成为形势的需要和群众的要求。这种联合已不再是过去旧框框里面的联合，而是围绕着发展商品生产的需要，加强生产前和生产后的服务，在技术推广、供销、加工、储存、运输、植物保护、提供信息等方面，进行专业化、社会化的合作。
1983年1月2日	《当前农村经济政策的若干问题》（中发〔1983〕1号）	适应商品生产的需要，发展多种多样的合作经济。近年来随着多种经营的开展和联产承包制的建立，出现了大批专业户（重点户），包括承包专业户和自营专业户。
1984年1月1日	《中共中央关于一九八四年农村工作的通知》（中发〔1983〕1号）	政社分设以后，农村经济组织应根据生产发展的需要，在群众自愿的基础上设置，形式与规模可以多种多样，不要自上而下强制推行某一种模式。
1985年1月1日	《中共中央国务院关于进一步活跃农村经济的十项政策》（中发〔1985〕1号）	按照自愿互利原则和商品经济要求，积极发展和完善农村合作制。

时间	名称	具体内容
1986 年 1 月 1 日	《中共中央国务院关于一九八六年农村工作的部署》（中发〔1986〕1 号）	农村商品生产的发展，要求生产服务社会化。因此，完善合作要从服务入手。我国农村商品经济和生产力的发展，在地区之间、产业之间是参差不齐的，农民对服务的要求也是各式各样的，不同内容、不同形式、不同规模、不同程度的合作和联合将同时并存。
1987 年 1 月 22 日	《把农村改革引向深入》（中发〔1987〕5 号）	要支持农民组织起来进入流通。各有关部门均应给予热情支持和帮助。供销社要按照合作社原则，尽快办成农民的合作商业组织，完善商品生产服务体系。
1988 年 3 月 25 日	《政府工作报告》	国家要随着国力的增强逐步增加农业投资，地方财力要更多地用于农业，特别要积极引导乡村合作组织和广大农户增加对农业的积累和投入，增强农业的自我发展能力。

（一）承认合法地位

"长期以来，由于'左'倾错误的影响，流行着一些错误观念：一讲合作就只能合并全部生产资料，不允许保留一定范围的家庭经营；一讲合作就只限于按劳分配，不许有股金分红；一讲合作就只限于生产合作，而把产前产后某些环节的合作排斥在外；一讲合作就只限于按地区来组织，搞所有制的逐级过渡，不允许有跨地区的、多层次的联合。这些脱离实际的框框，现在开始被群众的实践打破了。"①

1983 年的中央一号文件中进一步指出："经济联合是商品生产发展的必然要求，也是建设社会主义现代化农业的必由之路。当前，各项生产的产前产后的社会化服务，诸如供销、加工、贮藏、运输、技术、信息、信贷等各方面的服务，已逐渐成为广大农业生产者的迫切需要。适应这种客观需要，合作经济也将向这些领域伸展，并不断丰富自己的形式和内容。"

《中共中央关于一九八四年农村工作的通知》中对于公社经济和合作经济组织有了进一步的说明："原公社一级已经形成经济实体的，应充分发挥其经

---

① 《当前农村经济政策的若干问题》，中发〔1983〕1 号。

济组织的作用；公社经济力量薄弱的，可以根据具体情况和群众意愿，建立不同形式的经济联合组织或协调服务组织；没有条件的地方也可以不设置。这些组织对地区性合作经济组织和其他专业合作经济组织，是平等互利或协调指导的关系，不再是行政隶属和逐级过渡的关系。"

中央以一号文件的形式，肯定了合作经济组织的作用和地位，这就为其进一步发展奠定了基础。

（二）探索多种形式

对于合作经济组织究竟以何种形式发展，从普通群众到中央决策层都在进行着各种探索，从中央的相关文件中能够感受到这种积极的尝试。

"根据我国农村情况，在不同地区、不同生产类别、不同的经济条件下，合作经济的生产资料公有化程度，按劳分配方式以及合作的内容和形式，可以有所不同，保持各自的特点。例如：在实行劳动联合的同时，也可以实行资金联合，并可以在不触动单位、个人生产资料所有权的条件下，或者在保留家庭经营方式的条件下联合；在生产合作之外，还可以有供销、贮运、技术服务等环节上的联合；可以按地域联合，也可以跨地域联合。不论哪种联合，只要遵守劳动者之间自愿互利原则，接受国家的计划指导，有民主管理制度，有公共提留，积累归集体所有，实行按劳分配，或以按劳分配为主，同时有一定比例的股金分红，就都属于社会主义性质的合作经济。"[①]

《中共中央关于一九八四年农村工作的通知》中指出："为了完善统一经营和分散经营相结合的体制，一般应设置以土地公有为基础的地区性合作经济组织。这种组织，可以叫农业合作社、经济联合社或群众选定的其他名称；可以以村（大队或联队）为范围设置，也可以以生产队为单位设置；可以同村民委员会分立，也可以一套班子两块牌子。以村为范围设置的，原生产队的资产不得平调，债权、债务要妥善处理。此外，农民还可不受地区限制，自愿参加或组成不同形式、不同规模的各种专业合作经济组织。"

在发展中，各地合作经济组织产生了一些新的组织形式，中央政策文件也都进行了相应的规定。

"有些合作经济采用了合股经营、股金分红的方法，资金可以入股，生产资料和投入基本建设的劳动也可以计价入股，经营所得利润的一部分按股分红。这种股份式合作，不改变入股者的财产所有权，避免了一讲合作就合并财

---

① 《当前农村经济政策的若干问题》，中发〔1983〕1 号。

产和平调劳力的弊病，却可以把分散的生产要素结合起来，较快地建立起新的经营规模，积累共有的财产。这种办法值得提倡，但必须坚持自愿互利，防止强制摊派。"①

"近几年出现了一批按产品或行业建立的服务组织，应当认真总结经验，逐步完善。各地可选择若干商品集中产区，特别是出口商品生产基地，鲜活产品的集中产区，家庭工业集中的地区，按照农民的要求，提供良种、技术、加工、贮运、销售等系列化服务。通过服务逐步发展专业性的合作组织。"②

"要支持农民组织起来进入流通。目前农村已出现了一批农民联合购销组织，其中，有乡、村合作组织兴办的农工商公司或多种经营服务公司，有同行业的专业合作社或协会。也有个体商贩、专业运销户自愿组成的联合商社等。必须看到，农民组织起来进入流通，完善自我服务，开展同各方面的对话，反映了农村商品经济发展的客观要求和必然趋势，今后还会更多地涌现出来，各有关部门均应给予热情支持和帮助。……供销社要按照合作社原则，尽快办成农民的合作商业组织，完善商品生产服务体系。"③

（三）进行初步规范

由于合作经济组织的发展还处在探索阶段，因此，在 20 世纪 80 年代，对于合作经济组织的规范也处在起步阶段。例如，《中共中央国务院关于进一步活跃农村经济的十项政策》中就规定："供销合作社应该完全独立核算，自负盈亏，自主经营，由群众民主管理。……各种合作经济组织都应当拟订简明的章程，合作经济组织是群众自愿组成的，规章制度也要由群众民主制订；认为怎么办好就怎么订，愿意实行多久就实行多久。只要不违背国家的政策、法令，任何人都不得干涉。"

三、政策效果评价

（一）正确的支持和引导，使新兴的农民专业合作经济组织规模逐步扩大

20 世纪 80 年代初期，我国农村推行以家庭联产承包为主的责任制后，各种农民自发组织的专业合作经济组织悄然兴起，并逐渐引起中央政府的重视。从 1983 年以一号文件形式指出，经济联合是商品生产发展的必然要求，也是

---

① 《中共中央国务院关于进一步活跃农村经济的十项政策》，中发〔1985〕1 号。
② 《中共中央国务院关于一九八六年农村工作的部署》，中发〔1986〕1 号。
③ 《把农村改革引向深入》，中发〔1987〕5 号。

建设社会主义现代化农业的必由之路。肯定了合作经济组织在社会化服务中的作用和地位，奠定了其进一步发展的基础；到1984年一号文件、《中共中央国务院关于进一步活跃农村经济的十项政策》等相关文件提出根据我国农村情况，在不同地区、不同生产类别、不同的经济条件下，新的合作经济内容和形式究竟以何种形式发展，要进行各种积极的尝试和探索；再到1986年的《中共中央国务院关于一九八六年农村工作的部署》、1987年的《把农村改革引向深入》等一系列文件出台，提出对农民专业合作组织要进行初步的规范。从承认其合法性到积极探索尝试再到初步规范，在国家一步步的支持和引导下，农民合作经济组织规模不断壮大，1984年，我国农村经济联合体数量为46.7万个，从业人员355.7万人；到1986年联合体数量增加为47.8万个，从业人员422.5万人；到1988年，我国农村经济联合体数量达到47万个，从业人员为433.9万人①，促进了农民的组织化程度的提高。

（二）促进以农户为主的联合，一定意义上巩固稳定了家庭承包经营这个农村基本经济体制

如果我们把农产品合作社本质特征看成是农户为主的联合，而联合起来的农户仍然从事家庭承包经营，不难发现，我国农产品合作社发生、发展，在一定程度上稳定和完善了家庭承包经营制度。

20世纪80年代初，我国农村实行家庭承包经营的改革，使农户有了可以长期打算、属于自己支配的土地，积累资产，成为独立的经济主体，为农户开展互助合作提供了前提和保障，有利于发展合作经济。农村合作经济组织不改变生产资料的产权关系，不改变现有的土地承包关系。它建立在家庭承包经营的基础上，在农业生产的各个环节，从事技术、生产、服务等方面的联合与合作，以提高农民生产经营的组织化程度，增强市场竞争能力，维护团体成员利益。农村合作经济组织内部成员分散生产，统一对外经营，既发挥了合作的优势，又不损伤农民家庭分散生产的积极性。农民专业合作社的发展，能够有效提高农民进入市场的组织化程度，促进千家万户生产与千变万化市场的有效对接，是对农村经营体制的丰富和完善，通过合作为家庭承包经营提供更有效、更全面的服务。从这个意义上说，80年代政府不断出台的一系列具有积极作用的政策文件，大大促进了农民经济组织的发展壮大，在客观上稳定、巩固并完善了农村家庭承包经营的基本制度。

---

① 参见编辑委员会：《当代中国的农业合作制》（下），当代中国出版社2002年版，第175页。

第 2 节　1990—1999 年：快速发展阶段

一、制度背景

20 世纪 90 年代初，国内经济制度环境发生重大变化，给农民原有的生产经营方式带来不少新问题。原有的合作组织形式面对制度环境的变化和新问题，也进行了重大调整。

（一）变革与新问题

整体看来，在农产品市场流通方面的改革，是这一时期最大的制度背景变化。国家进一步放松了对流通领域的垄断经营，刺激了流通领域各个主体的积极性，这是 20 世纪 90 年代初的农业快速增长的重要原因。1989—1997 年，农业年平均增长 7% 以上，农民也实现有波折的增收[①]。然而，流通领域的变革，带来了一系列新变化，改变了农民所处环境。

在农产品生产方面，农民面对"怎么种"的问题。随着国民经济发展，市场消费主体的质量要求进一步提高，"无公害"、"绿色"、"有机"等消费概念兴起，消费结构也发生着变化。普通农产品供过于求，利润薄弱。加之生产资料的投入方面，分散的农民没有讨价能力，以至于出现农民卖粮所得难抵生产投入的现象。因此，生产技术革新、优良品种的引进在农业生产中变得尤为重要。

在农产品经营上，农民面临"怎么卖"的问题。初级农产品的销售利润薄弱，这是个共识，然而，分散的农民没有能力进入市场，眼看着更大的利润在销售、加工阶段流失。

在观念意识上，也发生了变化。农业生产在这个阶段虽然也增长迅速，但相对于其他产业，还是拉开了距离。随着改革的进一步深化，农民已经不能满足于改革初的温饱水平，急需走上致富之路。1985—1988 年农业增长的停滞，以及 20 世纪 90 年代面临的新困难，使得单纯依靠"分"的制度的农民与其他主体开始思考。走在农业发展前端的农民、地方政府和学界，开始寻求在流

---

① 王伟：《农村合作经济与农民增收》，《农业经济》2001 年第 9 期，第 23—24 页。

通、加工领域进行合作，以弥补流通领域放开后原有服务功能的缺失。

（二）解决方法的探索

农村发展落后，农民增收困难，城乡差距拉大，社会矛盾突出，这些问题已经严重影响了国家的整体发展，尤其是 1998 年以来，农业增长又一次放缓，使得这些问题的解决迫在眉睫。中央政府在此阶段做出了不少措施，探寻问题的解决途径，然而，此阶段实施的各种解决途径都不是很理想，视野没有集中于以生产农产品为主的那些农民。

农业产业化经营成为带动农民致富的重要途径，最初的"龙头企业＋农户"模式一度非常成功，国家也对龙头企业进行了大力支持，试图通过扶持龙头企业带动农民增收。然而，企业和农户是各自独立的利益主体，企业是追求利润的主体，不能代替提供服务为主的合作组织的功能，国家通过扶持龙头企业而达到带动农民增收的目的就不能很好地实现。于是，农民合作组织进入了农民与企业的中介环节，一方面将农民组织起来增加谈判能力、保护农民利益，一方面产生约束机制，降低与企业之间的交易成本。合作组织属于农民自己的组织，政府对其作用逐步重视，开始将原来支持龙头企业的资源转而直接支持专业合作经济组织的发展。

此阶段大多数新型农民专业合作经济组织的功能简单，组织内部治理结构不完善，范围上也集中分布于少数农业发达地区。但是，在农产品商品率较高、农业剩余较多、产业集中度较高的地区，如山东、四川、浙江、陕西等省份，在农业规模经济比较显著、专业化程度较高、资产专用性较高的领域里，农民合作组织发展势头良好①。此外，农民合作组织也积极地进行着创新，不仅仅停留在功能较简单、组织松散的专业协会形式上，也开始形成组织形式规范紧密的经济实体，涉足流通、加工领域，自主经营，进行开创品牌等商业化操作。虽然拥有实体且不受外力干涉的合作组织只是少数，但其发展模式已经起到了很好的示范作用。走在全国农业平均发展水平前面的那些农民、地方政府官员和学者们，都已经强烈地意识到农民自我合作进入市场是破解我国农业方面难题的正确途径，而中央政府此时也开始把这种思路纳入视野，在政策文件上开始推动其发展，允许各地方政府进行实验、探索。

---

① 黄祖辉、徐旭初、冯冠胜：《农民专业合作组织发展的影响因素分析——对浙江省农民专业合作组织发展现状的探讨》，《中国农村经济》2002 年第 3 期，第 13—21 页。

二、相关政策及其主要内容

进入 20 世纪 90 年代之后，农民专业合作经济组织的发展步入了一个快速发展的时期。经过了近十年的发展，农民专业合作经济组织在我国的广大农村已经有了一定的基础，这一时期的政策法规，就是在这样的积淀之上逐步调整和丰富的，主要内容如表 3 - 2 所示。

表 3 - 2　1990—1999 年关于合作经济组织的主要政策

时间	名称	具体内容
1993 年 11 月 5 日	《中共中央国务院关于当前农业和农村经济发展的若干政策措施》（中发〔1993〕11 号）	各级供销社都要继续深化改革，真正成为农民的合作经济组织。成立全国供销合作总社，加强供销合作社系统改革的指导，探索向综合性农业服务组织发展的新路子。各级政府要加强指导和扶持，使其在服务过程中，逐步形成技术经济实体，走自我发展、自我服务的道路。
1994 年 4 月 10 日	《中共中央国务院关于 1994 年农业和农村工作的意见》（中发〔1994〕4 号）	引导农村股份合作制健康发展。深化供销合作社的体制改革。扶持民办专业技术协会的健康发展。
1995 年 3 月 11 日	《中共中央国务院关于做好 1995 年农业和农村工作的意见》（中发〔1995〕6 号）	金融部门在增加农业信贷投入的同时，要改进农村信贷管理，调整信贷结构，重点支持粮棉生产和"菜篮子"建设，支持农村多种形式的贸工农一体化经济实体，支持为农业产前、产中、产后服务的互助合作性质的新型经济组织。
1996 年 3 月 5 日	《政府工作报告》	积极发展农村社会化服务，办好供销合作社和信用合作社等合作经济组织，不断壮大集体经济。
1996 年 3 月 14 日	《农村合作经济组织财务制度（试行）》	本制度适用于按行政村、自然村或原生产大队、生产队设置的社区性合作经济组织（以下称村合作经济组织）。包括：资金筹集、流动资产、固定资产及其他资产、对外投资、经营收支、收益及其分配、财务报表和财务档案、民主理财、财会人员等内容。

续表

时间	名称	具体内容
1997 年 2 月 3 日	《中共中央国务院关于1997 年农业和农村工作的意见》（中发〔1997〕6 号）	发展各种形式的联合与合作，增强农村经济的活力。……要在完善双层经营体制、继续加强乡村集体经济组织建设的同时，支持其他形式的联合与合作组织的发展。供销合作社、信用合作社要加快改革步伐，真正办成农民的合作经济组织。对农民自主建立的各种专业合作社、专业协会以及其他形式的联合与合作组织，要给予积极引导和支持。
1998 年 1 月 24 日	《中共中央国务院关于1998 年农业和农村工作的意见》（中发〔1998〕2 号）	发展多种形式的联合与合作。农民自主建立的各种专业合作社、专业协会以及其他形式的合作与联合组织，要积极鼓励和大力支持。
1998 年 10 月 14 日	《中共中央关于农业和农村工作若干重大问题的决定》（中国共产党第十五届中央委员会第三次全体会议 1998 年 10 月 14 日通过）	要从农村经济现状和发展要求出发，继续完善所有制结构。农民采用多种多样的股份合作制形式兴办经济实体，是改革中的新事物，要积极扶持，正确引导，逐步完善。以农民的劳动联合和农民的资本联合为主的集体经济，更应鼓励发展。

（一）鼓励多方支持

在宏观层面对于合作经济组织的鼓励和支持，体现在多个政策文件中。例如，《中共中央国务院关于 1998 年农业和农村工作的意见》中强调："发展多种形式的联合与合作。农民自主建立的各种专业合作社、专业协会以及其他形式的合作与联合组织，多数是以农民的劳动联合和资本联合为主的集体经济，有利于引导农民进入市场，完善农业社会化服务体系，要积极鼓励和大力支持。"《中共中央关于农业和农村工作若干重大问题的决定》（中国共产党第十五届中央委员会第三次全体会议 1998 年 10 月 14 日通过）中指出："供销合作社、信用合作社要继续深化改革，更好地为农业、农民服务。农民采用多种多样的股份合作制形式兴办经济实体，是改革中的新事物，要积极扶持，正确引导，逐步完善。以农民的劳动联合和农民的资本联合为主的集体经济，更应鼓励发展。"

同时，对于相关政府部门如何开展支持性工作，也有了一些规定。例如，《中共中央国务院关于做好 1995 年农业和农村工作的意见》中提到："金融部门在增加农业信贷投入的同时，要改进农村信贷管理，调整信贷结构，……支持农村多种形式的贸工农一体化经济实体，支持为农业产前、产中、产后服务的互助合作性质的新型经济组织。"

（二）引导发展形式

这一时期，对于合作经济组织发展形式的引导体现在相关文件中。

《中共中央国务院关于当前农业和农村经济发展的若干政策措施》中指出："各级供销社都要继续深化改革，真正成为农民的合作经济组织。成立全国供销合作总社，加强供销合作社系统改革的指导，探索向综合性农业服务组织发展的新路子。……农村各类民办的专业技术协会（研究会），是农业社会化服务体系的一支新生力量。各级政府要加强指导和扶持，使其在服务过程中，逐步形成技术经济实体，走自我发展、自我服务的道路。"

《中共中央国务院关于 1994 年农业和农村工作的意见》中进一步指出："深化供销合作社的体制改革。按照去年中央农村工作会议的有关精神，组织调查研究，提出深化供销社体制改革的总体方案。抓紧组建全国供销合作总社，从政府行政序列中分离出来，使之真正成为农民群众的合作经济组织。……扶持民办专业技术协会的健康发展。"

另外，要"发展多种形式的联合与合作。农民自主建立的各种专业合作社、专业协会以及其他形式的合作与联合组织，多数是以农民的劳动联合和资本联合为主的集体经济，有利于引导农民进入市场，完善农业社会化服务体系，要积极鼓励和大力支持。"①

（三）强调规范管理

在 20 世纪 80 年代初步探索的基础上，90 年代相关的政策文件进一步强调了合作经济组织的规范管理，除了比较宏观的规定之外，已经有一些具体的法规出台，这是新世纪以后合作经济组织立法的基础。

《中共中央国务院关于 1994 年农业和农村工作的意见》中指出："加强调查研究，总结交流经验，抓紧制定《农民专业协会示范章程》，引导农民专业协会真正成为'民办、民管、民受益'的新型经济组织。"

"供销合作社、信用合作社要加快改革步伐，真正办成农民的合作经济组织。对农民自主建立的各种专业合作社、专业协会以及其他形式的联合与合作

---

① 《中共中央国务院关于 1998 年农业和农村工作的意见》，中发〔1998〕2 号。

组织，要给予积极引导和支持。有些建立在群众自愿入股基础上的联合与合作组织，实行一人一票的民主管理，在按股分红的同时有一定比例的劳动分红，并留有一定的公共积累，这种做法值得提倡。"①

1996 年 3 月 14 日财政部发布了《农村合作经济组织财务制度（试行）》，对于合作经济组织的资金筹集、流动资产、固定资产及其他资产、对外投资、经营收支、收益及其分配、财务报表和财务档案、民主理财和财会人员等八个方面作了详细的规定。

（四）出台税收优惠

20 世纪 90 年代，我国出台了一些针对农业生产的税收优惠政策，这些政策也促进了农村合作经济组织的发展。具体法规如表 3 - 3 所示。

表 3 - 3　90 年代相关税收优惠政策

税种	时间	名称	具体内容
增值税	1995 年 6 月 15 日	《增值税暂行条例》（财税字〔1995〕52 号）	《增值税暂行条例》规定的免税产品：1. 农业生产者销售的自产农业产品；2. 农业生产者销售的自产农产品是指直接从事植物的种植、收割和动物的饲养、捕捞的单位和个人销售的《注释》所列的自产的农业产品。
	1998 年 3 月 5 日	《财政部、国家税务总局关于免征农村电网维护费增值税问题的通知》（财税字〔1998〕47 号）	从 1998 年 1 月 1 日起，对农村电管站在收取电价时一并向农户收取的农村电网维护费（包括低压线路损耗和维护费以及电工经费）给予免征增值税的照顾。
	1999 年 6 月 29 日	《财政部、国家税务总局关于粮食企业增值税免征问题的通知》（财税字〔1999〕198 号）	国有粮食购销企业必须按顺价原则销售粮食。对承担粮食收储任务的国有粮食购销企业销售的粮食免征增值税。免征增值税的国有粮食购销企业，由县（市）国家税务局会同同级财政、粮食部门审核确定。

---

① 《中共中央国务院关于 1997 年农业和农村工作的意见》，中发〔1997〕6 号。

续表

税种	时间	名称	具体内容
所得税	1994 年 3 月 29 日	财政部、国家税务总局《关于企业所得税若干优惠政策的通知》（财税字〔94〕001 号）	为了支持和鼓励发展第三产业企业（包括全民所有制工业企业转换经营机制举办的第三产业企业），可按产业政策在一定期限内减征或者免征所得税。
	1997 年 5 月 8 日	财税字〔1997〕49 号文件	对国有农口企事业单位从事种植业、养殖业和农林产品初加工业取得的所得暂免征收企业所得税。
营业税	1994 年 3 月 29 日	财税字〔1994〕002 号文件	将土地使用权转让或（出租）给农业生产者用于农业生产，免征营业税。
	1998 年 2 月 10 日	国税函〔1998〕82 号文件	根据（财税字〔1994〕002 号）文件规定，农村、农场将土地承包、出租，给个人或公司用于农业生产，收取的固定承包金（租金），可比照002 号文件的规定免征营业税。

三、政策效果评价

这一阶段的政策文件更加侧重于对农民专业合作经济组织发展形式的引导、组织管理的规范及相关税收上的优惠支持，此举促进了农民专业合作经济组织形式的升级、服务功能的拓展及经济实力的增强，推动了我国农民专业合作经济组织发展到了一个更高的层次。

1. 促进了农民专业合作经济组织服务内容上的丰富，使其呈现出单一到综合的拓展。

20 世纪 80 年代的农民专业合作经济组织主要是农民通过自发组成的组织进行生产经营的科技引进、消化、吸收、传播、推广，并以专业技术能手为核心帮助会员农户学习技术、交流经验和信息。到了 20 世纪 90 年代，随着我国农村改革的进一步深化，农业市场经济的开放，农村经济呈现出新的面貌。国家立足这个基础，对农民专业合作经济组织的发展方向作了正确的引导和规范。面对农村经济新背景特点的不断凸显，我国农民专业合作经济组织在国家相关政策的影响和指导下，经过近十年的发展，出现了新的变化，突出的表现为其服务内容逐步拓宽，活动内容逐渐从技术合作转向共同购买生产资料、销售农产品乃至资金、生产设施等生产要素的合作。根据中国科协统计，1998

年我国共有各类农村专业协会 11.56 万个，会员农户 620 余万，占全国农户总数的 3.5%；从协会开展的服务项目来看，主要从事技术交流、技术培训、技术指导和技术信息传播的合作组织最多，占总数的 53%；此外，还提供良种、生产资料、市场信息和产品运销等产前、产中、产后服务的占 38%；已经兴办了科研、经济实体，对初级农产品实行储藏运销、深度开发和加工增值的只有 9%。

表 3－7 是 1998 年的调查，从这里也可以看出农民对合作组织服务的多元化趋势。可见，我国农民专业合作经济组织服务内容有了较大的丰富，从事技术服务的占总数的 79.6%；提供购买服务的占 15.1%；从事销售服务的占 23%；从事资金服务的占 7.9%；从事加工储运服务的占 5.4%；从事信息服务的占 38.3%。

表 3－4 1998 年农业部对专业合作组织服务内容的调查（%）

项目	技术服务	购买服务	销售服务	资金服务	加工储运服务	信息服务	其他服务
比例	79.6	15.1	23	7.9	5.4	38.3	14.3

资料来源：1999 年中国天津《沿海地区农业发展国际研讨会论文集》。

2. 加强了对农民专业合作经济组织管理规范的要求，推动农民专业合作经济组织在形式上从松散型、契约型再到实体型发展。

20 世纪 90 年代政府对我国农民专业合作经济组织指导、支持的另一特点是对其发展管理规范的强调。20 世纪 80 年代我国农村经济主要以农业生产的原料和初级农产品的经销为主，对技术、资金及组织化程度还没有更高的要求，所以这一时段专业合作组织主要是农户在政府或地方能人的组织下，通过共同运销解决农产品销售问题。其组织形式一般比较松散，这是在生产力水平较低情况下，为了解决农户的卖难问题，引导农民进入市场所采取的模式，发育层次较低。然而，随着生产力水平的提高，合作组织单纯提供购销服务已不能满足农民对组织的要求，于是出现了加工、购销为一体的实体型专业合作组织，同时对组织结构也提出了更高的要求。

在这种情况下，《中共中央国务院关于 1994 年农业和农村工作的意见》及 1996 年 3 月 14 日财政部发布的《农村合作经济组织财务制度（试行）》等文件中指出，"我国农民专业合作经济组织要加强调查研究，总结交流经验，加快改革步伐，抓紧制定《农民专业协会示范章程》，引导农民专业协会真正成为'民办、民管、民受益'的新型经济组织"。同时，还对合作经济组织的资金筹集、流动资产、固定资产及其他资产、对外投资、经营收支、收益及其分配、财务报表和财务档案、民主理财和财会人员等八个方面作了详细的规定。这些政策的出现，对处于转型中的我国农民专业合作经济组织在组织结构、管理规范上的升级提供了较好的指导、规范。经过 20 世纪 90 年代的发展、调整，我国农民专业合作经济组织在组织结构和管理规范上都进入了一个更高层次的发展。从 20 世纪 80 年代组织松散的成员间相互交流经验、信息发展到加工、购销为一体的实体型专业合作组织，出现了契约型、出资型等有资产连接的合作组织。再后来，专业合作经济组织进一步发展为跨区域、跨行业，集产、加、销为一体的综合性专业合作组织，这类合作组织实力都比较强大、组织结构规范、严密，合作组织内部的运行机制和相应的规章比较完善，对农民的吸引力和带动力比较大。[①]

3. 税收优惠政策的出台，促进了农民专业合作经济组织兴建经济实体进行农产品加工增值的积极性，加快了其经济实力的增强。

1995 年的《增值税暂行条例》、1998 年的《财政部、国家税务总局关于免征农村电网维护费增值税问题的通知》及 1999 年的《财政部、国家税务总局关于粮食企业增值税免征问题的通知》等一系列相关政策文件对相关农产品生产销售、电网维护、粮食征收等过程的相关增值税免除；1994 年财政部、国家税务总局《关于企业所得税若干优惠政策的通知》、财税字〔1997〕49 号文件等对农民专业技术协会，专业合作社，对其提供的技术服务或劳务所取得的收入等所得税予以免征；财税字〔1994〕第 002 号文件和国税函〔1998〕82 号文件又免除了农民专业合作经济组织的相关营业税。

上述一系列政策文件的颁布，给尚处于发展的初级阶段、力量薄弱的农民专业合作经济组织以大力支持，扫除了其发展的一些障碍，促进了农民专业合作经济组织对加工、包装、储藏、运输等领域的业务拓展，把农产品的生产、加工、销售有机结合起来，从田间到餐桌的各个环节有机连接起来，体现农业的市场化要求，提升了农产品升值空间。对于经济增值部分，国家又免征税，这就加大了农民专业合作经济组织投入资金、拓展业务、连接市场、参与农业社会化服务体系建设、兴建经济实体进行农产品加工增值的积极性。据相关资料显示，1993 年底我国农民专业合作经济组织中，从事加工业的仅占总数的

---

① 赵继新：《中国农民合作经济组织发展研究》，中国农业大学 2003 年博士学位论文，第 110—111 页。

0.81%，而到了1998年底，加工类的农民专业合作经济组织在总数中的比重上升到了2.4%。①

第3节 2000—2010年：大力推进阶段

一、制度背景

新世纪以来，破解"三农"问题已成了国家政策的重中之重，工业开始反哺农业，农业在国民经济中位置得到提高；农村环境通过新乡村建设运动正在发生改善，而农民增收、提高农业生产力、发展现代农业再次成为焦点问题，亟待解决。

以加入世界贸易组织（WTO）之后，我国农民要面对来自国际市场的新挑战，而原有的保护价收购政策的取消使农民被真正推向了市场，与此同步，政府也积极提升农民的市场竞争力。不同的是，中央政府的思路发生了转变，将农民由分散经营组织起来共同进入市场的任务交给了农民自身，而新型农民合作就是实现此目标的至关重要的方式。

然而，一直以来，我国没有对合作经济组织进行立法，使得合作经济组织无法可依，无章可循。农民合作组织主体地位不明，发展由此受到一些限制，例如，以现有的身份，农民合作经济组织很难从正规金融部门进行融资。农业以外相关部门的政策环境没有因之改变，也造成农业发展方面的服务缺失，例如，农业的高风险使得营利性的金融部门不愿意为其提供贷款，农民合作组织只能获得部分政府提供的政策性支持资金，而农民合作组织在运营中融资是很大的问题，迫切需要金融行业的相关制度的跟进。另外，由于缺乏相应立法，新型农民合作经济组织的发展较普遍地面临外力不适当介入的问题，有些主体以干涉代替支持。

但是，发展新型农民合作经济组织的大思路是清晰的，在中央的支持态度变得明确时，各主体也普遍形成共识，为农民自发合作构建了良好的政策环境。尤其是进入新世纪后，我国农民合作经济组织的发展在实践和理论上均已

---

① 参见赵继新：《中国农民合作经济组织发展研究》，中国农业大学2003年博士学位论文，第113页。

取得一些实质性的进展，这使得相关立法工作有了较成熟的基础。2004—2006年连续三年的中央一号文件都明确提出要加快立法进程，经过三年的广泛调研、论证、起草和审议修改工作，十届全国人大常委会第二十四次会议于2006 年 10 月 31 日通过了《中华人民共和国农民专业合作社法》。它明确了农民专业合作社的市场主体地位，对农民专业合作社的组织和行为进行了适当的规范。它的出台有利于农民依法设立合作社，规范合作组织内部管理制度，对于提高组织化程度、推动农业的产业化经营、增强农民专业合作社及其成员抵御风险和参与市场竞争的能力、保护他们的合法权益、丰富我国市场主体的类型等有着积极影响和推动作用。

　　总体看来，新世纪以来，发动农民自身构建新型合作经济组织成了各界关于解决农民进入市场问题的普遍共识，新型农民合作经济组织的制度环境也正在向着逐渐完善的方向发展。

二、政策内容

　　进入 21 世纪之后，"三农"问题受到政府和各界的重视，因此在这个阶段，关于合作经济组织的政策法规要显著地多于前两个时期，另外，这些政策法规中所规定的政策等也更加具体化，这些都表明了我国在这个时期大力推进合作经济组织的建设和发展。

（一）大力支持发展

　　如表 3 - 5 所示，从宏观层面上来看，这个阶段国家在很多政策文件中都提到要鼓励支持发展合作经济组织。

表 3 - 5　21 世纪中共中央、国务院关于合作经济组织的各项政策

时间	名称	具体内容
2000 年 3 月 5 日	《政府工作报告》	发展专业合作经济组织和公司＋农户等产业化经营，把分散经营的农户同大市场连接起来，带动农业结构调整。引导和支持乡镇企业面向市场调整结构，提高管理水平和技术水平。
2001 年 1 月 11 日	《中共中央国务院关于做好 2001 年农业和农村工作的意见》（中发〔2001〕2 号）	对农产品加工企业、批发市场、合作组织等各种类型、各种所有制的农业产业化经营龙头企业，只要有市场、有效益，能够增加农民收入，都要一视同仁，给予扶持。

时间	名称	具体内容
2003 年 1 月 16 日	《中共中央国务院关于做好农业和农村工作的意见》（中发〔2003〕3 号）	积极发展农产品行业协会和农民专业合作组织，建立健全农业社会化服务体系。农产品行业协会和各种专业合作组织，是联结农户、企业和市场的纽带，对于提高农民的组织化程度，转变政府职能，增强农业竞争力，具有重要作用。
2003 年 10 月 14 日	《中共中央关于完善社会主义市场经济体制若干问题的决定》（2003 年 10 月 14 日中国共产党第十六届中央委员会第三次全体会议通过）	农村集体经济组织要推进制度创新，增强服务功能。支持农民按照自愿、民主的原则，发展多种形式的农村专业合作组织。
2004 年 2 月 8 日	《中共中央国务院关于促进农民增加收入若干政策的意见》（中发〔2004〕1 号）	鼓励发展各类农产品专业合作组织、购销大户和农民经纪人。积极推进有关农民专业合作组织的立法工作。从 2004 年起，中央和地方要安排专门资金，支持农民专业合作组织开展信息、技术、培训、质量标准与认证、市场营销等服务。有关金融机构支持农民专业合作组织建设标准化生产基地、兴办仓储设施和加工企业、购置农产品运销设备，财政可适当给予贴息。
2004 年 7 月 14 日	《国务院办公厅转发商务部等部门关于进一步做好农村商品流通工作的意见的通知》	中央和地方财政要安排专门资金，支持各类农民专业合作组织开展信息、技术、培训、质量标准与认证、市场营销等服务。有关金融机构要支持农民专业合作组织建设标准化生产基地、兴办仓储设施和加工企业、购置农产品运销设备，财政要适当予以贴息。
2004 年 12 月 31 日	《中共中央国务院关于进一步加强农村工作提高农业综合生产能力若干政策的意见》（中发〔2005〕1 号）	支持农民专业合作组织发展，对专业合作组织及其所办加工、流通实体适当减免有关税费。
2005 年 10 月 11 日	《中共中央关于制定国民经济和社会发展第十一个五年规划的建议》（中国共产党第十六届中央委员会第五次全体会议通过）	全面深化农村改革。……鼓励和引导农民发展各类专业合作经济组织，提高农业的组织化程度。

续表

时间	名称	具体内容
2005年12月31日	《中共中央国务院关于推进社会主义新农村建设的若干意见》（中发〔2006〕1号）	积极引导和支持农民发展各类专业合作经济组织，加快立法进程，加大扶持力度，建立有利于农民合作经济组织发展的信贷、财税和登记等制度。
2006年8月3日	《全国农业和农村经济发展第十一个五年规划（2006—2010年）》	提升农民自我发展能力，大力发展农民专业合作经济组织，提高农村基层民主水平，加强农民教育培训，着力培育新型农民。
2006年9月26日	《全国农垦经济与社会发展第十一个五年规划（2006—2010年）》	坚持"民办、民管、民受益"的原则，鼓励和引导垦区发展各类专业合作社、专业协会和产业协会。逐步扩大广泛性和代表性，增强权威性和服务功能，使之成为政府与生产经营者之间的桥梁和纽带。
2007年1月29日	《中共中央国务院关于积极发展现代农业扎实推进社会主义新农村建设的若干意见》（中发〔2007〕1号）	积极发展种养专业大户、农民专业合作组织、龙头企业和集体经济组织等各类适应现代农业发展要求的经营主体。
2007年3月5日	《政府工作报告》	全面推进农村综合改革。……推进征地制度、集体林权制度改革，积极发展农民专业合作组织，继续清理和化解乡村债务。
2008年1月31日	《中共中央国务院关于切实加强农业基础建设进一步促进农业发展农民增收的若干意见》（中发〔2008〕1号）	继续实施农业标准化示范项目，扶持龙头企业、农民专业合作组织、科技示范户和种养大户率先实行标准化生产。组织实施新农村实用人才培训工程，重点培训种养业能手、科技带头人、农村经纪人和专业合作组织领办人等。
2008年3月5日	《政府工作报告》	全面推进农村改革。……大力发展农民专业合作组织。

从2004年到2008年，每年的一号文件中都提到要支持合作经济组织的发展，其中《中共中央国务院关于促进农民增加收入若干政策的意见》提到要"积极推进有关农民专业合作组织的立法工作"。《中共中央国务院关于推进社会主义新农村建设的若干意见》进一步指出要"积极引导和支持农民发展各

类专业合作经济组织，加快立法进程，加大扶持力度，建立有利于农民合作经济组织发展的信贷、财税和登记等制度"。一号文件一方面强调了合作经济组织的发展建设，同时指出了下一步的工作重点。

其次，在国家的多个发展规划中都提到了合作经济组织的发展，例如，《全国农业和农村经济发展第十一个五年规划（2006—2010 年）》中强调："提升农民自我发展能力，大力发展农民专业合作经济组织，提高农村基层民主水平，加强农民教育培训，着力培育新型农民。"合作经济组织不仅是一种经济的联合体，而且是农民全面发展的一个载体。

（二）开展部门推进

在这一时期，相关部门也出台了很多具体的政策文件，采取各项措施推进农民合作经济组织的发展，如表 3-6 所示。

表 3-6　21 世纪各部委相关文件

时间	名称	具体内容
2002 年 9 月	《农业部关于公布农业部农民专业合作经济组织试点单位的通知》（农经发〔2002〕8 号）	公布农业部农民合作经济组织试点单位，并且要求各试点单位要按照《农民专业合作经济组织试点工作方案》落实好试点工作，有关试点工作进展情况及时报送农业部经管司。
2002 年 12 月 20 日	《科技部关于大力发展科技中介机构的意见》（国科发政字〔2002〕488 号）	星火计划、农业科技成果转化基金等要重点支持农业"龙头"企业、农村技术经济合作组织转化农业科技成果，提高先进适用技术应用能力。
2003 年 8 月	《财政部办公厅关于中央财政支持农民专业合作组织试点工作的通知》（财办农〔2003〕91 号）	试点工作的基本思路：一是中央财政安排部分资金，支持部分省（区、市）进行财政支持农民专业合作组织发展试点工作；二是加强农民专业合作组织问题理论研究，同时加强对农民专业合作组织管理的制度研究；三是充分利用社会力量，组织专家小组跟踪指导试点工作……
2003 年 9 月 5 日	《中华全国供销合作总社关于加快农产品行业协会发展的意见》（供销字〔2003〕39 号）	要突出抓好以下几项工作：一是逐步理顺原有农产品行业协会的管理体制。二是加强协会内部建设。三是逐步完善行业协会的职能……

时间	名称	具体内容
2003 年 11 月	《农业部关于表彰"全国十大种粮标兵""全国粮食生产先进县市（农场）及全国种粮大户""农民专业合作组织先进单位"的决定》（农办发〔2003〕15 号）	为进一步调动各级政府和农民种粮的积极性，推动农民专业合作组织发展，促进农业产业化经营，农业部决定……授予北京市顺义区新特新葡萄产销合作社等 50 家农民专业合作组织。
2003 年 12 月 3 日	《财政部关于改革和完善农业综合开发若干政策措施的意见》（财发〔2003〕93 号）	大力扶持辐射带动作用强的产业化龙头企业和与农民建立起紧密的利益联结机制的专业合作经济组织，积极推进产业化经营。
2004 年	《农业部关于切实做好农业部 2004 年农民专业合作组织示范项目指导工作的通知》（农经发〔2004〕9 号）	通过以下方面主动扎实做好示范项目指导工作 （一）做好业务培训和政策咨询服务 （二）修改完善项目实施方案 （三）加强监督检查 ……
2004 年	《财政部办公厅关于做好 2004 年中央财政支持农民专业合作组织工作的通知》（财办农〔2004〕35 号）	中央财政资金支持的范围：（一）对社员开展专业技术、管理培训和提供信息服务；（二）组织标准化生产；（三）农产品粗加工、整理、储存和保鲜以及为此而利用银行贷款的适当贴息……
2004 年 3 月 10 日	《农业部办公厅关于印发 2004 年农民专业合作组织示范项目指南的通知》（农办财〔2004〕20 号）	在全国 11 个优势农产品区域，围绕 35 个主导产品以及当地名特优产品，选择有较好工作基础，对提高农业产业化水平、增加农民收入有较强带动能力和示范作用的农民专业合作组织，进行资金扶持。
2004 年 3 月 17 日	《农业部农民专业合作组织示范项目资金管理暂行办法》（农财发〔2004〕5 号）	示范项目资金重点用于支持以下内容：1. 对农民专业合作组织成员和经营管理人员进行互助合作知识培训。2. 开展科学技术和市场营销知识培训，引进优良品种，推广实用技术。3. 购置农产品加工、整理、储存、保鲜、运销和检测仪器、设备。……

续表

时间	名称	具体内容
2004 年 5 月 10 日	《科技部农村科技服务体系建设评价规范（试行）》（国科星办字〔2004〕7 号）	《规范》所指的农村专业技术协会是指农户、企业等农村经济主体在保持经营独立的前提下，按照自愿平等原则组建，以促进行业（或产业）发展和农民增收为目标，以技术引进、技术培训、技术咨询和技术推广等为重要服务内容的经济组织。
2004 年 7 月 16 日	《财政部中央财政农民专业合作组织发展资金管理暂行办法》（财农〔2004〕87 号）	中央财政农民专业合作组织发展资金的使用，应严格执行《财政农业专项资金管理规则》中的有关规定，实行项目管理、标准文本申报、专家评审、择优安排和监督检查等管理。
2004 年 7 月 31 日	《农业部关于下达 2004 年农民专业合作组织示范项目资金的通知》（农财发〔2004〕37 号）	承担项目的农民专业合作组织应根据本通知要求，适当修改项目申报实施方案，进一步完善实施计划，经全体成员或代表大会讨论通过后实施，并将项目资金使用情况向全体成员公开。
2004 年 12 月 10 日	《农业部 2004 年农民专业合作组织示范项目检查验收工作通知》（农办经〔2004〕13 号）	农业部 2004 年农民专业合作组织示范项目，已进入检查验收阶段，各省（区、市、计划单列市）业务主管部门要按照农业部《农民专业合作组织示范项目资金管理暂行办法》（农财发〔2004〕5 号）的规定和《关于下达 2004 年农民专业合作组织示范项目资金的通知》（农财发〔2004〕37 号）的批复内容，对每个示范项目进行逐一验收。
2005 年 3 月 23 日	《财政部农业综合开发中央财政贴息资金管理办法》（财发〔2005〕4 号）	贴息扶持对象重点为国家级和省级农业产业化龙头企业，同时适当扶持正在成长上升、确能带动农民致富、较小规模的龙头企业及农民专业合作组织。
2005 年 4 月 30 日	《农业部关于支持和促进农民专业合作组织发展的意见》（农经发〔2005〕5 号）	提出通过以下几个方面促进农民专业合作组织的发展：推动落实各项政策。抓好典型示范引导。农业项目积极支持。构建良好服务平台。加强规范化建设。

续表

时间	名称	具体内容
2005 年 9 月 1 日	《农业部关于加强农产品市场流通工作的意见》（农市发〔2005〕12 号）	积极培育农产品流通组织。要注重支持引导壮大农民运销队伍，培育农民运销合作组织，积极鼓励生产大户、运销大户领办合作组织。鼓励支持农产品生产与加工企业进入农产品流通领域，领办、创办农产品流通专业合作组织。
2005 年 11 月 15 日	《中国科协关于进一步加强农村科普工作的意见》（科协发普字〔2005〕67 号）	农技协是农村基层重要的科普组织和科普工作平台，是农民专业合作经济组织的重要形式之一。要坚持农技协"民办、民管、民受益"的原则，联合相关部门和社会有关方面，扶持农技协做大做强，指导农技协发挥好科普示范作用。

在这一阶段，部门推进的力度非常大。这首先体现在相关政策文件的数量上，如表 3 - 6 所示，17 个部委文件中都提到了合作经济组织的发展。其次，这些文件的出台者包括多个部委，其中农业部和财政部的文件居多，科技部、中华全国供销合作总社、中国科协也在一些文件中提到了合作经济组织的发展。

各部门从各自的职责出发，有所侧重地推动合作经济组织的发展。

从 2004 年开始，农业部一直在进行农民专业合作组织示范项目指导工作，《农业部关于切实做好农业部 2004 年农民专业合作组织示范项目指导工作的通知》中提到："通过以下方面主动扎实做好示范项目指导工作：（一）做好业务培训和政策咨询服务。（二）修改完善项目实施方案。（三）加强监督检查。（四）制定效益测算指标。（五）完善组织运行机制。"2005 年《农业部关于支持和促进农民专业合作组织发展的意见》中进一步指出："通过以下几个方面促进农民专业合作组织的发展：推动落实各项政策。抓好典型示范引导。农业项目积极支持。构建良好服务平台。加强规范化建设。"这些具体规定明确了未来工作的方向。

财政部主要在合作经济组织的资金支持方面出台了一些政策。例如：《财政部办公厅关于中央财政支持农民专业合作组织试点工作的通知》中明确指出"试点资金支持的内容包括：1. 补助项目单位为提高服务能力，加强自身组织建设所必需的支出；2. 补助项目单位为社员开展服务活动项目的支出；3. 补助其他有利于项目单位发展和提高服务能力的支出"。《财政部办公厅关于做好 2004 年中央财政支持农民专业合作组织工作的通知》指出中央财政资金支持的范围包括："（一）对社员开展专业技术、管理培训和提供信息服务；（二）组织标准化生产；（三）农产品粗加工、整理、储存和保鲜以及为此而利用银行贷款的适当贴息；（四）开展品牌培育和营销、推介服务活动；（五）雇请专家、技术人员提供管理和技术服务；（六）引进新品种和推广新技术等。"

（三）界定发展形式

在前两个时期，对于何为"农民专业合作社"没有准确界定，所以对于合作经济组织的发展形式虽然有着多种探索，但是难以形成清晰有力的判断。

《中华人民共和国农民专业合作社法》中规定："农民专业合作社是在农村家庭承包经营基础上，同类农产品的生产经营者或者同类农业生产经营服务的提供者、利用者，自愿联合、民主管理的互助性经济组织。"虽然这仍是一个比较宽泛的概念，但是以它为标准可以区分出哪些属于合作经济组织的范畴，并且《中华人民共和国农民专业合作社法》对于合作经济组织的发展形式也有了界定："农民专业合作社以其成员为主要服务对象，提供农业生产资料的购买，农产品的销售、加工、运输、贮藏以及与农业生产经营有关的技术、信息等服务。"

另外，在这个时期，有关文件还对特定形式的合作经济组织有所强调。

关于农产品行业协会，《中华全国供销合作总社关于加快农产品行业协会发展的意见》中指出要突出抓好以下几项工作："一是逐步理顺原有农产品行业协会的管理体制。二是加强协会内部建设。三是逐步完善行业协会的职能。四是积极发展新的农产品行业协会。五是积极探索建立农产品行业协会联合会。"

关于农业技术协会，《中国科协关于进一步加强农村科普工作的意见》指出："农技协是农村基层重要的科普组织和科普工作平台，是农民专业合作经济组织的重要形式之一。要坚持农技协'民办、民管、民受益'的原则，联合相关部门和社会有关方面，扶持农技协做大做强，指导农技协发挥好科普示范作用。"

（四）建立发展规范

从合作经济组织产生至今，相关部门一直对其的规范发展比较重视，进入 21 世纪后，不少政策文件都提到了建立标准和规范发展的问题。例如，《中共中央国务院关于做好农业和农村工作的意见》中指出："加快制定有关法律法规，引导农民在自愿的基础上，按照民办、民管、民受益的原则，发展各种新型的农民专业合作组织。"在这一思想的指导下，关于规范合作经济组织发展的各项法规逐步建立了起来。

如表 3-7 所示，进入 21 世纪之后，规范合作经济组织发展的政策法规体系的主体已经基本确立起来了。

表 3-7　规范合作经济组织发展的各项法规

时间	名称	主要内容
2003 年 10 月 29 日	《民政部关于加强农村专业经济协会培育发展和登记管理工作的指导意见》（民发〔2003〕148 号）	对农村专业经济协会的登记管理工作在不违背《社会团体登记管理条例》基本精神的基础上，可以适当放宽登记条件，简化登记程序。
2006 年 10 月 31 日	《中华人民共和国农民专业合作社法》	农民专业合作社应当遵循下列原则：（一）成员以农民为主体；（二）以服务成员为宗旨，谋求全体成员的共同利益；（三）入社自愿、退社自由……国家通过财政支持、税收优惠和金融、科技、人才的扶持以及产业政策引导等措施，促进农民专业合作社的发展。
2007 年 6 月 5 日	《农民专业合作社登记管理条例》	农民专业合作社的设立、变更和注销，应当依照《中华人民共和国农民专业合作社法》和本条例的规定办理登记。国务院工商行政管理部门可以对规模较大或者跨地区的农民专业合作社的登记管辖作出特别规定。
2007 年 6 月 29 日	《农民专业合作社示范章程》	示范章程由总则、成员、组织机构、财务管理以及合并、分立、解散和清算构成。
2007 年 12 月 20 日	《农民专业合作社财务会计制度（试行）》（财会〔2007〕15 号）	此财务会计制度适用于依照《中华人民共和国农民专业合作社法》设立并取得法人资格的合作社。此法规定各个合作社都将设置和使用会计科目，登记会计账簿，编制会计报表等。此外，对合作社财务会计的管理和监督也做了相应规定。

《中华人民共和国专业合作社法》是我国农村合作经济组织发展的一项综合性法律，也可以说它是合作经济组织领域的根本大法，它的内容包括：合作

社建立程序上的规定，例如，设立和登记以及合并、分立、解散和清算；合作社的内部管理，例如成员、组织机构、财务管理；关于合作社的扶持政策和法律责任。《中华人民共和国专业合作社法》通过以上几个方面的规定，对于合作经济组织的发展进行了全面的规范。

在合作社的登记管理方面，2003年的《民政部关于加强农村专业经济协会培育发展和登记管理工作的指导意见》中指出："对农村专业经济协会的登记管理工作应本着与时俱进、求实创新的精神，在不违背《社会团体登记管理条例》基本精神的基础上，可以适当放宽登记条件，简化登记程序。"民政部通过部门文件的方式对于合作经济组织的登记范围、业务主管单位和登记管理机关、登记条件和登记程序进行了具体的规定。2007年《农民专业合作社登记管理条例》出台，它是依据《中华人民共和国专业合作社法》制定的，其目的是为了确认农民专业合作社的法人资格，规范农民专业合作社登记行为。《农民专业合作社登记管理条例》有6章33条，包括总则、登记事项、设立登记、变更登记和注销登记、法律责任、附则等，它更加详细地规定了合作经济组织登记管理方面的问题，同时将其上升到了法律法规的高度，使之更具有约束力。

《农民专业合作社示范章程》由总则、成员、组织机构、财务管理以及合并、分立、解散和清算这几个方面的规定构成。它对于合作经济组织的内部管理具有很强的指导性，因为农民自发地组织起来建立合作社时，可能并没有能力独自起草一个全面和规范的章程，而《农民专业合作社示范章程》作为一个蓝本，将绝大多数的规定列示了出来，农民只要根据本合作社的具体情况，把基本信息填列清楚，就能够形成一个较规范的合作社章程。

农村财务会计管理制度一直是社会关注的焦点。《农民专业合作社法》发布后，中央高度重视相关配套措施的建立和落实，2007年中央一号文件指出，"各地要加快制定推动农民专业合作社发展的实施细则，有关部门要抓紧出台具体登记办法、财务会计制度和配套支持措施"。财政部发布的《农民专业合作社财务会计制度（试行）》，规定了各个合作社都将设置和使用会计科目，登记会计账簿，编制会计报表，并对合作社财务会计的管理和监督也做了相应规定。此法紧密结合了农民专业合作社的特点，科学规范、简单易行，这意味着农民专业合作经济组织的发展有了规范的财会制度保障。

在这一时期，各地也出台了一些政策法规来规范合作经济组织。浙江省于2004年11月11日浙江省第十届人民代表大会常务委员会第十四次会议通过了《浙江省农民专业合作社条例》，规范浙江省行政区域内的设立、分立、合并、终止农民专业合作社等活动，这是第一个综合性规范合作经济组织的省级法规。这些法规为后来的《中华人民共和国专业合作社法》积累了经验，奠定了基础。

这些规范性的法律法规是在总结我国合作经济组织过去 30 年发展经验的基础上产生的，对于我国合作经济组织未来的发展有着非常重要的意义。首先，这些法律法规标志着合作经济组织相关标准的逐步建立，合作经济组织的发展不再像以前一样缺乏统一规范；其次，这些法律法规对于合作经济组织的规范使得我国的合作经济组织逐步与世界其他国家接轨，这将大力提高我国合作经济组织的竞争能力，有力地促进合作经济组织对于农村发展的推动作用。

三、政策效果评价

进入 21 世纪后，农民专业合作经济组织进一步发展，其服务的内容和形式不断创新和完善，在农业社会化服务体系中的作用日益突出，社会效益日益明显，各级政府对涌现出的农民专业合作经济组织的认识不再停留在传统的合作运动思路上，已经能够积极地看待农民自发组织起来的这种形式，并进行实质上的引导和扶持，政府对发展新型合作经济终于进入实质性的制度建设阶段。

（一）以立法形式对农民专业合作经济组织进行"规范"、"指导"、"扶持"和"服务"，使其以崭新的面貌参与社会各项事务

在农民自发合作的起步阶段，如果过早地制定法规，则会没有实践作为依据，容易使得法规的制定脱离本国实际，反而会阻碍合作进程的健康发展。我国农民合作组织此前只是在宽泛的合作框架内自发发展，有些合作形式已经突破了基本的合作原则和理论，是在我国独特的制度环境土壤上成长出来的试验结果。等到合作组织发展到较成熟的阶段时，如果没有法规对其提供良好的制度环境进行规范和利益保护，又会阻碍合作组织的发展。而此时，各级政府也已经在这个实践过程中观察总结了不少经验，制定符合国情的法规，就变得非常必要和迫切。

浙江省是农业部确定的农民专业合作经济组织建设试点省，省内农民专业合作经济组织的发展规模和规范程度都在我国各省市中处于领先地位。2004年 11 月 11 日，浙江省人大通过了《浙江省农民专业合作社条例》，是我国首

部关于农民专业合作社的地方性法规，指导思想上体现"边发展，边引导，边规范"的原则，具有在国内率先尝试的性质；内容简洁，既考虑立法太细，会限制实践中的首创精神，又考虑如果规定太少，起不到实质推动作用；具体规定的设计上有些独创，坚持"国际惯例和中国特色相结合"的原则，谋求最佳结合①。

《中华人民共和国农民专业合作社法》（以下简称《合作社法》）于2006年10月31日经第十届全国人民代表大会常务委员会第二十四次会议通过，并于2007年7月1日起实施。《合作社法》是农业领域的基本法律之一，其通过具有十分重大的意义。第一，明确了农民专业合作社的市场主体地位。第二，对现实中的农民专业合作组织进行规范，以规范促发展。第三，解决了政策扶持问题。为了支持和引导农民专业合作社的发展，本法设专章（第七章）作了规定，包括涉农的建设项目的安排问题，以及财政、金融的支持和税收优惠等。下面，我们主要从上述三个方面讨论《合作社法》的核心内容。

1. 调整主体和法人资格

《合作社法》的第二条对于调整对象和调整范围作出了明确的界定："农民专业合作社是在农村家庭承包经营基础上，同类农产品的生产经营者或者同类农业生产经营服务的提供者、利用者，自愿联合、民主管理的互助性经济组织。农民专业合作社以其成员为主要服务对象，提供农业生产资料的购买，农产品的销售、加工、运输、贮藏以及与农业生产经营有关的技术、信息等服务。"这里，关键要理解三个问题：

（1）《合作社法》所界定的农民专业合作社是在农村家庭承包经营基础上发展起来的新型的农民合作组织，不影响、更不动摇家庭承包经营这一基本制度。

当前，很多农民，尤其是年龄在50岁以上的农民，由于受到20世纪50年代合作化运动的影响，一听到"合作社"，就想到要把土地和主要生产资料集中起来，就想到"归大堆"，甚至一些基层干部也有这样的理解。据我们了解，《合作社法》出台后，一些地方实际上已经在准备这样做了。因此，一定要明确，发展合作社事业是在农村家庭承包经营制度下的亚制度变迁，这一亚

---

① 参见《农村经营管理》编辑部：《正确引导，规范发展，依法保障农民合法权益——就〈浙江省农民专业合作社条例〉访省人大常委会副主任卢文舸》，《农村经营管理》2005年第1期，第17—19页。

制度的核心内涵就是"生产在家，服务在社"。当然，这里所说的服务也只是主要环节的服务，比如养猪业合作社主要在饲料购买、防疫、销售等环节为社员服务，有的在标准化饲养上也有统一的规定，其他环节则是社员自己的事，合作社不作干预。

（2）对"同类"农产品生产经营或服务的规定，是为了体现专业的特性。

如前所述，合作社是为社员提供某些环节的服务的，究竟在哪些环节提供服务，当然要基于社员的共同需求。实践证明，在同一区域内，同一农产品的生产者的大量存在，是产生共同需求，从而也是合作社发展的必要条件。而我国已经实行了近 20 年的农业产业化政策实际上为合作社的发展奠定了坚实的基础。专业合作社的出现，能够有效解决以家庭承包为基础的分散经营和大市场对接的问题。此外，必须明确的是，《合作社法》促进和规范的是专业合作社，并不反对或排斥某些地区在条件成熟时发展的综合性合作社，二者并不矛盾。

（3）合作社是互助性的经济组织。

首先，合作社是生产经营同类农产品的农民为了解决某些环节的共同问题而产生的，强调在社内的互助性服务。换句话说，从内部看，合作社的本质就是为社员服务，这是合作社强调自愿联合、民主管理和决策时一人一票的国际通用原则的根源和基础。其次，合作社又是一种经济组织，这不仅表现在合作社仅在经济领域为社员提供服务，有些国家还通过立法限制合作社在非经济领域的活动；更重要的是在对外强调合作社赢利的最大化，强调为社员获取最大收益。可见，人们对于合作社对内和对外两方面的要求有相当程度的矛盾之处，这也是世界各国政府都通过各种方式对合作社事业进行扶持的理论基础。

《合作社法》第四条规定："农民专业合作社依照本法登记，取得法人资格。"法人地位的确定，明确了农民专业合作社的市场主体地位，完善了我国关于市场主体的法律制度，使《合作社法》成为继公司法、合伙企业法、个人独资企业法之后，又一部维护市场主体的法律。那么，在我国《民法通则》规定的四种法人类型即机关法人、事业法人、社团法人和企业法人中，农民专业合作社属于哪种类型？

当前，世界上 150 多个国家都制定了专门的合作社方面的法律，大体上可以分为三种类型，一是设立专门的合作社法人，如德国的有关法律规定："通过注册，合作社作为法人独自拥有其权利和义务。它可以购买财产，可以在法院起诉和受控"，"合作社作为商人在商法典中意义相同"①。伊朗的宪法将社会组织规定为公法人、合作社法人和私法人三种类型。二是把合作社视为公司法人的一种，如美国，虽然没有统一的合作社法，但部分州都制定了专门的合作社法，形成了完善的合作社法律体系。美国农民合作社的合法地位在1914年国会通过的克雷顿补充法案后才得以确立。美国人认为，合作社是用户所有、用户控制和用户受益的公司型企业②。法国在1972年制定的第72—516号法令第三条规定："农业合作社和农业合作社联盟是区别于民用公司和商业公司的专门一类公司，享有法人资格并享受充分的权力。"三是把合作社统一界定为法人，如日本、韩国、越南、泰国、菲律宾和我国台湾等。也有的国家没有明确合作社的法人地位，如越南在1996年制定的《合作社法》就规定合作社为"自治经济实体"③，但从实施情况看，实际上属于第二种类型。

我国的《合作社法》确立了合作社的法人地位，但没有明确界定合作社为哪种法人。笔者认为，在我国《民法通则》所规定的四种法人类型机关法人、事业法人、社团法人和企业法人中，合作社不应该属于任何一种类型，但《合作社法》又无法突破《民法通则》的框架，设立"合作社法人"，故仅界定为"法人"，我们期待着《民法通则》修改时能够解决这个问题。当然，在实践中，我们可以把合作社作为合作社法人或者特殊的企业法人对待。

2. 核心制度设计

目前，各地农民专业合作社的发展情况差距很大，不仅省区之间不平衡，同一省区内部也不平衡。这不仅仅是法律没有出台，缺少统一的规范，更重要的是各地农业发展的情况千差万别。从我们调查的结果看，当前的农民专业合作社主要有以下几种类型：一是农村能人带头组织的合作社，即由一个或几个农村能人牵头，在某一产业经营中带领农民组织专业合作社。二是由广义的政府机构出面组织的由农民参加的合作社，包括乡镇（有时是县）政府牵头组织的、县乡技术推广部门牵头组织的、供销社牵头组织的、科协系统牵头组织的等。三是由龙头企业牵头组织的合作社。由于不同类型合作社的目标并不完

---

① 参见《联邦德国营利合作社法和经济合作社法》第十七条。
② 参见供销合作总社法制办：《部分国家（地区）对合作社的有关规定》，2005年。
③ 参见《越南社会主义共和国合作社法》第一条。

全相同，其运作方式也有一定的差异。这就要求新出台的《合作社法》必须对其进行规范，但也要留有一定的空间，在发展中进行规范。具体说来，主要有以下三方面内容：

一是成员资格。在农业产业化发展过程中，社会各方面的力量都积极参与专业合作社的发展，出现了上述多种类型的合作社。但为了保证农民真正成为合作社的主人，能够有效地表达自己的意愿，《合作社法》在第十四条进行了"鼓励性的"限制，即"具有民事行为能力的公民，以及从事与农民专业合作社业务直接有关的生产经营活动的企业、事业单位或者社会团体，能够利用农民专业合作社提供的服务，承认并遵守农民专业合作社章程，履行章程规定的入社手续的，可以成为农民专业合作社的成员。但是，具有管理公共事务职能的单位不得加入农民专业合作社。"实际上强调两点：（1）各种企业、事业单位或者社会团体可以参加，但不可以牵头或领办合作社；（2）具有管理公共事务职能的单位，如农业技术推广机构等，其职能就是为农民服务，因此"不得加入农民专业合作社"。这就对当前的一些做法进行了限制。更为重要的是，《合作社法》还在第十五条规定了农民成员和企业、事业单位和社会团体成员的比例，即"农民专业合作社的成员中，农民至少应当占成员总数的百分之八十。成员总数二十人以下的，可以有一个企业、事业单位或者社会团体成员；成员总数超过二十人的，企业、事业单位和社会团体成员不得超过成员总数的百分之五"。这就从制度上降低了企业、事业单位和社会团体控制农民专业合作社的可能性。

二是决策制度。自合作社诞生以来，民主决策就是其代表性制度。本法充分吸收了合作社160多年的发展经验，在第十七条第一款规定："农民专业合作社成员大会选举和表决，实行一人一票制，成员各享有一票的基本表决权。"同时考虑到北美国家的"新一代"合作社的出现和对资金给予更大权力的发展趋势，以及在我国农村资金是最缺乏生产要素的现实，在第二款对出资较大或在其他方面对合作社贡献较大的社员的权利给予了一定程度的保障，即"出资额或者与本社交易量（额）较大的成员按照章程规定，可以享有附加表决权。本社的附加表决权总票数，不得超过本社成员基本表决权总票数的百分之二十。享有附加表决权的成员及其享有的附加表决权数，应当在每次成员大会召开时告知出席会议的成员"。

三是分配制度。合作社是一种特殊的、半公益性质的组织，它通过对外经济活动中的赢利来实现对内部社员的服务，并且这种服务是按照成本提供的。

因此，严格地讲，合作社是不存在利润的，如果在财政年度出现了盈余，那一定是多收了社员的费用或少付了社员应得收益的结果，应该在弥补交易成本后全额退给社员。国内外的一些合作社限制资金的分红利率（如有的合作社规定资金分红利率不高于同期存款利率等）就是基于这一考虑。但也应该看到，在日趋激烈的市场环境下，赢利不仅仅是合作社社员接受服务或提供产品的数量贡献，在很大程度上还是资金和合作社领导人智慧（人力资本）的贡献。为此，《合作社法》第三十七条规定合作社的可分配盈余首先"按成员与本社的交易量（额）比例返还，返还总额不得低于可分配盈余的百分之六十"，剩余部分"以成员账户中记载的出资额和公积金份额，以及本社接受国家财政直接补助和他人捐赠形成的财产平均量化到成员的份额，按比例分配给本社成员"。当然，两大部分在盈余分配中如何具体体现要"按照章程规定或者经成员大会决议确定"①。

3. 主要扶持政策的规定

从国内外的实践看，农民专业合作社既有行业管理的性质，又起到中介组织的作用，还是一个经济实体，这就使得合作社提供的服务具有正外部性，排他性不强，容易产生"搭便车"现象。此外，由于专业合作社兼顾社会公平，必然影响自身效率，如果没有公共政策扶持，合作社将很难自发产生和正常运作，应得到公共财政的支持。为此，《合作社法》第八条原则规定："国家通过财政支持、税收优惠和金融、科技、人才的扶持以及产业政策引导等措施，促进农民专业合作社的发展。"并在第四十九条、第五十条、第五十一条和第五十二条作了进一步规定。具体说来，政府对农民专业合作社的支持应该从以下几方面着手：

一是在条件许可的地区，可以委托和安排有条件的有关农民专业合作社实施政府有关支持农业和农村发展的政策。这里的"条件许可"是指在某一产业，农民专业合作社已经覆盖了绝大部分农民，对于这一产业的经济和技术政策就可以委托给这一产业的专业合作社实施。当然，由于我国的农民专业合作社在总体上还处于发展的初级阶段，在很多地区还处于零散状态，难以覆盖某个产业，远没有形成体系，因此，这一政策的实施只能循序渐进。

二是《合作社法》第五十条所规定的"中央和地方财政应当分别安排资金，支持农民专业合作社开展信息、培训、农产品质量标准与认证、农业生产

① 参见《中华人民共和国农民专业合作社法》第三十七条。

基础设施建设、市场营销和技术推广等服务。"我们建议，在县级以上财政部门设立扶持农民专业合作社的专项资金，并实行项目制运作制度，即项目指南发布后，所有符合条件的专业合作社都可以在规定的时间，通过指定部门进行申请，专家评审通过后即可给予资助。这一制度是"普惠制"，可以使大量处于发展初级阶段、相对弱小的合作社，只要符合条件，就可以提出申请，并享受和大社同等被资助的机会，这对于小合作社的发展壮大十分有利。如果采取重点资助制度，则极有可能造成"垒大户"的后果。

三是国家政策性金融机构和商业性金融机构应当采取多种形式，为农民专业合作社提供多渠道的资金支持和金融服务。在一定范围内允许合作社从事农村金融业务，支持农村金融合作社发展。结合基层信用社的改革，兴办和发展真正意义上的农村合作金融；允许和提倡农民专业合作社内建立规范的有控制手段的资金融通体制。

四是农民专业合作社享受国家规定的对农业生产、加工、流通、服务和其他涉农经济活动相应的税收优惠。要充分考虑到农民专业合作社及其提供的服务具有部分公共物品性质，给予减免税收的优惠政策，比如对合作社为农业生产的产前、产中、产后提供技术服务或劳务所得的收入免征所得税；合作社销售的自产农产品免征增值税；合作社为其成员提供农业生产经营服务免征营业税；新成立的专业合作社三年内可免征各种税等，从而鼓励农民自发成立专业合作社。利用税收政策引导合作社的发展方向，例如对将业务延伸到加工环节的农民专业合作社，给予营业税、所得税及进口设备税收减免等优惠政策，引导合作社从事农产品深加工业务。

（二）中央和地方政府不断出台相关政策性文件，为《合作社法》的贯彻实施及农民专业合作经济组织的健康发展提供有利的政策环境

在《合作社法》出台前后，中央政府都通过政策性文件对发展农民合作经济组织进行指导。仅 2004 年、2005 年、2006 年和 2007 年连续四年的中央一号文件都是以农业问题为中心，体现了对各类农民合作经济组织的发展的重视；各相关部门、各级地方政府也相应出台政策性文件来贯彻中央精神。

在不同的时期，各部门结合具体问题，制定文件落实中央精神，例如，民政部于 2003 年 10 月印发了《关于加强农村专业经济协会培育发展和登记管理工作的指导意见》；农业部、全国供销合作总社印发了《农民专业合作社示范章程》，认定了一批农民专业合作社的试点单位或示范组织。

各级地方政府根据中央精神自主摸索、试验，出台了文件进行表态、推

动。例如，广西壮族自治区人民政府办公厅 2002 年 1 月 15 日转发《自治区农业厅关于发展农民专业合作经济组织有关意见》，其内容包括：（1）发展农民专业合作经济组织的原则；（2）加强管理，土地利用、税收优惠，信贷支持，财政支持和表彰奖励；（3）各级农村经营管理部门负责指导农民专业合作经济组织的建设工作[①]。浙江省从 2001 年到 2004 年接连出台的关于农业增效、农民增收、农村发展的政策意见中都有扶持农村专业合作经济组织的内容[②]。到 2005 年，全国已有 27 个省（区、市）先后出台了扶持农民专业合作组织发展的政策意见[③]。

在《合作社法》出台之前，各级政府出台的政策意见都表明了政府对农民合作问题的态度，为制定推动合作组织发展的具体措施提供了良好的制度基础。对于有合作意愿的基层组织和农民，至少可以鼓励他们大胆地将合作付诸行动。这些文件一般是原则性的政策建议，给各级政府的工作指明大方向的同时也给了他们很大的操作自主性，使他们能够结合具体情况灵活地采取相适宜的措施。在《合作社法》出台后的政策文件则为该法的贯彻实施提供了有利的政策环境。截至 2007 年底，全国比较规范的农民专业合作组织已超过 15 万个，2006 年加入农民专业合作组织的成员总数已达到 3870 多万，是 2002 年的 7.2 倍，其中农户成员 3480 万，占全国农户总数的 13.8%，比 2002 年提高了 11 个百分点。从产业分布看，种植业占 49%，畜牧水产养殖业占 27.7%，农机及其他各类专业合作组织占 23.3%。[④] 可见，在良好的政策环境下，我国农民专业合作经济组织在规模和结构上都取得了健康稳定的发展。

（三）制定具体扶持措施，改善农民专业合作经济组织的外部市场环境，为加强农民专业合作组织建设提供有力保障，大大提升了其市场竞争力

在积极发展新型合作经济的政策指导下，中央和地方政府制定了具体的扶持合作经济组织发展的措施，探索解决新型合作经济发展中遇到问题的

---

① 广西壮族自治区农业厅：《从身份规范，用政策推动，培育发展农民专业合作经济组织》，《农村经营管理》2004 年第 3 期，第 44—45 页。

② 浙江省委、省政府：《浙江省有关扶持农村专业合作组织政策》，《农村经营管理》2005 年第 1 期，第 23 页。

③ 刘登高：《提高认识，深入基层，着力抓好农民专业合作组织示范工作》，《农村经营管理》2005 年第 10 期，第 44—47 页。

④ 农业部经管司专业合作处：《会议报道一：农民专业合作组织发展呈现新特点》，中国农业信息网，2007 年 12 月 10 日，http：//www.cfc.agri.gov.cn/asp/detail.asp？id ＝ ｛E3B54D59－8079－42C9－9479－58E47A7D94A0｝。

途径。

例如，据有关资料显示，按照农业部《关于下达 2007 年农民专业合作组织示范项目资金的通知》，2007 年农民专业合作组织示范项目专项资金 2500 万元，扶持农民专业合作组织示范点 100 个。其中，东部地区安排 34 个示范点，占 34%；中部地区安排 33 个示范点，占 33%；西部地区安排 33 个示范点，占 33%。项目重点扶持主导产业和名特优产品的专业合作组织，其中，扶持粮食、油料、生猪、奶牛等主要农产品生产的占 14%；涉及的产业为种植业占 64%，畜牧养殖占 29%，渔业占 5%，农机服务占 1%，编织占 1%。

2007 年通过农民专业合作组织示范项目的实施，取得了良好的效果：（1）增强经营服务功能，提高了可持续发展能力。项目资金用于引进新品种、新技术，购置加工、储藏、运销设施、设备，建立信息网络等，增强了合作组织的综合服务能力和可持续发展能力。据统计，在 97 个农民专业合作组织中，开展产加销综合服务的有 40%，开展运销服务的有 32%，开展技术和信息服务的有 12%。（2）强化品牌和精品意识，提高了市场开拓能力，增强了合作组织的经营服务功能，提高了农产品的市场开拓能力，培育了主导产业和特色产品，提升了农产品质量安全水平，提高了农民组织化程度，推动了农民专业合作社快速发展。在 97 个农民专业合作组织中，注册商标由 2006 年的 57 个增加到 2007 年的 70 个，增加 23%。由于项目单位大多进行了质量认证和商标注册，产品质量和信誉普遍提高，加之农民专业合作组织统一购买生产资料，降低了购置和使用假冒伪劣产品的风险，生产成本大大降低，农民专业合作组织农产品的开拓力大大增强。（3）培育主导和特色产业，提升了农业产业化经营水平。项目单位以当地主导产业、特色产业为依托，建立生产基地，通过组织内部的资金、技术、生产、加工、销售、信息等多种要素的开发整合，延伸了产业链，做大做强了各自产业，带动周边农户积极参与产业发展，使得组织实力不断增强，产业化经营规模和经营水平不断提高，带动了主导产业和特色产业的发展。[①]

此外，一些地方性的具体扶持措施在实践中对促进农民专业合作经济组织的发展也产生了很好的效果。广西壮族自治区在 2003 年出台文件，降低了合

---

① 农业部经管司：《2007 年农民专业合作组织示范项目总结报告》，中国农经信息网，2008 年 2 月 17 日。

作经济组织注册登记标准，特别是注册资金标准，为农民专业合作经济组织取得合法身份、参与市场竞争降低了门槛。具体推动措施还有制定《农民专业合作社示范章程》进行规范、树立试点样板进行带动、财政拨款加强扶持、表彰奖励先进合作经济组织等①。浙江省②、广西玉林市③出台的政策中都明确规定了对农民专业合作组织的税收减免范围，具有很好的操作性。

① 广西壮族自治区农业厅：《从身份规范，用政策推动，培育发展农民专业合作经济组织》，《农村经营管理》2004 年第 3 期，第 44—45 页。

② 浙江省委、省政府：《浙江省有关扶持农村专业合作组织政策》，《农村经营管理》2005 年第 1 期，第 23 页。

③ 《广西玉林出台政策，扶持农民专业合作组织发展》，《农村经营管理》2004 年第 10 期，第 30—31 页。

第4章 农民合作经济组织
发展历程回顾

自 1978 年我国实行改革开放以来，我国农业开始了从传统农业向现代农业的转型，几乎是与之同步，我国出现了农民自发组织的专业合作组织。这一新型的农村生产经营组织形式是农村统分结合的双层经营体制不断发展和完善的必然趋势，是引导农民进入市场和提高农业组织化程度的需要，是推进农业产业化经营、增加农民收入的有效组织形式，对于完善农村经营体制、发展现代农业、推动社会主义新农村建设具有重要意义。2007 年 7 月 1 日，《中华人民共和国农民专业合作社法》颁布实施，我国农民专业合作组织步入依法规范发展的轨道，成为促进农业和农村经济发展的生力军。以下结合农民专业合作经济组织所处的大环境的变化的路径，分三个阶段介绍其产生与发展的历程。

第 1 节　1978—1989 年：探索和初步发展阶段

一、发展背景

十一届三中全会以来，人民公社体制开始解体，家庭联产承包制与双层经营逐步在农村建立巩固。随着"统"的体制的松动，我国农民有了自发建立合作经济组织的大环境。20 世纪 70 年代末，中国第一个农民科学种田技术协会在安徽省天长县成立，此后，农民专业合作组织在数量上有很大发展，以农民专业技术协会为例，截止到 1987 年，全国农村已经陆续成立各种农民专业技术协会近 8 万个；截止到 1993 年底，全国共有 13 万个①。

此阶段的大背景是：（1）生产方式上，随着农村家庭联产承包责任制的推行，农民成为独立的商品生产经营主体。在 1979—1984 年间，农民人均纯收入从 134 元增加到 355 元，年均实际增长 14.8%。然而，农业生产在 1985—1988 年步入低谷，至 1989—1991 年又有恢复性增长②；（2）市场环境上，农产品市场化进程加快，虽然国家在流通领域仍然对主要农产品进行垄断经营，计划经济体制下的政府行政干预已经弱化；（3）经济结构上，农村地区经济结构调整加快，农业生产率大幅度提高，剩余劳动力开始向第二、第三产业转移，乡镇企业在东部沿海地区兴起；（4）在思想观念上，农民对于家庭经济在改革初的高效率感触颇深，所以，"分"的号召力普遍流行。

以上这些背景特征使得农民在这个阶段自发组建合作组织的动力不足。然而，家庭承包制相对于人民公社体制是一种新的制度安排，是由人民公社内部分工来实现纵向一体化生产转向由农户独自完成纵向一体化生产的新型制度安排。因此，实行家庭承包制后，农户作为独立的经济主体，必须独自解决产前、产中和产后各个环节的问题。但是，这种千家万户分散生产的方式在某种程度上又面临着生产经营规模小，技术水平提高困难，生产手段落后，商品信息闭塞，市场进入成本高昂等问题。所以，建立在农民家庭经营基础上的市场经济发展，导致了他们对社会化服务的需求。但与此相对应的，农村社区组织的服务功能却不断弱化，使得农民对技术等方面的服务需求难以满足。各级政府的涉农部门围绕建立农村社会化服务体系的目标，开始推动新型社会中介组织的发展，组建起了不少专业合作技术协会。专业技术协会主要以技术合作和交流为主，组织成员之间没有产权结合，利益关系松散，不具有实体性质。

此外，农民自发组织的经营实体也开始出现，较早出现的有专业联营体的形式，如湖北孝感县出现的农机联合体，将 4 个大队、11 个生产队的机手联合起来，统一经营自有机械，发挥协调作业的功能，起到规模效应③。还有在村集体的基础上成立的"农工商合作社"，较多地混同于集体经济或社区合作经济组织，但是也有独立于村组织的，比如，社员可以自由退社，不同于社区

---

① 参见杜吟棠主编：《合作社：农业中的现代企业制度》，江西人民出版社 2002 年版，第 30 页。
② 王伟：《农村合作经济与农民增收》，《农业经济》2001 年第 9 期，第 23—24 页。
③ 黄道霞等主编：《建国以来农业合作化史料汇编》，中共党史出版社 1992 年版，第 1089 页。

合作经济①。

总体看来，此阶段的制度大环境是由"统"刚步入"分"，在生产领域，"分"已成为不少地区的共识。在某些领域，"统"的制度依然没有改变，依然发挥其或利或弊的功能；而另一些领域内，"统"的制度发生瓦解，本该发挥的一些良性功能发生缺失，需要有新形式"统"的制度安排来代替。在改革的前 5 年里，农村地区取得超速发展，农民对现状、对"分"的制度普遍满意，没有意识到对新形式"统"的需求。但是对经济发展较快地区的农民来说，已经体会到了"统"的缺失，开始自发地联合起来。

二、此阶段农民专业合作经济组织发展状况及积极意义

20 世纪 80 年代初期，随着家庭承包经营体制的确立和农村专业户的涌现，一批以提供技术、信息服务为主，具有合作制萌芽性质的专业合作组织应运而生。为了与刚刚解体的人民公社相区别，消除人们的"恐合"心理，此阶段这类合作组织名称大多叫专业技术协会、专业技术研究会等。

（一）政府正确的支持和引导，使新兴的农民专业合作经济组织规模逐步扩大

我国农村推行以家庭联产承包为主的责任制后，各种农民自发组织的专业合作经济组织悄然兴起，并逐渐引起中央政府的重视。1983 年国家以一号文件形式指出，经济联合是商品生产发展的必然要求，也是建设社会主义现代化农业的必由之路。肯定了合作经济组织在社会化服务中的作用和地位，奠定了其进一步发展的基础。到 1984 年一号文件、《中共中央国务院关于进一步活跃农村经济的十项政策》等相关文件提出根据我国农村情况，在不同地区、不同生产类别、不同的经济条件下，新的合作经济内容和形式究竟以何种形式发展，要进行各种积极的尝试和探索。再到 1986 年的《中共中央国务院关于一九八六年农村工作的部署》、1987 年的《把农村改革引向深入》等一系列文件出台，提出对农民专业合作组织要进行初步的规范。从承认其合法性，到积极探索尝试，再到初步规范，在国家一步步的支持和引导下，农民合作经济组织规模不断壮大，1984 年，我国农村经济联合体数量为 46.7 万个，从业人员355.7 万人；到 1986 年联合体数量增加为 47.8 万个，从业人员 422.5 万人；

---

① 黄道霞等主编：《建国以来农业合作化史料汇编》，中共党史出版社 1992 年版，第 1202—1205 页。

到 1988 年，我国农村经济联合体数量达到 47 万个，从业人员为 433.9 万人[1]，促进了农民的组织化程度的提高。

（二）促进以农户为主的联合，一定意义上巩固稳定了家庭承包经营这个农村基本经济体制

如果我们把农产品合作社本质特征看成是农户为主的联合，而联合起来的农户仍然从事家庭承包经营，不难发现，我国农产品合作社发生、发展，在一定程度上稳定和完善了家庭承包经营制度。

20 世纪 80 年代初，我国农村实行家庭承包经营的改革，使农户有了可以长期规划、属于自己支配的土地，积累资产，成为独立的经济主体，为农户开展互助合作提供了前提和保障，有利于发展合作经济。农村合作经济组织不改变生产资料的产权关系，不改变现有的土地承包关系。它建立在家庭承包经营的基础上，在农业生产的各个环节，从事技术、生产、服务等方面的联合与合作，以提高农民生产经营的组织化程度，增强市场竞争能力，维护团体成员利益。农村合作经济组织内部成员分散生产，统一对外经营，既发挥了合作的优势，又不损伤农民家庭分散生产的积极性。农民专业合作社的发展，能够有效提高农民进入市场的组织化程度，促进千家万户生产与千变万化市场的有效对接，是对农村经营体制的丰富和完善，通过合作为家庭承包经营提供更有效、更全面的服务。从这个意义上说，20 世纪 80 年代政府不断出台的一系列具有积极作用的政策文件，大大促进了农民经济组织的发展壮大，在客观上稳定、巩固并完善了农村家庭承包经营的基本制度。

第 2 节　1990—1999 年：快速发展阶段

一、发展背景

20 世纪 90 年代初，国内制度环境发生重大变化，给农民原有的生产经营方式带来不少新问题。原有的合作组织形式面对制度环境的变化和新问题，也进行了重大调整。

---

[1] 《当代中国的农业合作制》（下），当代中国出版社 2002 年版，第 175 页。

（一）变革与新问题

整体看来，农产品市场流通方面的改革，是这一时期最大的制度变化。国家进一步放松了对流通领域的垄断，刺激了流通领域各个主体的积极性，这是20世纪90年代初农业快速增长的重要原因。1989—1997年，农业年平均增长7%以上，农民也实现有波折的增收①。然而，流通领域的变革，也带来了一系列新变化，改变了农民所处环境。

在农产品生产方面，农民面临"怎么种"的问题。随着国民经济发展，市场消费主体对质量要求进一步提高，"无公害"、"绿色"、"有机"等消费概念兴起，消费结构也发生着变化。普通农产品供过于求，利润薄弱。加之生产资料的投入方面，分散经营的农民没有讨价能力，以至于出现农民卖粮所得难抵生产投入的现象。因此，生产技术革新、优良品种的引进在农业生产中变得尤为重要。

在农产品经营上，农民面临"怎么卖"的问题。初级农产品的销售利润薄弱，这是个共识，然而，分散的农民没有能力进入市场，眼看着更大的利润在销售、加工阶段流失。

在观念意识上，农民也发生了变化。农业在这个阶段虽然也增长迅速，但相对于其他产业，还是拉开了距离。随着改革的进一步深化，农民已经不能满足于改革初的温饱水平，急需走上致富之路。1985—1988年农业增长的停滞，以及90年代面临的新困难，使得单纯依靠"分"的制度的农民与其他主体开始思考。走在农业发展前端的农民、地方政府和学界，开始寻求在流通、加工领域进行合作，以弥补流通领域放开后原有服务功能的缺失。

（二）解决方法的探索

农村发展落后，农民增收困难，城乡差距拉大，社会矛盾突出，这些问题已经严重影响了国家的整体发展，尤其是1998年以来，农业增长又一次放缓，使得这些问题的解决迫在眉睫。中央政府在此阶段采取了不少措施，探寻问题的解决途径，然而，各种解决途径都不是很理想，视野没有集中于以生产农产品为主的农民。

农业产业化经营成为带动农民致富的重要途径，最初的"龙头企业＋农户"模式一度非常成功，国家也对龙头企业进行了大力支持，试图通过扶持

---

① 王伟：《农村合作经济与农民增收》，《农业经济》2001年第9期，第23—24页。

龙头企业带动农民增收。然而，企业和农户是各自独立的利益主体，企业是追求利润的主体，不能代替以提供服务为主的合作组织的功能，国家通过扶持龙头企业来达到带动农民增收的目的就不能很好地实现。于是，农民合作组织进入了农民与企业的中介环节，一方面将农民组织起来增加谈判能力、保护农民利益，一方面产生约束机制，降低农民与企业之间的交易成本。合作组织属于农民自己的组织，政府对其作用逐步重视，开始将原来支持龙头企业的资源转而直接支持专业合作经济组织的发展。

此阶段大多数新型农民专业合作经济组织的功能简单，组织内部治理结构不完善，范围上也集中分布于少数农业发达地区。但是，在农产品商品率较高、农业剩余较多、产业集中度较高的地区，如山东、四川、浙江、陕西等省份，在农业规模经济比较显著、专业化程度较高、资产专用性较高的领域里，农民合作组织发展势头良好①。此外，农民合作组织也不断创新，不仅仅停留在功能较简单、组织松散的专业协会形式上，也开始形成组织形式规范紧密的经济实体，涉足流通、加工领域，自主经营，进行开创品牌等商业化操作。虽然拥有实体且不受外力干涉的合作组织只是少数，但其发展模式已经起到了很好的示范作用。走在全国农业平均发展水平前面的农民、地方政府官员和学者们，都已经强烈地意识到农民自我合作进入市场是破解我国农业方面难题的正确途径，而中央政府此时也开始把这种思路纳入视野，在政策文件上开始推动其发展，允许各地方政府进行实验、探索。

二、农民专业合作经济组织发展特点及成效

（一）组织发展情况

据中国科协统计，至 1998 年底，全国已共有各种类型的农民专业协会11.56 万个，入会农户 680 万户，平均每个协会有会员 59 户；除西藏自治区以外，其他各省、自治区和直辖市都建立了数量不等的农民专业协会，其中数量超过 10000 个的有四川、山东和黑龙江三省，河北、山西、吉林、山东、湖北、四川、贵州、云南、陕西、新疆还建立了省（区）级协会，另外，全国还有地（市）、县级协会 15459 个。

---

① 黄祖辉、徐旭初、冯冠胜：《农民专业合作组织发展的影响因素分析——对浙江省农民专业合作组织发展现状的探讨》，《中国农村经济》2002 年第 3 期，第 13—21 页。

表 4 - 1　农民专业协会的组织发展情况

1994 年			1998 年		
协会（万个）	会员（万户）	会均成员（户）	协会（万个）	会员（万户）	会均成员（户）
13	500	38	11.6	680	59

资料来源：中国科协。

（二）行业分布情况

此阶段农民专业协会的行业分布包括了粮食作物、瓜菜、水产、林果、食用菌、加工运输等 140 多个专业，在一些地方的乡镇和小城镇的二、三产业中也建立了相应的专业协会。据中国科协统计，在农民专业协会中，经营种植业的（粮食、瓜菜、林果）占 59.16%，经营养殖业的（畜禽、水产）占 24.78%，经营食用菌的占 6.68%，从事加工和服务业的占 9.83%（见表4 - 2）。

表 4 - 2　农民专业协会的行业分布

门类	粮食	瓜菜	林果	畜禽	水产	食用菌	二三产业
%	25.5	16.49	17.17	18.91	5.87	6.68	9.83

资料来源：王慧梅等：《农村专业技术协会的发展趋势与对策》，载罗元信主编《前进中的农村专业技术协会》，四川省农村专业技术协会领导小组，2000 年。

（三）经营开展情况

20 世纪 80 年代的农民专业合作经济组织主要是农民通过自发组成的组织进行生产经营的科技引进、消化、吸收、传播、推广，并以专业技术能手为核心帮助会员农户学习技术、交流经验和信息。到了 90 年代，随着我国农村改革的进一步深化，农业市场经济的开放，农村经济呈现出新的面貌。面对农村经济新背景的不断突现，我国农民专业合作经济组织在国家相关政策的影响和指导下，经过近 10 年的发展，出现了新的变化，突出的表现为其服务内容逐步拓宽，活动内容逐渐从技术合作转向共同购买生产资料、销售农产品乃至资金、生产设施等生产要素的合作。根据中国科协统计，1998 年我国共有各类农村专业协会 11.56 万个，会员农户 680 余万，占全国农户总数的 3.5%；从协会开展的服务项目来看，主要从事技术交流、技术培训、技术指导和技术信息传播的合作组织最多，占总数的 53%；此外，提供良种、生产资料、市场信息和产品运销等产前、产中、产后服务的占 38%；已经兴办了科研、经济实体，对初级农产品实行储藏运销、深度开发和加工增值的只有 9%。表4 - 3

是1998年的调查，从这里也可以看出农业专业合作组织服务的多元化趋势。可见，我国农民专业合作经济组织服务内容有了较大的丰富，从事技术服务的占总数的79.6%；提供购买服务的占15.1%；从事销售服务的占23%；从事资金服务的占7.9%；从事加工储运服务的占5.4%；从事信息服务的占38.3%。

表4-3　1998年农业部对专业合作组织服务内容的调查（%）

项目	技术服务	购买服务	销售服务	资金服务	加工储运服务	信息服务	其他服务
比例	79.6	15.1	23	7.9	5.4	38.3	14.3

资料来源：《1999年中国天津沿海地区农业发展国际研讨会论文集》。

第3节　2000—2010年：大力推进阶段

一、发展背景

新世纪以来，破解"三农"问题已成为国家政策的重中之重，工业开始反哺农业，农业在国民经济中的地位提高；农村环境通过新农村建设运动正在发生改善，而农民增收、提高农业生产力、发展现代农业再次成为焦点问题，亟待解决。

以加入WTO为标志，我国农民要面对来自国际市场的新挑战，而原有的保护价收购政策的取消，农民被真正推向了市场，与此同步，政府也积极提升农民的市场竞争力。不同的是，中央政府的思路发生了转变，将由分散经营的农民组织起来共同进入市场的任务交给了农民自己，而新型农民合作就是实现此目标的至关重要的方式。

然而，一直以来，我国没有对合作经济组织进行立法，使得合作经济组织无法可依，无章可循。农民合作组织主体地位不明，发展由此受到一些限制。例如，以现有的身份，农民合作经济组织很难从正规金融部门进行融资。农业以外相关部门的政策环境没有因之改变，也造成农业发展方面的服务缺失，例如，农业的高风险使得营利性的金融部门不愿意为其提供贷款，农民合作组织只能获得部分政府提供的政策性支持资金，而农民合作组织在运营中，融资是很大的问题，迫切需要金融行业的相关制度的跟进。另外，由于缺乏相应立法，新型农民合作经济组织的发展普遍面临外力不适当介入的问题，有些主体以干涉代替支持。

但是，发展新型农民合作经济组织的大思路是清晰的，在中央的支持态度变得明确时，各主体也普遍形成共识，为农民自发合作构建了良好的政策环境。尤其是进入新世纪后，我国农民合作经济组织的发展在实践和理论上均已取得一些实质性的进展，这使得相关立法工作有了较成熟的基础。特别是党的十七大，把"发展农民专业合作组织"第一次写进全国代表大会政治报告，温家宝总理在十一届全国人大第一次全体会议上，进一步强调要"大力发展农民专业合作组织"。这些都充分表明了中央的态度和决心。此外，2004—2006年，连续三年的中央一号文件都明确提出要加快立法进程，经过三年的广泛调研、论证、起草和审议修改工作，十届全国人大常委会第二十四次会议于2006年10月31日通过了《中华人民共和国农民专业合作社法》。它明确了农民专业合作社的市场主体地位，对农民专业合作社的组织和行为进行了适当的规范。它的出台有利于农民依法设立合作社，规范合作组织内部管理制度，对于提高组织化程度，推动农业的产业化经营，增强农民专业合作社及其成员抵御风险和参与市场竞争的能力，保护他们的合法权益，丰富我国市场主体的类型等有着积极影响和推动作用。

总体看来，新世纪以来，发动农民自身构建新型合作经济组织，成为各界关于解决农民进入市场问题的普遍共识，新型农民合作经济组织的制度环境也正在向着逐渐完善的方向发展。

二、农民专业合作经济组织发展特点及成效

随着农业农村经济的发展，30年来，特别是近十年，我国农民专业合作组织取得了长足发展，成就斐然。

（一）农民专业合作组织整体实力取得显著提高

目前，全国农民专业合作组织有15万多个，农民专业合作组织成员数为3878万，其中，农民成员3486万户，占全国农户总数13.8%，比2002年提高了11个百分点。据国家工商行政管理总局统计，截至2008年6月底，全国依法新登记并领取合作社法人营业执照的农民专业合作社有58072家，入社成员771850人（户）。从产业分布看，从事种植业的合作组织占49%，畜牧水

产养殖业占 27.7%，农机及其他专业合作组织占 23.3%。①

农民专业合作组织实行专业化、标准化生产，开展规模化、品牌化经营，发展优势产业和特色产业，参与产业化经营，提高了农业组织化程度，增加了农民收入。截至 2008 年 7 月，农民专业合作组织取得无公害农产品、绿色食品、有机产品认证 6420 个，取得农产品地理标志认证 28 个，约 600 家农民专业合作组织的 671 种产品生产基地获得无公害农产品产地认证。2006 年，合作组织为成员统一组织购买农业生产投入品总值 896 亿多元，统一组织销售粮食、蔬菜、瓜果、肉、蛋、奶、水产品等各类农产品 1.7 亿多吨，对成员开展技术培训等 3340 余万人次。加入农民专业合作组织的农户平均每个成员获得盈余返还和股金分红约 400 元，成员收入普遍比非成员农户高出 20% 以上，有的高出 50% 以上。②

（二）法制建设取得重大突破

进入 21 世纪后，农民专业合作经济组织进一步发展，其服务的内容和形式不断创新和完善，在农业社会化服务体系中的作用日益突出，社会效益日益明显，各级政府对涌现出的农民专业合作经济组织的认识不再停留在传统的合作运动思路上，已经能够积极地看待农民自发组织起来的这种形式，并进行实质上的引导和扶持，政府对发展新型合作经济终于进入实质性的制度建设阶段。

浙江省是农业部确定的农民专业合作经济组织建设试点省，省内农民专业合作经济发展规模和规范程度都在我国各省市中处于领先地位。2004 年 11 月 11 日，浙江省人大通过了《浙江省农民专业合作社条例》，是我国首部关于农民专业合作社的地方性法规。指导思想上体现"边发展，边引导，边规范"的原则，具有在国内率先尝试的性质。内容简洁，既考虑立法太细，会限制实践中的首创精神，又考虑如果规定太少，起不到实质推动作用。具体规定的设计上有些独创，坚持"国际惯例和中国特色相结合"的原则，谋求最佳结合③。

《中华人民共和国农民专业合作社法》（以下简称《合作社法》）于 2006 年 10 月 31 日经第十届全国人民代表大会常务委员会第二十四次会议通过，并于

---

① 农业部经管司专业合作处：《农民专业合作组织发展回顾》，中国农经信息网，2008 年 10 月 13 日。
② 农业部经管司专业合作处：《农民专业合作组织发展回顾》，中国农经信息网，2008 年 10 月 13 日。
③ 《农村经营管理》编辑部：《正确引导，规范发展，依法保障农民合法权益——就〈浙江省农民专业合作社条例〉访省人大常委会副主任卢文舸》，《农村经营管理》2005 年第 1 期，第 17—19 页。

2007 年 7 月 1 日起实施。《合作社法》是农业领域的基本法律之一，其通过具有十分重大的意义。第一，明确了农民专业合作社的市场主体地位。第二，对现实中的农民专业合作组织进行规范，以规范促发展。第三，解决了政策扶持问题。为了支持和引导农民专业合作社的发展，此法设专章（第七章）作了规定，包括涉农的建设项目的安排问题，以及财政、金融的支持和税收优惠等。

此外，为确保《合作社法》顺利实施，国务院颁布了《农民专业合作社登记管理条例》、农业部颁布了《农民专业合作社示范章程》，于 2007 年 7 月 1 日施行。财政部颁布了《农民专业合作社财务会计制度（试行）》，于 2008 年 1 月 1 日施行。为了进一步鼓励合作社为其成员提供生产经营方面的服务，2008 年 6 月 24 日，财政部和国家税务总局联合发布《财政部、国家税务总局关于农民专业合作社有关税收政策的通知》。由此农民专业合作社建设与发展的法律法规制度框架体系已初步建立起来。

（三）政策支持体系逐步完善

进入新世纪以来，面对农业发展进入新阶段的新形势、新任务和新要求，中央对发展农民专业合作组织作出了一系列新的部署。党的十六届三中全会、五中全会以及 2003 年的中央 3 号文件和 2004 年以来的四个中央 1 号文件，都对促进农民专业合作组织发展提出了明确要求，逐步形成了一系列具体的政策措施。目前，全国已有 29 个省（区、市）制定了专门文件，明确了财政、税收、信贷、用地、用电、人才等方面的支持政策，有力促进了农民专业合作组织快速发展。2004 年以来，中央连续 5 个 1 号文件都对支持农民专业合作组织做了明确规定，而且力度一年比一年大，政策内容一年比一年实。2003 年到 2007 年，中央财政累计安排专项资金已经达到 5.15 亿元，2008 年又增加到了 3.3 亿元，这还不包括国家农业综合开发办安排的支持农民专业合作社的项目资金。尽管这些补助资金与 1000 多亿的"四补贴"资金比起来显得微不足道，但在整个"三农"事业各方面建设都需要加大投入的背景下，就显得十分难能可贵了。据不完全统计，2004—2008 年，各省级财政安排专项扶持资金已超过 13 亿元，2008 年浙江、江苏已超过 5000 万元，地处西部地区的陕西省，财政投入有望达到 2500 万元，欠发达的青海省，近两年来，每年的省财政专项投入资金也达到了三四百万元。[①] 2008 年 6 月 24 日，财政部又下发了

---

① 农业部经管司专业合作处：《农业部经管总站副站长赵铁桥在农民专业合作组织示范项目工作会议上的讲话》，中国农经信息网，2008 年 8 月 28 日。

支持农民专业合作社发展的税收政策。法律颁布实施以来，湖北省委省政府、河北省政府、四川省政府，广东、甘肃、云南等省政府办公厅相继下发了促进和支持农民专业合作社发展的文件。北京、江西、海南等省市农业部门联合多部门出台了促进农民专业合作社发展的政策意见，浙江、山西省农业厅和农村信用联社就做好农民专业合作社金融服务工作分别联合下发通知，山东省农村信用联社也下发了支持农民专业合作社发展的信贷指引办法。这些扶持政策为合作社发展提供了强劲的政策支持动力。

（四）试点示范效应不断增强

2002 年至 2003 年，农业部在全国确立了 100 个农民专业合作组织试点，6个地市级农民专业合作组织综合试点，确定浙江省为农民专业合作组织试点省。从 2004 年开始，在中央财政支持下，农业部组织实施"农民专业合作组织示范项目"建设，至 2008 年共扶持了 633 个农民专业合作组织。2007 年农民专业合作组织示范项目专项资金 2500 万元，扶持农民专业合作组织示范点100 个。其中，东部地区安排 34 个示范点，占 34%；中部地区安排 33 个示范点，占 33%；西部地区安排 33 个示范点，占 33%。项目重点扶持主导产业和名特优产品的专业合作组织，其中，扶持粮食、油料、生猪、奶牛等主要农产品生产的占 14%；涉及的产业为种植业占 64%，畜牧养殖占 29%，渔业占5%，农机服务占 1%，编织占 1%。2008 年，开展了农民专业合作社以奖代补试点工作，进一步探索财政扶持方式。

在农业部试点示范工作的推动下，各地农业部门也相继在省、市、县三级组织试点示范项目建设。通过农民专业合作组织示范项目的实施，取得了良好的效果：（1）增强了经营服务功能，提高了可持续发展能力。项目资金用于引进新品种、新技术，购置加工、储藏、运销设施、设备，建立信息网络等，增强了合作组织的综合服务能力和可持续发展能力。据统计，2007 年通过农民专业合作组织示范项目的实施，在 97 个农民专业合作组织中，开展产加销综合服务的有 40%，开展运销服务的有 32%，开展技术和信息服务的有 12%。（2）强化品牌和精品意识，提高了市场开拓能力，增强了合作组织的经营服务功能，提高了农产品的市场开拓能力，培育了主导产业和特色产品，提升了农产品质量安全水平，提高了农民组织化程度，推动了农民专业合作社快速发展。在 97 个农民专业合作组织示范项目中，注册商标由 2006 年的 57 个增加到 2007 年的 70 个，增加 23%。由于项目单位大多进行了质量认证和商标注册，产品质量和信誉普遍提高，加之农民专业合作组织统一购买生产资料，降低了购置和使用假冒伪劣产品的风险，生产成本大大降低，农民专业合作组织农产品的开拓力大大增强。（3）培育主导和特色产业，提升了农业产业化经营水平。项目单位以当地主导产业、特色产业为依托，建立生产基地，通过组织内部的资金、技术、生产、加工、销售、信息等多种要素的开发整合，延伸了产业链，做大做强了各自产业，带动周边农户积极参与产业发展，使得组织实力不断增强，产业化经营规模和经营水平不断提高，带动了主导产业和特色产业的发展。[①]

（五）组织功能作用日渐显著

农民专业合作组织通过实施标准化生产，开展统一服务，增强了农业市场竞争能力；通过挖掘农业内部潜力，调整农业结构，增加了农民收入；通过开展产业化经营，形成"一村一品"、"一品一社"的产业组织格局，提升了农民市场谈判地位；通过进行农业社会化服务，推动基层农业技术推广体系改革，加快了农业科研成果转化和技术推广应用的步伐；通过实行"一人一票"决策，加强民主管理，提高农民素质，培养了一批新型农民；通过改变乡风习俗，促进农村精神文明建设等形式多样、内容丰富的业务活动，壮大了对成员的服务力，提高了农产品市场开拓力，增强了当地主导产业带动力。农民专业合作组织的功能作用日益显著，凝聚力、吸引力和号召力不断增强。

---

① 农业部经管司：《2007 年农民专业合作组织示范项目总结报告》，中国农经信息网，2008 年 2 月 17 日。

第5章　农民合作经济组织在农业社会化服务体系中的作用及制约因素

——基于鲁、陕、晋三省调查的实证研究

第1节　农民合作组织的产生和发展概况及社会化服务体系内涵

一、农民合作组织的产生和发展

20 世纪 80 年代中期以来，我国的农业生产由单一的资源约束转为资源和市场的双重约束，2 亿多小农户在适应市场经济发展中逐步暴露出许多缺陷：

第一，双层经营体制的局限性随着改革的深化和农业商品化、社会化、专业化的发展逐渐暴露了出来，特别是农村税费改革后，农村集体经济组织的职能面临着弱化的趋向，加之农村集体经济负债累累，绝大多数集体经济组织没有能力与实力为农户提供产前、产中、产后服务，满足不了农户发展市场经济的需求；第二，农村供销合作社已名存实亡，绝大多数基层社已承包给私人，为农户提供农用物资，帮助农户销售农产品的职能几乎已不存在；农业技术推广站由于缺乏资金和专业人才，处于"线断网破"的境地，为农户提供服务的能力与实力越来越弱化，满足不了农户引进新技术、新品种的需求；第三，我国农民组织化程度低，农民单户经营，分散进入市场，缺乏价格谈判优势、信息获取优势，无法与大市场有效对接，致使交易费用高昂；第四，中国分散的小农户经营很难适应入世后的冲击和挑战。入世后中国农业组织面临的竞争对手，是规模化、组织化程度极高的大农场主及其组成的合作社联盟、大公司企业、跨国公司，甚至是由农产品出口国组成的国际性垄断集团。可以说，在产业组织层面，我们不具备任何优势，竞争基础十分薄弱，而这种产业组织缺陷又不是资本与技术所能替代的。在经济全球化和加入 WTO 新环境下，单纯地依靠传统的组织结构不能实现中国农业与国内外市场的对接，农民的合理利益也难以得到有效保护。因此，在家庭承包制的基础上，如何创新农业经营组织，克服"小规模、分散化"家庭经营弊端，以解决小农户与大市场的矛盾，已成为中国农业发展实现"第二次飞跃"的关键。中国农民专业合作经济组织，正是在这种形势下产生和发展起来的，是家庭经营与社会化大生产矛盾的产物。

二、农业社会化服务体系内涵

农业社会化服务的内容，是为农民提供产前、产中和产后的全过程综合配套服务。农业社会化服务体系是与农业发展水平相适应的，其在农业系统中的功能主要集中在农业的技术性、社会性和经济性三个方面，即促进农业的技术进步，提高农业生产力；将分散的农业生产单位整合在一起，提高从事农业生产劳动者的社会化程度，并调整农业生产活动中人与人的关系；最终提高农业生产的效率，实现农业对经济效益最大化的追求。

农业社会化服务体系是商品经济发展的产物。农业生产的商品化、专业化和社会化是互为条件、相互作用的。一方面，随着商品经济的发展，社会分工分业越来越细，农业生产的专业化程度越来越高，逐渐分化出社会化服务业；另一方面，农业社会化服务业的发展，又促进着农业生产的商品化和专业化。商品生产诸环节作为一个循环过程，离不开一系列社会化服务。农业生产社会化服务体系的建立和完善是实现商品化生产的重要条件。

农业社会化服务的领域相当广阔，服务内容非常丰富，但是从农业生产过程来分类，不外于农业生产过程前的物质技术的筹集与传播，生产过程中物质技术的运用与管理，生产过程后对产品的加工、储运和销售，以及经济活动分析和对下一生产过程的设计与预测等。据此，可以把农业社会化服务的内容简要划分为产前、产中和产后服务三类。产前服务的项目包括：市场预测和信息传递、产品开发与设计制造、人才培训与人员流动、资金筹集及其合理运用、物资供应和机具维修、技术推广与经验传播等，这些都是对生产所需物资技术的供给，而且不论哪一项服务都需要依靠信息的传递来实现。产中服务的项目包括：劳动服务、机畜代耕、水利灌溉、植物保护、生产运输、技术管理等，这些都是围绕着有利于生产而进行的技术服务。产后服务包括：产品收购、产品运销、产品加工、产品贮藏、市场调查、经济分析等，这些都是为了满足销售市场对产品的需要。总之，供给、生产和销售分别为产前、产中和产后服务的中心，而信息、技术和市场这三个方面的服务又分别为产前、产中和产后服务的主要内容。

而合作社经济上的优越性具体体现于：可以较好地为农户解决产前、中、后的问题。对中国来说，农民专业合作组织还是一个新生事物，而在西方市场经济发达国家早已成功运行100多年，世界农民专业合作经济组织发展一个半世纪的实践证明，"家庭经营 + 发达的合作社体系"是农业生产经营最为有效的组织模式。它能很好地克服"小规模、分散化"家庭经营的弊端，解决"小生产、大市场"的矛盾[1]，既促进了农业的现代化，又很好地实现了农户自身的利益，并且还在这些国家的经济生活中扮演着非常重要和活跃的角色。反观当前中国，农民的组织化程度却是出奇地低。据2000年的统计资料[2]，法国、德国80%以上的农民加入了农民专业合作经济组织，美国、日本、丹麦等发达国家的农民几乎百分之百地参加了农民专业合作经济组织，而荷兰等国家的农民一般参加2—3个农民专业合作经济组织，但是我国仅有3%的农民加入了农民专业合作经济组织。由此可见，我国当前农业的困境不在于家庭经营本身，而在于农业合作经济组织体系的缺乏和农业合作经济组织发展的严重滞后。

第2节　农民合作组织在农业
社会化服务体系中的作用

一、资料来源及简单说明

本课题组于2007年11月中旬和12月中旬，分别组织20余人的调查小

---

①　程同顺：《提高中国农民组织化程度的必要性和政策方略》，《调研世界》2004年第2期。
②　程同顺：《中国农民组织化研究初探》，天津人民出版社2003年版。

组对山东、陕西和山西 3 省共 6 个县进行了为期一个月的调查，农民合作经济组织则是此次调查的重要子课题。共对 419 个农户和 33 个农民合作经济组织进行了深入细致的调研，其中，合作经济组织的分布是：山东省 13 个（高唐县 7 个、武城县 6 个），山西省 11 个（祁县 7 个、太谷县 4 个），陕西省 9 个（富平县 6 个、礼泉县 3 个）。通过三次问卷调整，共得到有效样本 33 个。

被调查农民合作经济组织的一些简要情况如表 5－1 到表 5－5 所示：

表 5－1　被调查农民合作经济组织所在地区分布情况表

	频数	有效百分比	累积百分比
山东	13	39.4	39.4
山西	11	33.3	72.7
陕西	9	27.3	100.0
总计	33	100.0	

在三省调查的样本中，山东省的样本数量为 13 个，占总数的 39.4%；山西省的样本数量为 11 个，占 33.3%；陕西省的样本数量为 9 个，占 27.3%。

5－2　被调查农民合作经济组织所在行业分布情况表①

	频数	有效百分比	累积百分比
种植业	10	30.3	30.3
养殖业	6	18.2	48.5
科技服务型	4	12.1	60.6
复合型	13	39.4	100.0
总计	33	100.0	

在我们调查的农民合作经济组织中，属于种植业的有 10 个，占 30.3% 的比率；从事养殖业的有 6 个，占 18.2%；属于科技服务型的有 4 个，占总数的 12.1%；复合型的最多，共 13 个，占 39.4%。

---

①　由于粮食为大宗农产品，极少成立农民合作经济组织，所以种植业此处主要指除粮食之外的经济作物，如蔬菜、花卉、林、果、茶、药材等；养殖业包括畜、禽、渔等传统范围；科技服务业此处指不从事种养，仅进行生产资料配给、科技信息提供和自然资源的开发及综合利用；复合型指在种养基础之上，进一步加工乃至销售，若未有加工仅种养加销售则仍计入相应的种养。

表 5 - 3   被调查农民合作经济组织注册性质分布情况表

	频数	有效百分比	累积百分比
企业法人	16	48	48
民间团体	16	48	96
尚未注册	1	4	100.0
总计	33	100.0	

在调查的三个省的 33 个农民合作经济组织中，注册性质为企业法人的有 16 个，占 48%；注册为民间团体的也是 16 个，此外，还有一个合作组织没有注册。

表 5 - 4   被调查农民合作经济组织覆盖范围分布情况表

	频数	有效百分比	累积百分比
本乡本村	8	24.2	24.2
本乡跨村	5	15.2	39.4
本县跨乡	13	39.4	78.8

在所调查的农民合作经济组织中，其覆盖范围分布频数最高的为本县跨乡型，有 13 个，占 39.4%；其次为本乡本村的，有 8 个，占 24.2%；再次为本乡跨村，5 个，占 15.2%；本市跨县和本省跨市的均有 3 个，各占 9%；跨省的只有 1 个，占 3.2%。

表 5 - 5   被调查农民合作经济组织会员规模分布情况表

	频数	有效百分比	累积百分比
50 以下	7	21.2	12.4
50—100	4	12.1	33.3
100—200	4	12.1	45.4
200—600	8	24.2	69.6
600—1500	4	12.1	81.7
1500—4000	4	12.1	93.8
4000 以上	2	6.2	100.0
总计	33	100.0	

在被调查的 33 个农民合作经济组织中，会员规模在 200—600 人的比例最大，有 8 个，占 24.2%；其次为 50 人以下的，共有 7 个，占 21.2%；会员规模在 50—100、100—200、600—1500、1500—4000 之间的合作经济组织数量相等，均为 4 个，各占 12.1%，会员规模在 4000 以上的农民合作经济组织只有 2 个，占 6.2%。

二、农民合作经济组织的作用

关于被调查农民合作经济组织服务内容分类分布情况，本书按照合作经济组织在产前、产中、产后这条服务链上所涉及的内容分为 4 类。其中产前服务主要指农户在从事种养活动前，为其提供优良品种及相关化肥、农药、饲料等专用生产资料的供给服务；产中服务主要是指提供农户在种植或饲养过程中所需的管理技术等配套活动；产后服务指对农户提供农畜产品的采摘、屠宰、包装、储藏、运输、收购与销售及加工等服务。综合型服务是指贯穿农户种养活动整个链条的多环节服务。从表 5 - 6 可以看出，农民合作经济组织提供的服务类型比例最高的是综合型服务，占 66.7%（频数 22）；提供产后服务的以 15.1%（频数 5）排在其后；提供产中服务的合作组织有 4 个，占 12.1%；只提供产前服务的合作组织有 2 个，占 6.1%。可见，提供综合型服务的农民经济合作组织成为目前我国农民合作经济组织中最主要的类型。

表 5 - 6　被调查农民合作经济组织服务内容分类分布情况表

	频数	有效百分比
产前	2	6.1
产中	4	12.1
产后	5	15.1
综合型	22	66.7
总数	33	100.0

（一）产前服务

优良品种及相关化肥、农药、饲料等专用生产资料的选购在农户生产经营的过程中占有相当重要的地位，但由农业生产和农产品的特性所决定，无论是在技术还是生产要素的购买上，中国两亿多分散的小农户在市场中都处于不利的地位。农民组成合作社以后，使分散的个人能联合起来组成自助的团体，通过新品种或农业投入品的集体购买等交易环节上的联合，在降低单位农用投入品及服务的购买成本的同时又可以相对保证产品质量。

山东武城农民科技信息服务协会，目前共有会员700多人。该会长原来是该县农业生产资料公司的经理，退休后在县科技局的帮助下，成立了科技协会。协会主要提供良种、农药化肥等农业生产资料的"团购直购"服务，和一些农资生产厂家有合作。与之合作的厂家，必须是合法正规的生产厂家，其产品必须通过全国相关的各种检测，并且在合作之前，协会领导要带领协会的信息员对厂家进行实地考察，调查已经用的农户对产品的评价。通过考察后，正式和厂家合作。以提供复合肥为例，厂家和协会的技术人员到各村免费为村民"测土配方施肥"，帮农户检测耕地土壤状况，然后针对具体情况告诉农户该如何配肥料，如果会员希望厂家提供相应的配料，则由信息员统计会员的需求，集体向厂家直购，比市场价可节省10%。协会成立以来此项业务的交易额为40万元。

山西祁县绿色合作社是一个国家级的合作社，该合作社在引进新品种时，一般先让社员免费试种新品种，如果效果比较好再推广。如果社员需要种子到合作社登记，由合作社统一购买。新品种一般从省农科院、农大、县农业局等地方获得。一般他们有新品种都会主动与合作社联系、推荐，合作社也经常主动和他们联系咨询新品种问题。一开始，合作社通过县农业局、蔬菜中心和省农科院等相关机构联系，逐步建立稳定的合作关系后，就直接和这些科研机构互动，这些科研机构一般对购进的新品种都会有口头承诺，既保证发芽率和产量，以发票为凭证。合作社统计完需求量后，由供应方送货上门，社员直接与卖方交易。对于温室大棚作物，例如西红柿、黄瓜，每年引进2—3个新品种，但只能推广1—2个。对于普通的大田作物，每年大概共引进30多个新品种，平均每种菜3个品种，但最终能推广的每年共有7—8个新品种。平均每年参与购买新品种的有800多户，平均每户只需投资300—400元。此外，该合作社还向会员免费提供生产资料，主要是由合作社免费向村民提供化肥农药，其中会员优先享受，并且获得比较多的份额。但合作社提供的化肥农药只能满足农户部分需求，不足部分由农户自己解决。所提供的生产资料一般以无公害农药化肥为主，发放的资料中，化肥一般3种，共发放1000袋，投资5万元；农药5种，每年投资3万元左右。

陕西省礼泉县果农协会成立于1991年，目前有会员2000多人，该协会覆盖了该县50%以上的乡镇。该协会与本县的德隆公司是多年的合作伙伴。该公司主要经营无公害农药，以连锁店的形式运营。该公司和协会建立合作关系，在该协会各个分会设立连锁店，分协会覆盖的村庄基本上都有分点，由各级协会中的领导和骨干负责经营。每次在给会员培训、防治病虫害指导的时候都会给会员提供相应的农药配方，并在各个分点供给农药。会员到各个点买农药既能保证质量有可以享受"批发价"的优惠，而且可以赊账。各个协会的负责人或骨干从农药的经营中获取赢利，作为为协会服务的报酬，协会不再以工资或其他形式给予补贴。每个点每年的销售额为 3 万—4 万元。

（二）产中的相关技术服务

由于农民专业协会最初大都是以农民对先进、实用技术的迫切需求为基础而建立的，所以，他们所推广、普及的农业技术都是以农产品市场为导向，以市场需求为出发点，特别注重技术的实用性和适用性。为了弥补自己技术知识的不足，许多农民专业协会都与大专院校和科研单位建立了紧密的业务联系，他们一方面定期或随时邀请专家前来授课、指导，或者聘用专家作为自己的技术顾问，另一方面还积极配合这些单位开展新技术和新成果的试验、推广工作，从而构成了上联大专院校、科研单位，下通千百万农户的农业科技传播渠道，使最新的农业科技成果能够以最快的速度、最便捷的方式和最低的成本传递到农民手中，从而大大提高了科技成果的转化率，加快了科学技术转化为生产力的速度。

1. 农民中的科技能人和科技示范户为核心的典型示范

农民专业协会主要是以农民中的科技能人和科技示范户为核心建立起来的，这些人较好地掌握了专项技术，生产的产品品质好、质量高，经济效益显著，在农民中拥有较高威望。由于这些人的尝试都是在当地进行，所引进的品种和所采用的技术也更加切合当地的客观条件，因此也更为实用。所以，他们的成功，可以对周边农户起到良好的示范效应，由此也大大加快了创新技术的普及推广速度。

山东聊城高唐县汇鑫办事处农委副主任、高唐县绿化苗木合作社社长、高唐县高新苗木繁育科技服务有限公司经理王宝峰，主要负责绿化苗木繁育、引进、技术服务、技术培训、组织管理、销售等工作。2003 年，他开始种植绿化苗木，先后与山东农业大学姜泽胜教授合作，做了个胸径 15—25 公分的苹果树改型观赏海棠 600 株（王族、凯尔斯、西府），这个工程作为省科技厅科研课题来研究，2008 年已上工程，每株售价均在万元左右；在汇鑫办事处窦官屯村繁育少球悬玲木 286 亩，5 万株，均长势很好。本项目由泰安法桐研究所邵爱民所长做技术指导及销售工作。5 年后出苗，亩均收入将在 5 万元以上；在邵庄村建了一个 360 亩的彩色苗木示范园，主要产品是紫叶矮樱 10 万株；红叶李、红叶碧桃各 5 万株；海棠和金叶榆 3 万株（金叶榆品种是中国科学院张新时院士推选、与河北林科院合作）。这些苗木 2007 年已上工程。金叶榆被北京奥林匹克公园、沈阳市青年街、铁岭市、石家庄动物园和植物园设计应用；在梁村镇赵楼村和琉寺镇东寨村各做了一个百亩彩色苗木园，共繁育紫叶矮樱等彩叶苗木 15 万株。

2004 年，王宝峰组建苗木合作社，在创办合作社的初始阶段，出现了多数农民违约的情况。经多方了解，知道了农民不合作的主要原因是怕担风险。于是他大胆决定，采取一种让农民零风险的种植模式：自己投资，选购种子，提供技术，负责销售；农民出地，管理；苗木的嫁接费用均摊。如果每亩地每年收入 1000 元，即算作对农户的补偿，他分文不取；超过 1000 元的部分则双方平分。当年有 5 户农民决定跟着王宝峰种植桃苗、杏苗。农户认真种植，细心管理，出苗率达 80% 以上。苗子长势很好。可没种的农户议论纷纷，把种植户说得没了主心骨，积极性也打消了，致使管理不到位，有草不除，最后草比苗木长得还高。尽管如此，秋后一亩地出了 3500—5000 苗子，价格每株一元多，每亩地均收入 5000 元以上，这几户农民尝到了种苗木的甜头，其他户也看好这一行，都纷纷开始要求种植。

为使更多的农户加入这个队伍中，增强他们种植绿化苗木的信心，提高他们的种植技术，趁冬季农闲时，王宝峰先后出资组织 100 多人 16 次到北京、天津、济南、泰安等十几个示范基地参观学习，培训 10 余次，有 160 多人掌握了种植管理技术。同时，为满足广大农民对科技知识的渴求，王宝峰采取现场讲解、示范指导、入户面授、集中培训等形式，把科技知识渗透到家家户户。他经常到田间地头，现场指挥种植、嫁接苗木，为农民提供技术，解决困难，使农民在最短时间内掌握了先进的农业适用技术，培养造就了一批乡土科技人才。通过几年与农民打交道，他深知必须对农民进行科技培训，提高整体素质，多了解致富的信息。2006 年他投入 26 多万元购买了 30 台电脑，建立了一处科技培训中心。对科技示范带头户及农民进行轮流免费培训。培训了 6 期，300 人次，明春还将继续培训。此外他还出资 3 万元组织了 86 位农民先后 6 次外出考察、学习。通过培训和外出考察，使农民了解了各方面信息，提高了对种植绿化苗木的认识，掌握了管理技术，学会和同行交流，取长补短，增强了责任心。与此同时，他又积极与中国科学院、河北省林科院、山东农业大学、昌邑园林处、泰安园林处等单位联系，请来专家和教授手把手地教农民苗木繁育技术，并与之建立了长期的合作关系。

2. 举办科技培训班

农民的技能和知识水平对其选择和接受新技术的能力有重要的影响，从而直接影响着其耕作的生产率，因此有必要对农民进行人力资本投资，如教育和在职培训，等等。通过定期或不定期举办各种层次和各种形式的免费培训班，正是农民专业协会传播和普及科技知识所普遍采用的办法。通常，一般的、面向广大会员的、普及性的实用技术培训，往往由协会自己的技术人员担任讲解，如遇专业层次较高，或协会自己解决不了、解决不好的问题，就请大专院校或者科研单位的专家、教授前来授课。

陕西礼泉县果农协会共有 7 名领导人，其中 1 名会长，3 名副会长，1 名理事长，1 名秘书长，1 名副秘书长。会长从 20 世纪 60 年代就开始从事果树种植和相关的技术服务，是种植大户，有丰富的果树管理经验，是高级农技师，两届市政协委员。协会其他领导均为有多年实践、经验丰富的高级技师，同时也是种植大户，平均年龄为 55 岁。该协会的主要业务是提供果树在种植过程中的病虫害防治、修剪等管理技术。主要的形式是举办科技培训班。对于防治病虫害，每年春季和冬季都会以讲课培训的方式给会员提醒、提供相关病虫害防治的方法，大概每年 2—3 次。此外，一些生产资料厂家会过来宣传产品，顺便请一些专家讲解一些病虫害的防治知识。有关果树修剪的技术培训一般在冬季举办，每年大概 7 次，由分会根据具体需求向总会提出培训申请，总会安排培训。每次参加的人员在 300 人左右，培训人员 3—4 人，都是早期受到西北农大教授指导培训，并从 60 年代一直从事修剪技术，经过常年积累经验丰富的老技术员。此外，也会请相关的教授专家过来培训，大概每年 3 次，在县城剧院举行或者专家下到乡村指导培训，每次参加培训的 1000 人次左右，每次的费用 200 元。此外，在平时的生产过程中，会员如果遇到相关问题，先到分会咨询，如果分会也解决不了，再联系总会，总会派相关技术人员到现场解决。一般总会的技术人员凭借多年的经验都可以解决。

3. 为科研单位提供试验基地

许多农民专业协会都与科研部门和大专院校建立了稳定的协作关系，有的与这些单位签订了合同，聘请专家、学者作为自己的技术顾问，随时请来咨询、指导，也有的专门为这些单位和专家、学者开辟了试验基地。科研人员将自己的最新研究成果拿到专业协会来试验、推广，不仅加快了科研周期，拉近了科研与实践的距离，使得科技成果的转化率明显提高，同时也使农民有机会近距离快速学习和掌握先进的知识和技术，从而形成了产、学、研一体化的农业科技研究、推广、普及机制。

富平县周家坡苹果产业化协会成立于2002年，目前有会员1600多人，拥有2000多亩的果园基地。该协会和西北农科院的专家建立了长期的合作关系，协会给专家们提供品种的试验基地，专家每年免费来给协会的技术人员培训1次，给会员培训3—5次。目前该协会的主要果品"噶拉系"、"新世界"、"粉红女士"等都是通过为西北农科院提供试验基地而逐步筛选出来的。其中"噶拉系"是早熟果，一般生长期是3月到7月；"新世界"是中熟果，生长期是3月到9月，是苹果成熟的空当期，介于早、晚熟苹果之间断档的时候，因此其价格较贵；"粉红女士"是晚熟果，生长期是3月到10月。这样，协会中会员种植的果品品质好而且不同的生长周期配合得较好，果品的销路很好、果品的价值也较高，会员都很满意。此外，接受专家培训后的协会技术人员免费给会员提供田间地头的技术指导。统一修剪果树，协会有一个修剪队，由12—15人组成，专门帮助会员修剪果树或指导。

4. 上门为会员和农户提供技术服务

我们这里的技术服务是指农民专业协会上门为会员和农户解决自己所不能解决的问题。不少协会都有自己的专职技术人员，他们除了为会员和农户开办技术培训班和提供技术咨询以外，还直接登门，为那些技术水平较低或人手不足的会员和农户解决生产中遇到的各种技术问题。

陕西省富平县美羚奶山羊专业合作社成立于2007年，现在已经有3500名会员，拥有固定资产400万元左右。目前该合作社有20个奶山羊服务站，每个服务站都配有奶山羊自动挤奶机，两名工作人员，每个服务站投资在20万元左右，其中部分由世界银行扶持农民产业发展的项目资金投入，另一部分由陕西红星乳业有限公司出资。服务站的使用权和收益权属于合作社，并由合作社负责设备的维护。公司享有部分产权，参与分红。该合作社的业务范围主要是对会员进行饲养过程中的技术培训和提供养殖过程中的饲料、配种、防疫等相关服务。其中配种、防疫工作每年大概集中在秋季的一个月内完成，到时合作社会组织一个技术人员团队，流动式到每个服务站集中给会员提供服务。这个技术团队人员主要由合作社专家技术人员和临时雇佣的本合作社有一定技术水平的社员组成。技术团队带上相关配种器具，到一个服务站后，会员把养拉到站里，技术人员利用站内的种养和配套的器具给羊配种。非会员也可以获得相关服务，但必须按市场价支付相关费用，会员可享受优惠，只需支付市场价的 70%。此外，合作社还提供对羊奶的自动化收集服务。以前养殖户都是在家中挤羊奶，卖给小商贩，再卖给企业，这样中间环节多，羊奶很难保证纯度，质量差。为了解决这个问题，合作社在每个服务站引进了全自动的挤奶机，会员在规定的时间段把羊拉到站里，经过站里工作人员认定羊没有生病，就可以免费自动挤奶，这样可以较好地解决以前人工挤奶的种种问题。

5. 传播科技知识和科技信息

宣传、普及农业科技知识也是农民专业协会的一项重要工作。协会一般是采取现场咨询以及文字和音像等方式向会员和农户传递科技知识和信息。例如在农村的集市上设立宣传点，为农民提供技术咨询，并发放各种宣传资料；利用广播、电视、网络等媒体，宣传、普及科技知识等等。

富平县科农果业合作社成立于 2003 年，目前拥有会员 5000 多人。几年来，为了给会员提供丰富、准确、及时的技术、生产资料配给信息，该合作社除了通过各种渠道聘请专家定期以授课的形式向会员提供相关服务外，还与富平移动公司合作，建立"中国移动农信通富平县果农协会信息站"，配备电脑两台，信息机两部，会员手机全部入网，利用手机短信，定期向会员发布法规、产业政策、病虫害防治、市场价格、技术等信息，每周发送 3—5 条，充分发挥协会服务职能，及时指导生产、销售等，起到了积极作用。此外，合作社每年春季积极参与"科技之春"、"三下乡"活动，县电视台合作举办春季《乡村行》活动，活动的主题是送科技下乡，传致富信息，为"三农"服务。内容包括农业科普知识宣传、政策咨询、现场互动、走进乡村等四个方面。活动自开展以来，累计发放宣传资料 10000 余份，参与活动的群众达 5000 多人次，成为广大果农心爱的品牌活动。

6. 提供技术咨询

农业技术咨询是农民专业协会普遍开展的服务项目之一。咨询服务对象可以是会员，也可以是非会员，二者不同的是，对非会员的服务一般收费，而会员则一般免费。举办技术培训班和提供技术咨询是相辅相成的两个方面。培训班通常是解决面上的，具有普遍性的问题，因此要定期举办，而技术咨询则常年提供，是解决农民在专项生产中临时遇到的特殊问题，针对性较强。

山西祁县绿色合作社在为其会员提供技术方面服务的过程中，主要有两种方式，一种是请专家来做技术讲座，会员、非会员都可以参加，平均每个月1—3次，其中春季培训的比较多，每次大概有 200 人参加。培训人员一般都是请来的专家，合作社帮助其推广良种，他们免费提供技术指导。另一种是本合作社内的土专家常年为会员非会员提供技术咨询服务。本村 1995 年后大面积种植蔬菜，有一批经验丰富的土专家。平时，如果会员遇到问题先向本社的 100 名土专家免费咨询（非会员收费），由土专家根据其自身丰富的经验进行解答，这些土专家如果解决不了再由合作社出面联系专家来指导。

（三）产后服务

在农业和农村经济结构的调整中，仅仅依靠农业内部产品结构的调整、品种质量的提升、区域布局的形成，不可能从根本上解决农民增收问题。中国农业与农村经济发展新阶段的大背景是改革以来国民经济的持续、高速增长，人民的生活水平、购买力水平普遍提高，消费需求日益多样化。中国农产品的供给走向必然与世界其他国家的发展历程相一致，即农副产品加工技术及加工方式不断发展，从田头到餐桌的食品链条越来越长，环节越来越多，初级产品所占份额越来越小，流通、加工增殖部分所占份额越来越大。在这种形势下，农民（初级产品生产者）通过合作社企业提供的产后服务获取或分享二三产业的增值利润，保障初级产品生产者经济利益。

陕西渭南市富平县洋阳柿饼专业合作社是以农资供应、农技咨询、柿子饼的食品加工为主要业务的农民合作组织。目前合作社有 428 名会员，拥有 300 亩的种植基地，其中的 150 亩为加工基地，固定资产资金从最初成立时的 17 万元发展到今天的 60 万元。该合作社收购会员的鲜柿采用比较先进的方法进行深加工成为柿饼，并申请注册了"洋阳"牌商标。该合作社在销售渠道上比较特别，为了简化产品流通过程中的层层附加值使得农户的产品能够保值保质地打入当地市场，合作社采取超市和批发网点的直接销售渠道。他们将自身品牌产品直接运到超市实现了直销经营。一般来说，鲜柿的价格是 3 元每公斤，但加工为柿饼后的价格是 10 元每斤，该合作社 2007 年共销售柿饼 70 多吨，销售收入在 140 多万元，年利润分红返还会员 20 余万元。

山西太谷县同怡农产品经济合作社主要从事农副产品加工销售业务，目前有 420 多名会员。该合作社所在村主要种植葡萄、苹果、蔬菜等作物，葡萄主要有酿酒葡萄和玫瑰香葡萄。该村共有 15 种用来酿酒的葡萄，全村有 800 多亩，每亩年产量 800 公斤左右，属于和附近的一个酒厂的订单项目，平均每斤葡萄 1.4—1.5 元左右。每年收购葡萄均由酒庄来人到地头上收购，收购时优先收购会员的葡萄，并且比非会员每斤高出 3—5 分钱的价格，保障每亩最低收入 2000 元，每年收购的时间大概在 10—20 天左右，共收购 15 万斤。目前本村共有90亩玫瑰香，平均2500斤每亩，每斤大概5元。每年成熟时，由合作社工作人员到地头上收购，优先收购会员葡萄，并比非会员高2角/斤的价格收购，收购的价格按照当时市场价格收购，每年9月份收购10天左右，有10个左右的工作人员去收购，收购员记录每户的价格、数量等信息，等葡萄收购完，并入冷库后统一结算，每年大概能收购2万斤左右。合作社将收购的葡萄用冷库贮藏，等过了收获季节价格涨高后售出，从中赢利。如果合作社收购销售所得的利润较大，再拿出净赢利的20%，按照农户的售出量分别返还给农户。苹果和玫瑰香收购过程一样：收购——入库——销售——返还利润。每年收购15万斤左右，平均0.9元/斤，一般9、10月份收购，收购后储藏在冷库等价格高时售出。此外，该合作社正在建蔬菜深加工厂，对会员的蔬菜进行深加工，以提高其附加价值，这样就可以提高收购的价格，从而提高会员收入和积极性。

三、农民合作经济组织的服务创新方式——两个典型案例分析

案例1：陕西省富平县科农果业合作社

1. 合作社概况

富平县果农协会位于富平县王寮镇，2003年7月8日挂牌成立，自2007年7月1日《中华人民共和国农民专业合作社法》施行后，该协会按照法规要求于2007年10月向富平县工商局申请注册登记，协会更名为富平县科农果业专业合作社。目前，合作社设有技术部、销售部、财务、办公室，其中技术部有3人，其余部门均由2人组成。这9个人其中有5个是合作社领导兼任，其余4人是合作社聘请的固定员工，800元/月的工资。合作社现有各乡镇分社30个，理事88名，会员5000人，技术人员46名，其中高级职称4人，中级42人。合作社总社领导5人；平均每个分会有5个负责人，共150名负责人。总社的5名领导人中，社长由富平县科技农化种业公司经理、高级农技师仵继纲担任；此外还有3名副社长和一名监察员，年龄均为50岁左右，职业背景分别是高级农技师、种植大户、原政府官员等，都是行业内精英。

该合作社是由富平县科技农化种业有限公司发起并组织创建的，在合作社成立以前企业为果农提供一些生产过程中相关的服务，以便扩大并拥有较稳定的农民客户。但是效果不好，农户普遍不认可，认为企业是以营利为目的，不可能为农户服务，所以大多数农户都从心理上有抵触情绪。为了解决这个问

题，公司牵头成立了合作社，以合作社的形式把以前为农户提供的服务分离出来并专业化。一方面，以合作社的机制运行，农户加入合作社成为社员，心理上有认同感，觉得是自己的组织，不是企业的行为，比较容易接受；另一方面，以合作社的形式为农户提供相关服务，使得服务的种类更全面、质量更高、更专业，农户更认可。

成立合作社前，相关组织者做了大量的前期宣传工作。负责此事的是合作社的一名副社长，以前是政府官员。他们首先进驻各个乡镇进行宣传，先发展各个村的"精英"，这些精英其中一部分是副社长在以前的工作中建立较好关系的朋友，另一些是公司在长期经营中积累的人脉。合作社采取的策略是，先把农村中有积极性、有影响力的人吸收进来，从而带动其他的人，这样逐步吸纳会员，扩大合作社规模。

近年来，该合作社围绕果业生产，不断加强组织建设，完善服务职能，优化服务方式，走出了一条"合作社＋公司＋专家＋农户"的模式。合作社成立以来，共培训果农约 4.5 万人次，果园服务面积达 25.8 万亩，建立标准示范园 288 个，编印科普杂志（《科农通讯》）35 期共 35 万份，发放宣传资料约 20 万份，为会员免费发送农业信息 40 万条，受到广大果农和各级政府的一致好评。先后被渭南市政府评为市级农民专业合作经济组织示范协会；渭南市科协评为市级农村专业技术协会；渭南市果业局、渭南市果业协会评为明星协会，渭南市产业化办公室评为市级产业化重点龙头企业，富平县科协评为先进专业技术协会；《陕西日报》、《渭南日报》、《陕西科技报》、渭南电视台、富平电视台分别多次给予了报道。

2. 合作社在农业社会化服务体系中的服务方式及内容

目前，该合作社的主要服务内容是果农在生产经营过程中的技术培训、信息政策法规咨询及产后的果品冷库储运、销售服务。

（1）建好专业队伍，加强科普宣传，提高会员素质

一是建立专业技术服务队，加强科技推广力量。为更好服务农民，服务果业生产，协会成立了强大的技术培训服务队，现有中高级各类专业技术人员46 名（其中高级职称 4 名，中级 42 名）。建立了同国内、省内知名专家联合培训机制，如西北农林科技大学时春喜、范崇辉教授，渭南市果树研究所张默所长等，通过与知名专家联合培训，提高了农民的科技意识，拓宽了农民的视野。

二是加强技术培训，提高农民的技术水平。培训的主体是会员，非会员也

可免费参加。由各分会根据会员的需求向总会提出申请，然后总会根据具体情况排出时间表，针对会员需求安排有关专家讲座。根据农时季节，围绕树型"四大技术"改造、病虫害综合防治、施肥喷药等关键技术环节，结合群众的需求，在 3 月、5 月、7 月、9 月等关键管理月份，深入果园，面对面、手把手地对果农进行技术指导，帮助果农提高技术和管理水平。通过协会的技术培训，全县果品的商品率普遍提高，收入也显著增加。例如，到贤乡雷书社有10 亩苹果园，在加入协会前，年收入只有 6000 元，2005 年加入协会后，接受技术培训，生产水平大大提高，年收入达到了 5 万元，而周围未加入协会的果园的果品商品率仅为 20%，对此群众反响强烈，现在是一听说有培训，周边的果农便积极参加，听专家讲课。据统计，自协会成立以来，共组织县级大型培训 12 次，下乡讲课 518 场次，受训人数累计达到 10 万人次。建立示范园2480 亩，示范户 288 户，技术服务面积 25.8 万亩。

三是创办科普杂志，提高农民素质。协会成立后，就创办了《科农通讯》，现已编发 35 期，每期 1 万份，共印发 35 万份，免费发放给会员，已成为富平果农的必看刊物。同时帮助会员征订《三秦果业报》3 万份，让会员了解更多的技术服务和品种栽培以及销售等方面信息。为了进一步扩大宣传，提高服务质量，协会与富平电视台《乡村季风》栏目进行了长期合作，根据生产实际需求，社长仵继纲通过电视讲技术，进行产前、产中、产后指导服务，基本上每周一期，现在已累计编播节目 148 场次。通过宣传，会员和群众的果树修剪、病虫防治等方面的科技意识进一步提高，果农的经济效益也明显增加，协会的技术服务使果农每年增收 1 亿元以上。

（2）公司、协会配套运作，相互促进，共同发展

富平县果农协会与富平县科技农化种业公司联手，按照协会确定的"合作社＋公司＋专家＋农户"的发展模式，建立了技术、农资配套服务的新机制，形成一条稳定可靠的农资供应渠道。通过配送农资，富平科农公司每年向协会提供 12 万元经费，用于聘请专家，技术培训，编印科普刊物，扶持协会壮大，使协会服务范围不断扩大，从而也使公司的农资供应量增加，所取得利润也进一步增加。协会与公司相互促进，相得益彰，共同发展。由于实行了科学的经营方法，保证了协调发展，使协会的服务职能得到进一步的加强和提高。

同时，按照标准化生产的要求，协会与公司联合，实行招标采购，优选下级经销商，统一配送农资等措施，确保农资供应质量。会员实行"绿色果品

生产物资供应卡"制度，持卡购买农资，享受优惠政策，降低生产成本。

自实行了配套运作以来，协会的服务范围进一步扩大，现在已辐射到三原、耀县、铜川、山西西部及甘肃静宁等地，使富平科技农化公司的农资经营量也明显增加，由以前年销售收入的 500 万元提高到现在的 1500 万元。

（3）构建网络经营，确保物资质量

2003 年富平县果农协会与渭南果树所、合阳、大荔、蒲城、淳化果农协会，礼泉、宝鸡等八家农资公司组建了"三秦果业联销网"，覆盖陕西、甘肃及山西西部等地区，选择优秀经销商 600 多户，实行连锁经营，统一技术服务，统一报纸宣传（《三秦果业报》、《科农通讯》统一讲解），网络集团采购；招标全国优秀厂家加盟，使产品成本大幅度降低。通过连续四年运作，经有关部门检测，三秦果业网指定的产品，无一例质量问题。同时，三秦果业网也锻造了一支意识超前的优秀团队，社会影响力、公信度不断提高，已经成为群众和农资人关注的焦点。

（4）突出果品销售，增加农民收入

协会成败的关键，要看农民增收如何。为此，协会进一步延伸服务链条，加强果品销售。

一是成立果品销售部。确定专人负责，制定销售方案，调查市场行情，根据客户对产品数量、质量的要求，根据自己对全县果农信息比较准确的掌握，介绍给对应分社，由分会负责人或会员骨干负责联系具体果农。这些分社负责人一般都是乡村的精英，有较高的威信、较强的组织协调能力和较大的影响力。

二是协会申请并注册了"科农"牌商标。扩大知名度，增加果品市场竞争力和市场占有率。2006 年协会同北京中日友好果园张文和老师商定，共建绿色无公害示范园，生产出可以进北京、上奥运的中、早熟苹果，通过此平台，打造健康绿色品牌，让果品升值、让更多的果农受益。

三是吸引客商参观，实地查看，了解生产过程。通过努力，引来大批客商，连续三年帮果农收果 1800 万斤，销往全国各地。

（5）构建信息平台，畅通信息渠道

根据服务范围的进一步扩大和工作需要，协会与富平移动公司合作，建立"中国移动'农信通'富平县果农协会信息站"，配备电脑两台，信息机两部，会员手机全部入网，利用手机短信，定期向会员发布法规，产业政策，病虫害防治、市场价格、技术等信息，每周发送 3—5 条，充分发挥协会服务职能，及时指导生产、销售等，起到了积极的促进作用。

此外，合作社还向会员提供信息政策法规咨询服务，主要由王长荣副社长负责。一方面，他本人原来在农业局负责农业行政执法，对相关领域比较了解，另一方面他本人经常通过上网、购买相关法律书籍学习相关知识，为会员解答相关问题。

（6）科协搭台，科普先行

近年来，县果农协会在富平县科学技术协会的大力指导帮助下，把普及提高果农技术作为重点，利用多种形式开展科普教育。除在县电视台开办专题讲座外，还利用协会的技术优势，40 多名具有中高级技术职称的协会老师常年活动在生产一线，及时对果农进行培训指导，解决果农生产中遇到的实际问题。

协会每年春季积极参与"科技之春""三下乡"活动，与县电视台合作举办春季"乡村行"活动，活动的主题是：送科技下乡，传致富信息，为"三农"服务。内容包括农业科普知识宣传、政策咨询、现场互动、走进乡村等四个方面，通过专家与农民面对面，技术人员进村入户，散发宣传材料，悬挂展版等形式，宣传中央一号文件和春季果园管理、植物保护等方面的知识，解决瓜农果农在生产生活中的实际问题，把群众最需要的先进实用的生产技术传授给群众，受到了全县果农的高度好评。活动自开展以来，累计发放宣传资料 10000 余份，参与活动的群众达 5000 多人次，成为广大果农心爱的品牌活动。

综上可见，富平县科农果业合作社近年来以"合作社 + 公司 + 专家 + 农户"的模式，通过不断创新，在农业社会化服务中给其会员提供了较好的服务：（1）在提供生产资料的过程中，会员可以享受 9 折优惠的价格，并且其质量很可靠，有保证。并可以根据农户的需求，结合市场的分析为农户提供优良品种的建议。（2）通过提供法律信息咨询，防止会员受到执法部门的乱收费、罚款。在会员和商家进行交易的过程中，通过签订经济合同、收取定金等，防止会员受到欺骗。（3）在技术服务方面，会员可以得到技术人员上门一对一服务、指导，并免费得到相关报纸、信息资料。（4）在果品销售过程中，由分会作为中介，和果商谈判，统一定价，避免果农内部恶性竞争从而压低价格。并和果商签订合同，交纳押金，货装备齐后，一次性现金支付完成交易，有效降低风险。

案例2：山西省祁县源泉绿色蔬菜合作社

1. 合作社概况

祁县东观镇晓义村是祁县典型的农业村，一直有种菜的传统。随着产业结构调整力度的加大，蔬菜种植户增多，蔬菜生产中技术难题也不断出现，产供销与市场的矛盾日益突出。2003年，党支部、村委会根据种菜农户的要求，组织蔬菜种植户成立东观镇蔬菜协会，筹备建设蔬菜交易市场，为菜农提供产前、产中、产后服务，有效地促进了蔬菜产业发展。但是，在两年多经营发展中，遇到了一些实际问题，如协会与会员连接松散，管理难度大，协会不具备进入市场的法人资格，无法与客商签订购销协议，也无法进行市场运作，对方出现违约行为难以追究违约责任。这与蔬菜产业的发展，市场要求极不适应，为此，经过一年的酝酿准备，在农经主管部门的指导下，由蔬菜协会会长刘必耀牵头，由蔬菜营销大户、蔬菜种植大户等10户农民共同决定成立合作更加紧密，具有特殊法人资格的合作社，并在祁县工商局注册了祁县源泉绿色蔬菜合作社，注册资金5万元，按照股份合作制模式运作，截至目前，共发展社员150户，入社股份达8万元。

合作社注册登记后，由自愿入股的150户社员民主选举产生了理事会、监事会、社员代表大会，理事会由3人组成，理事长由村妇女主任兼村副书记，同时又是种植大户、经纪人的程亚萍担任，监事会由3人组成，合作社的骨干成员，即入股的社员有7个，其中3个是村干部，2个是经纪人，2个是种植大户。合作社按照入社自愿，退社自由，民主管理，盈余分红的原则运行，第一，由全体社员讨论通过了祁县源泉绿色蔬菜合作社章程。第二，建立健全了合作社的内部经营机构，设立技术推广部、蔬菜营销部、财务部、市场管理部，各部门负责人实行聘任制，工作报酬与工作实绩挂钩，对社员大会负责，定期向理事会汇报工作。第三，建立了财务管理制度、收益分配制度、标准化生产规程推广制度、档案管理制度等。

2. 合作社的主要职能

合作社以开展产前、产中技术服务和产后蔬菜的销售服务为主要职能。为推进蔬菜产业化综合开发，蔬菜合作社建立一开始，就把强化服务，建立市场，为实现基地和农户一体化经营模式确立为协会的基本职能。

（1）产前服务

产前服务的主要内容是引进新品种，对于引进的新品种一般先让社员免费试种，如果效果比较好再推广。新品种一般从省农科院、农大、县农业局等地方获得。合作社经常主动和他们联系咨询新品种问题，时间长了建立了比较好的关系，现在他们有新品种也都会主动与合作社联系、推荐。对购进的新品种双方都会有口头承诺，即保证发芽率和产量，以开的发票为凭据。如果社员需要种子到合作社登记，由合作社统一购买。合作社统计完需求量后，由供应方送货上门，社员直接与卖方交易。对于温室大棚作物，例如西红柿、黄瓜，每年引进2—3个新品种，但只能推广1—2个。对于普通的大田作物，每年大概共引进30多个新品种，平均每个菜3个品种，但最终能推广的每年共有7—8个新品种。平均每年参与购买新品种的有800多户，平均每户投资300—400元。

（2）产中服务

一是技术指导。在强化服务上实行"六个统一"，即：实行统一的物资、技术、信息等方面的服务；实行统一的运销联系和服务；实施统一的质量检验、检疫；创建统一的品牌和商标；建立统一的销售服务标准；实施以统一的种植品种结构为主的订单农业。两年多来，协会向农户提供专业培训30多场次，主要以技术讲座的形式，会员非会员都可以参加，平均每个月1—3次，其中参加春季培训的比较多，每次大概有200个人参加。培训人员一般都是请来的专家，合作社帮助其推广良种，他们免费提供技术指导。此外，合作社还聘请市、县农业技术人员，对产地的土壤、空气、水进行化验，结合实际制定了祁县无公害黄瓜、西红柿等品种的日光能温室生产技术规程，并由祁县农业标准化委员会地方标准DB142707/T007－2004批准，指导会员及菜农严格按照规程执行农业生产操作的每一个环节，蔬菜产品达到了绿色产品的标准，取得了绿色产品认证和绿色产品产地认证。平时如果农户遇到问题先向本社的100名土专家咨询，本村1995年后大面积种蔬菜，有一批经验丰富的土专家，如果解决不了再由合作社出面联系专家，一般是电话，问题严重，专家也会亲自来指导。

二是提供生产资料。主要是化肥农药，由合作社免费向村民提供化肥农药，其中会员优先享受，并且获得比较多的份额。但合作社提供的化肥农药只能满足农户部分需求，不足部分由自己解决。所提供的生产资料一般以无公害农药化肥为主，发放的资料中，化肥一般3种，共发放1000袋，投资5万元；农药5种每年投资3万元左右。两年多来，合作社向会员组织营销专用肥料130余吨，各种农膜、种子等生产资料约38万元。

（3）产后服务

为了进一步做好合作社的产后销售服务，合作社筹集资金约200万元，建设了东观镇蔬菜交易市场。该市场位于祁县东观镇晓义村，占地66700平方米，场内建有640平方米的交易棚7个，168平方米的冷藏保鲜库2座，30平方米的信息发布工作室1处，20平方米的质检中心一处，还有业务洽谈室、顾客服务中心等50余平方米，市场总营业面积4816平方米，从业人员69人。平均日交易各种蔬菜70万公斤，年交易量达1.5亿公斤，蔬菜产品运销上海、武汉、长沙、四川、重庆、太原等18个省59个地区，年交易额达1.12亿元，年利润18.4万元，带动周边蔬菜生产面积10.5万余亩。

蔬菜销售是在市场建设运营的情况下进行的，在市场建设基本竣工后，蔬菜销售逐步走向了规范。该合作社共有30个经纪人，各种蔬菜经纪人以市场为龙头，以信息发布系统为纽带，在全国各地广泛宣传造势，联系客商，从网上找买家，通过自己常年积累大都建立比较稳定的销售渠道。目前，全国各地的客商进驻蔬菜市场进行交易。客商进入蔬菜市场后与菜农自由谈判、交易。会员和非会员均可免费入场，市场占地60多亩，可满足村民交易的场地需求。此外，合作社投资5.4万元对市场基地蔬菜架设线路安装频振式杀虫灯150盏，并为协会会员、市场工作人员配备无公害蔬菜生产、质检等科技资料，投资5.17万元进行市场信息发布系统配套，投资5.5万元兴建了质检中心并购置了质检设备，投资2.2万元兴建废物处理中心，购置废物处理机械一台。根据市场规定，菜农进入市场卖菜要首先接受质量检查，并且在平时交易中，由农业局专派化验员，化验员到市场随机抽查，如果合格可继续交易，如果不合格则不能继续参与交易。如果客商提出要检测，也可进入化验室检测，检验经费由合作社提供，每年大概需要1.5万元，化验员每月支付500元工资。

通过市场管理制度、交易规则的有效运行，合理、公平、公正、诚信的服务态度和意识取得了天南地北菜商的信赖与赞誉，为市场销售量的进一步扩大广开了渠道，从而使市场内交易日趋红火，交易数量不断攀升，到2006年底全年各种蔬菜销售量突破1.5亿公斤，总销售额达1.12亿元，到2007年底市场销售量达2亿公斤，占到全县蔬菜总产的50%，总销售额可突破1.5亿元。在外地客商进入市场集中收购蔬菜的过程中，合作社从组织菜源到分类、包装、冷藏、配送提供一条龙服务，并以200元/车的标准向外地客商收取中介服务费（包括分类、包装人工费），2007年共组织销售蔬菜近2亿公斤，其中配送 7000 车，协会获得中介服务费 140 万元。

3. 合作社的运作机制

合作社会员入会自由，上缴会费制度。缴纳会费标准为：集体会员即企业组织缴费标准为 1000 元/年，蔬菜营销大户缴费标准为 200 元/年，蔬菜种植户缴费标准为 10 元/年。在分红机制上，合作社建立了按产品分红和按股份二次分红的分配机制。一方面，在生产过程中，社员取得了合作社提供的廉价生产资料，得到合作社的免费培训等其他各项免费和优惠服务，降低了生产成本；另一方面，社员通过合作社销售蔬菜，能保证产品畅销并相对有较高售价，从而实质上形成了合作经济组织利益的初次分配。这种初次分配在销售方面，延伸到非社员菜农。合作社利润形成的积累，首先用于偿还服务设施建设的应付款项，并继续用于更新服务设施，发展新的生产项目，形成社员的共有资产。年终合作社按照经营实绩，通过社员大会形成决议，按照入股资金进行二次分红。通过两次分红，合作社、社员、菜农不同程度享受到合作社及市场经营带来的收益。

4. 取得的初步效果

合作社以优质的服务为会员带来实惠，通过几年的积极运作，取得了良好的效果，目前已成功地通过验收，被评为"国家级重点合作社"。首先，解决了蔬菜生产与市场供求的矛盾，促进了蔬菜产业化发展。在合作社的牵动下，东观镇 20 余村已形成万亩西红柿种植基地，万亩茄子、茴子白基地，成为当地的支柱产业和农民增收的主要来源。其次，通过合作社的组织，把农民与市场联系在一起，将蔬菜生产形成一条龙形式，使农业生产各个环节紧密衔接。农民不仅通过农产品总量扩张，品质提高增加收入，并能免费获得培训，廉价获取生产资料，降低了生产成本，获取蔬菜合作社的二次分配增加了收入。2007 年全年组织营销蔬菜近 2 亿公斤，为当地及周边菜农获得销售收入 9000 万元，较其他渠道销售增收近 1000 万元，合作社赢利近 30 万元。第三，解决了农业生产的瓶颈问题，提高了蔬菜产业的综合竞争能力。蔬菜协会的建立把农民组合成为一个利益共同体，从资金、技术上形成合力，解决了农民在产业化经营中资金相对短缺、技术相对落后的问题。通过蔬菜协会组织的技术服务，依照标准化生产规程进行生产，提高了蔬菜生产科技含量；通过蔬菜交易市场，提高了蔬菜的信息含量。在整个生产过程中，能够始终依靠第一时间的信息，并与新技术接轨，生产优质、多样化的适销对路的蔬菜产品，提高了蔬菜产业的综合竞争力。

（四）农民合作经济组织在农业社会化服务体系中的功能优势

合作社经济上的优越性具体体现于：可以较好地为农户解决产前、中、后的问题。

第一，针对"卖低买高"，联合购买、联合销售。中国农村经济发展的一项战略性的举措是引导农民根据市场需求调整结构，但是在发挥不同地区农业生产比较优势的问题尚未解决、农业生产合理的区域布局尚未形成的大背景下，调整农业生产结构的难度较大。这其中一是市场信息和销售渠道问题，结构调整农民最关心的是种什么，种多少，卖到哪里，卖给谁，能否卖个好价钱。但恰恰在市场信息和销售渠道这一关键问题上地方政府和农民往往束手无策，或是跟着感觉走，或是无路可走。（1）由农业生产和农产品的特性所决定，无论是在生产要素的购买还是农产品的销售上，中国两亿多分散的小农户在市场中都处于不利的地位。在农产品的销售上存在着买方垄断，在农用生产资料的供给上又存在着卖方垄断。（2）信息不对称，一个有效的市场取决于企业能否及时取得生产、销售及购买所需的信息，主要是商品的价格信息。但分散的小农户很难得到完整、准确、及时的市场信息，而且市场上存在着对农民的信息垄断，一些为农业提供服务及生产资料或购买农产品的人为了自身利益故意对农户隐瞒信息。这种信息的不对称造成资源分布的扭曲，增加了农民生产、购买及销售的盲目性。在市场信息不灵、销售渠道不畅的欠发达地区，新上的产品小面积示范试种一般不愁销路，一旦大面积推开，销路就是大问题。

农民组成合作社以后，（1）降低、减少交易成本。（2）获取规模收益——合作社提供了一种制度手段使分散的个人能联合起来组成自助的团体，如农民合作社使分散的农户在保持独立的财产主体和经营主体的前提下，通过农产品的集体销售或农业投入品的集体购买等交易环节上的联合，降低单位农产品的销售成本或单位农用投入品及服务的购买成本，实现产前和产后的规模经济。

第二，合作社还在生产的全过程通过提供信息和技术服务使农户能顺利地与市场对接。首先，农业合作经济组织有利于降低农户学习、使用技术的成本。农业合作经济组织以组织的名义聘请技术专家进行指导，只要参与的农户就可以受益，不用再支付额外的学习费用。或者农业合作经济组织中的技术能人向组织中其他成员传授技术，也会节约农户学习技术的成本。

其次，农业合作经济组织有利于增加农民学习掌握新技术的渠道。目前农业合作经济组织的具体形式多种多样，其中专业技术协会的主要任务是为成员提供先进的技术。而合作社等类型的组织为了提高产品质量也需要统一使用成员的生产技术。因此农业合作经济组织有利于增加农民采纳新技术的渠道。再次，农业合作经济组织有利于提高技术使用的效率、降低农业技术推广的成本。有些技术的使用具有外部效应，一家使用这类技术会惠及周边农户，或者不使用这类技术的农户会影响到使用技术农户的效率。

最后，农业合作经济组织有利于提高农户使用技术的积极性，降低农户投资新技术的风险。在信息传播手段不断完善的今天，由村民来传递信息能够在农民获取农业技术的方式中占有重要的地位，显然值得注意。现代大众信息传播研究表明，在信息传播中，一些有特定优势和影响力的人物——意见领袖的作用非常突出，经他们理解和利用后的信息的再传播，往往会产生非常显著的效果。所以，要建立完善的农业技术推广体系，提高对农民的技术支持力度，就不仅要重视现代信息传播技术的应用，还应该及时发现和利用那些善于接受和运用技术信息的"意见领袖"式人物。罗吉斯和伯德格认为，如果只是想把新发明告知受众，那么大众传播就是最快和最有效的途径；如果所持的目的是说服受众，使他们对新发明产生积极态度，那么人际传播就更为有效。其实，每种创新技术都存在一定的异质性，而使创新技术能够有效地实现人际传播的前提是传受双方都有一定的同质性。存有异质的创新技术所以要借助同质的人际关系来传播，是因为同质的人际关系能够加快对异质文化的认同、接受、消化和吸收的过程。由于创新技术的异质性突出地表现为使用上的风险和不确定性，所以要加快异质文化的转化，意见领袖的作用非常重要。现实中的表现往往是，正是意见领袖挺身而出，率先使用创新技术，以个人去承担可能存在的风险，以自身的实践来摸索经验，同时向周边受众展示使用创新技术的实际效果，从而容易产生强烈的个人魅力和社会影响力。所以，由农民自己来传播农业技术之所以能产生良好效果，其主要原因就是传播者本人也是农民，具有与他人相同的社会背景和社会关系结构，他们了解当地的实情和农民的实际，因此容易为农民所认同和接纳，特别是如果他们在接受信息后再加以利用，并且取得良好绩效，那么这种"再传播"的影响力不言而喻。这就是改革以来屡被提及的"能人效应"或"典型示范"。所以，农民专业协会在农业创新技术的普及推广中具有其他的推广组织和推广手段所难以替代的作用。

第三，获取规模收益，规模经济。合作社提供了一种制度手段使分散的个人能联合起来组成自助的团体，如农民合作社使分散的农户在保持独立的财产主体和经营主体的前提下，通过农产品的集体销售或农业投入品的集体购买等交易环节上的联合，降低单位农产品的销售成本或单位农用投入品及服务的购买成本，实现产前和产后的规模经济。合作社还通过地区和全国一级的组织结构为基层合作社提供共同的服务并创造收入。合作社发展到一定阶段，则应有地区一级的合作社以及全国性的组织体系，这也是一种规模，农民在地区或全国有自己的代言人，可减少交易费用，同时具有某种共性的农民在较高层次组织起来，可占有较大的市场份额，对市场信息的了解及对市场的预测也将更容易。

第四，新合作社经济能够拓宽农民增收增长点。农产品的价格，应包括以下几方面：农产品标准化、分级、（品牌商标）包装、贮藏、保鲜、运输、加工等，这些环节和由此带来的收入，都应属于农民的收入，应由农民自己来完成的。在没有新合作社经济，农户分散状态下，是无法组织联合生产，组织农产品标准化生产的，更谈不上以后需要大量资本和社会分工协作才能完成的增值收入。农民通过分散的经营方式，将自己的积累和剩余资金献给国家，献给城市，献给工商企业。这样下去，不仅农民生活无法保障，农村难以稳定，而且会造成农业危机；同时农民购买力不足，城市工产品也难以下乡，会导致工厂产品积压，城市工厂开工不足，工人失业下岗，形成经济危机，造成国民经济困难局面。通过新合作社经济将农民组织起来，就是将农民的资金、劳动力、土地、市场组织起来了，这样农民通过合作社就有钱办自己的农产品加工厂了，再用自己的市场培育和带动自己的工厂，农产品各个环节的增值收入就会留在农村，返还农民。农民增收了，就会拉动城市工产品下乡，形成国民经济良性循环，保持国民经济快速健康发展，全面推进小康社会建设。

第3节　农民合作组织发展的运行机制

关于我国农民合作经济组织发展的运行机制，国内一些学者对此作了研究。傅晨（2004）对农业专业合作经济组织的现状进行研究，从组织机制、决策机制、利益机制等各方面讨论了合作组织的运营机制，认为专业合作经济组织还存在以下的问题：1. 法律地位不明确。2. 制度安排缺陷。3. 官办色彩浓厚。4. 运行活力不足。5. 组织发展停滞。褚保金（2004）从江苏省 122 个专业合作经济组织样本中抽出 60 个考察其运行机制后发现有三大特点：1. 资金来源有明显异质性：未能真正实现一人一票，以股金分红为主。2. 从资产权属来看，全部或部分来自农村社员的只占 1/3，而且后者农民持有股份仅占股份总额的 36.7%，其余 2/3 的专业合作经济组织资产全部来自于其他经济实体，从而未能实现所有者与惠顾者二者身份的统一。3. 从决策机制来看，形式上有 81.37% 的组织实行了一人一票制，然而这些组织主要是靠能人牵头或外部组织组建，前者主要靠个人权威来维系，后者则借助雄厚的资金实力干预决策。4. 从分配机制来看，63.3% 的按股金分红，实行股金分红和利润返还相结合的占 36.7%，但是平均返还额仅占纯利润的 4.5%，几乎可以忽略不计。刘一名（2005）从决策机制、激励机制、积累和发展机制、约束机制等方面介绍了农村专业技术协会的运行机制认为目前农村专业技术协会在发展过程中所受到的约束主要来自外界，如市场约束、政策法律约束，而内部自律机制不健全。孔祥智等（2005）以 23 个省（自治区、直辖市）176 个农民专业合作经济组织的问卷调查资料为基础，分析了我国农民专业合作经济组织的负责人、登记注册、组织和管理制度、服务范围、利润分配方式以及政府作用等各个方面，得出结论：（1）我国目前对农民专业合作经济组织的管理还很不规范。（2）农民专业合作经济组织的内部管理不规范。（3）农民专业合作经济组织缺乏外部合作，与迅速发展的市场经济大环境不相适应。（4）农民专业合作经济组织的覆盖范围较小，经济实力不够强大。专业合作经济组织赢利水平低，内部积累少，因此，没有足够的实力向外进行投资。（5）政府的支持对农民专业合作经济组织具有不可替代的推动作用，但总的来看，政府在政策、资金等方面的支持仍显不足。杨霞等（2006）通过实地调查发现，现有的农村合作经济组织中存在大量没有任何规章制度，完全凭管理者或"能人"的经验进行组织管理或不按规章办事的现象。决策机制上，由于我国农村基层的组织管理和农民的文化水平有限，在贯彻落实"民管"原则上，其作用的发挥不尽如人意。在利益联结机制上，由于我国农村合作经济组织中较大一部分属于松散型，组织内部利益联系不够紧密，成员之间较多地看重短期利益，缺乏利益共享、风险共担的意识。

可见，目前我国农民合作经济组织在运行机制上仍很不规范，但是合作组织的运行方式对组织的发展有着至关重要的作用。为了进一步了解当前我国合作组织的运行方式，研究将主要从组织机制、决策机制、利益机制等方面对所调研的 33 个农民合作经济组织的内部运行机制情况进行分析梳理。

一、管理与决策

在调查中，我们发现，农民合作经济组织还存在内部管理不规范的问题，有相当一部分合作经济组织还无章可循，内部事务决定、利润分配、分红等随意性大，没有形成严格的制度。一个组织缺乏规章和制度就很难有序运作，而利益分配机制不健全就会影响成员对合作组织的信任程度，降低合作经济组织对农民的吸引力，也会影响其资金积累，导致发展乏力，失去活力。

为了统计的方便，本书选择两个关键性指标来评价管理与决策因素的影响：领导人及其选举、重大决策方式。在表 5 - 7 中，受访农民合作经济组织的领导人身份按普遍性排序依次为：乡村干部 > 技术能手 > 种养大户 > 普通农民 > 经纪人 > 企业领导。近 50% 的（频数 16，有效百分比 48.5）农民合作经济组织领导人为乡村干部，这充分体现了农村中"政治精英"的带动效应。其次，18.2% 的农民合作经济组织的领导人是技术能手，这既反映了农民对技术能手在农民合作经济组织中的重要作用的认可，又表明了技术推广是目前农民合作经济组织的重要职能。在 33 个调查样本中，仅有 4 例农民合作经济组织的领导人为普通农民，这充分说明了农村中的"能人"或干部效应。但是，在调查中作者也发现，如果"能人"效应过了头，由一人或少数人来控制农民合作经济组织，而排斥广大农民的参与，也会给组织的发展带来一些不良后果，比如难以形成符合合作经济规则的决策机制和利益分配机制，各方面的责、权、利关系不明确。在这种情况下，许多农民合作经济组织在创业阶段尚可维持，一旦有了一定水平的积累，各种各样的经济纠纷就会接踵而至。调查表明，没有规则，或者规则不规范、有规则不能真正执行，是我国农民合作经济组织无法发展壮大的内生性因素。表 5 - 7 还显示了受访农民合作经济组织的导人学历结构，按普遍性排序依次为：小学/初中 > 大专/大本 > 高中/中专，初中学历的领导人占半数以上，缺乏高知识层次的领导人，这也将影响农民合作经济组织作用的进一步发挥。

表5-7　被调查农民合作经济组织领导人分布情况表

	频数	有效百分比	累积百分比
身份			
技术能手	6	18.2	18.2
种养大户	4	12.1	30.3
乡村干部	16	48.5	78.8
经纪人	2	6.1	84.9
企业领导	1	3	87.9
普通农民	4	12.1	100
总值	33	100.0	
学历			
小学/初中	17	51.5	51.5
高中/中专	6	18.2	69.7
大专/大本	10	30.3	100.0
总计	33	100.0	

　　在表5-8中，我们可以看到在农民合作经济组织的领导人选举方式，采取"一人一票"和由发起人任命这两种选举方式所占比例最大，均接近40%，这反映60%以上的会员不能拥有选举谁做领导的最后决定权，体现不了合作组织的基本原则。表5-9表明，当前农民合作经济组织的重大决策也未能体现合作组织的"一人一票"的原则。

表5-8　被调查农民合作经济组织领导人选举方式分布情况表

	频数	有效百分比	累积百分比
一人一票	12	36.4	36.4
一元一票	1	3	39.4
大股东担任	3	9.1	48.5
发起人自任	3	9.1	47.6
政府任命	2	6.1	53.7
发起人任命	12	36.3	100.0
总计	32	100.0	

表5-9 被调查农民合作经济组织的重大决策方式分布情况表

	频数	有效百分比	累积百分比
一人一票	9	27.3	27.3
领导人决定	18	54.5	81.8
一元一票	0	0	81.8
理事会决定	6	18.2	100
总计	33	100.0	

二、经济利益

农民合作经济组织是按照"民办、民管、民受益"的原则组建起来的，其构成的主体是弱势群体——农民，依托的产业又是弱势产业——农业，因此可以说，我国的农民合作经济组织在经济上具有先天不足性和后天脆弱性。调查数据显示，近79%（频数26）的受访农民合作经济组织表示资金不足是其发展面临的主要限制因素之一。同时，仅有约21%（频数7）的受访农民合作经济组织拥有经济实体，换言之，近79%的农民合作经济组织没有真正的营利能力，没有稳定的充足的自有经济来源。在受访的33家农民合作经济组织中，20家表示没有任何赢利，占到了样本总量的61%，在这样的情况下，农民合作经济组织将无从积累和发展。可以想象，在这样的条件之下，农民合作经济组织将很难发挥作用。从农民合作经济组织的活动经费来源看，主要有会员会费、营业收入、项目费、个人出资、政府补贴、企业赞助等等，如表5-10所示，受访农民合作经济组织的经费来源渠道按普遍性排序依次为：营业收入>会员会费>企业赞助>个人出资>政府补贴>项目费。数据还显示有近18.3%（频数6）的农民合作经济组织没有任何经费来源。收入来源太少，收入来源不足，农民合作经济组织职能的发挥必将大打"折扣"。

表5-10 被调查农民合作经济组织经费来源分布情况表

	频数	有效百分比
会员会费	4	12.1
营业收入	14	42.4
企业赞助	4	12.1
政府补贴	1	3
个人出资	3	9.1
项目费	1	3
无任何来源	6	18.3
总值	33	100.0

经济实力差也限制了农民合作经济组织的辐射范围。如表5-11所示，受访的农民合作经济组织提供技术服务的辐射范围突破村域的占75.8%。但进一步向外扩展，突破县域的农民合作经济组织仅占60.6%，突破市域的仅为21.2%，跨省的仅占3.2%，且均处于县、市、省的交界处。同时，拥有分会或下属经济实体的农民合作经济组织不足40%（频数13，有效百分比39.4%）。可见，农民合作经济组织服务的辐射范围有待进一步扩展。

表5-11 被调查农民合作经济组织技术服务辐射范围分布情况表

	频数	有效百分比	累积百分比
跨省	1	3.2	3.2
省域	3	9	1.2
市域	3	9	21.2
县域	13	39.4	60.6
乡域	5	15.2	75.8
村域	8	24.2	100.0
总计	32	100.0	

三、技术力量

在问卷调查中，我们主要通过技术人员规模及构成、技术来源渠道两个指标来分析农民合作经济组织的技术力量状况，进而评价其对农民合作经济组织的技术推广行为的影响。

如表5-12所示，超过70%的样本（频数24）技术人员不足10人，技术人员10—20人的农民合作经济组织占样本总数的9.1%，两项合计，81.8%的农民合作经济组织的技术推广队伍不足20人。从表5-12可以进一步发现，在32个农民合作经济组织样本中，技术人员总数为640名，这样农民合作经济组织的平均技术人员数量仅为19人，技术队伍规模偏小。毫无疑问，这将严重制约其对农民进行技术服务的能力。

表5-12 被调查农民合作经济组织技术人员规模分布情况表

	频数	有效百分比	累积百分比
10人内	24	72.7	72.7
10—20人	3	9.1	81.8
20—50人	3	9.1	90.9
50人以上	3	9.1	100
总计	33	100.0	

　　为分析方便，我们通过职称结构、学历结构两个指标对农民合作经济组织的技术人员构成进行分类。统计数据如表 5－13 所示显示，在这 640 名技术人员中，拥有高级职称的仅为 7.8%（50 人），拥有中级职称的为 14.8%（95 人），而拥有初级职称的占到近 44.4%（284 人），同时尚有 33%（211 人）的技术人员没有任何职称。总的来说，受访农民合作经济组织的技术人员的职称水平以初中级为主（合计 59.2%）。主要问题在于：超过半数（合计占 77.4%）的技术人员为初级及初级水平以下的职称，业务能力偏低，同时缺乏专门的高级技术人才，这将不利于现阶段我国农民合作经济组织在引入和传播更为先进和复杂的农业技术中发挥重要作用。

　　在学历结构上，按普遍性排序依次为：初中＞高中/中专＞大专及以上＞小学＞文盲。超过半数的技术人员（59.4%）学历文化为初中及初中以下，这种总体偏低的学历结构将对农民合作经济组织的技术队伍的整体素质带来不利影响。同时大专及大专以上学历水平的技术人员也仅为 10.8%，高学历文化的技术人员比重偏小也将对农民合作经济组织的技术推广能力的进一步提高带来瓶颈制约。

表 5－13　被调查农民合作经济组织技术人员构成分布情况表

	人数	百分比	累积百分比
职称结构			
初级	284	44.4	44.4
中级	95	14.8	59.2
高级	50	7.8	67
无职称	211	33	100.0
总计	640	100.0	
学历结构			
文盲	0	0	0
小学	20	3.1	3.1
初中	360	56.3	59.4
高中/中专	191	29.8	89.2
大专及以上	49	7.7	96.9
本科及以上	20	3.1	100
总计	640	100	

　　此外，从表 5 - 14 可以看出，受访农民合作经济组织的主要技术来源渠道按普遍性排序的结果，依次为：科研院所 > 自身积累 > 政府机构 > 市场 > 企业。科研院所是农民合作经济组织的第一大技术来源，究其原因在于：一些科研院所里的技术专家无私奉献；农民合作经济组织作为农民自有组织能够提供实验基地、产品和技术销售市场等。政府机构之所以能成为农民合作经济组织比较重要的技术来源渠道，很大程度上源于其现实运行中与政府机构十分紧密的联系，不少农民合作经济组织由政府机构发起建立，又依靠政府提供资金、技术支持来维持运行。在这样的条件之下，农民合作经济组织的技术推广行为很自然地成为政府职能的延伸，其技术来源于政府部门，推广行为又是为了实现政府部门的目标。市场与企业未能成为农民合作经济组织技术来源的主渠道，主要原因在于目前我国的农民合作经济组织总体经济实力偏弱，难以承担从市场和企业采购农业技术的费用。事实上，这也带来一个问题，那就是目前政府机构、科研院所提供给农民合作经济组织的技术多为带有公共性质的技术，这将导致农民合作经济组织对于易于商品化、经济效益更好的农业技术推广不足。

表 5 - 14　被调查农民合作经济组织主要技术来源渠道分布情况表

	频数	有效百分比
政府机构	6	18.2
科研院所	13	39.4
市　场	4	12.1
企　业	1	3
自身积累	9	27.3
总　值	32	100.0

四、政府的干预

　　以农民合作经济组织的创建为例，如表 5 - 15 所示，完全由政府委派建立的有 6 例（占 18.1%），由政府提议农民创建的有 5 例（占 15.2%），两项合计 33.3%。但在农民合作经济组织的实际运转中，政府有着相当大的影响力。农民合作经济组织的主要技术来源渠道是政府部门；如表 5 - 16 所示，在农民合作经济组织的发展过程中，有 54.5% 的组织没有得到政府的任何帮助，在得到政府部门帮助的合作组织中，按普遍性排序依次为：政策扶持 > 资金资助

＞贷款帮助＞技术扶持。可见，目前我国政府对农民合作经济组织的发展扶持力度还很小，而实践证明，政府的引导和扶持有助于农民合作经济组织改变其弱势地位，并增强其技术推广的能力。其他地区的调查也表明，在农民合作经济组织发展的初期，政府的推动和支持是非常重要的。本次调查的30多个合作经济组织，大都是在创立阶段得到政府机构的指导和支持，甚至包括章程的起草和成立的步骤等。由此可以得出结论，像我们这样一个缺乏合作的历史资源的国家，农民合作经济组织的发展，必须有一个强有力的组织的推动，在现阶段，这个组织只能是政府。[①]包括企业发起的组织，实际上也是政府推动的结果。当然，合作经济组织毕竟是农民自己的组织，政府的介入要适当，如果过了头，则极易改变合作经济组织的性质，使其变为政府机构的延伸。在我们的调查中，不乏这样的案例。

表5-15 被调查农民合作经济组织创建方式分布情况表

	频数	有效百分比	累积百分比
企业发起	6	18.2	18.2
完全农民自发	15	45.5	63.7
政府提议农民创建	5	15.2	78.9
科研组织发起	1	3	81.9
政府委派	6	18.1	100.0
总计	33	100.0	

表5-16 被调查农民合作经济组织获得政府部门帮助分布情况表

	频数	有效百分比
技术扶持	1	3
政策扶持	6	18.2
资金资助	5	15.2
贷款帮助	3	9.1
没有受到支持	18	54.5
总值	32	100.0

---

① 有些地方的农民合作经济组织是由供销社或者科学技术协会等机构推动的，这类机构实际上行使着政府机构的职能。

第4节　我国农民合作经济组织发展的制约因素

从实际情况看，虽然经过了改革开放30多年的发展，我国农村合作经济组织仍然很不成熟，与国际上发达的合作经济组织相比，无论是组织运行、经济实力，还是服务功能、社会影响力和合作程度，都有很大差距。主要体现在：农民合作经济组织的覆盖范围较小，经济实力不够强大；政府在政策、资金、技术等方面的支持仍显不足；农民合作经济组织的内部管理不规范；合作组织的内部制度本身排他性不强，容易产生"搭便车"现象等。可见，目前，随着我国农民专业合作经济组织的进一步发展，其对政府制度供给的需求已从内部治理方面逐步转为外部治理环境上，而政府的制度供给在这方面仍显不足。根据我国的国情，农民合作经济组织必须在组织自身和政府扶持互动中才能不断向前发展。

一、政策、法律法规

（一）政府的支持对农民合作经济组织具有不可替代的推动作用，但总的来看，政府在政策、资金、技术等方面的支持仍显不足

在国际上，很多国家和地区的政府都对合作经济组织给予比较有力的资金、技术和政策上的优惠与扶持。我国的实践也证明，政府的支持在农民合作经济组织的发展中，尤其在发展初期起着重要作用，这是由我国目前所处的特殊发展阶段所决定的。

虽然中央的一系列文件都强调要加大扶持发展农民专业合作组织，但目前的扶持力度仍然跟不上发展的需要，尤其是市、县两级，具体的、可操作性强的扶持政策少，不利于农民合作经济组织的发展。

政府在农民合作经济组织融资方面的扶持还很不够，导致合作组织融资渠道不畅。目前，农民合作经济组织大部分处在发展扩张阶段，资金需求量大。各级扶持专款资金量不大，且分头管理，难以形成合力。

（二）合作组织的内部制度本身排他性不强，容易产生"搭便车"现象①

根据 2006 年 10 月 31 日由第十届全国人民代表大会常务委员会第二十四次会议通过的《中华人民共和国农民专业合作社法》规定农民专业合作社管理实行一人一票制，出资额或者交易量（额）较大的成员，可以享有附加表决权，但不得超过成员基本表决权总票数的 20%。盈余主要按照成员与农民专业合作社的交易量（额）比例返还。这就使得合作社提供的服务具有正外部性，排他性不强，容易产生"搭便车"现象②。如果没有公共政策扶持，合作社将很难自发产生。当前我国农民人多资源少、兼业化程度高，农户成立合作社的机会成本很高。

二、缺乏资金问题

调查数据显示，近 79%（频数 26）的受访农民合作经济组织表示资金不足是其发展面临的主要限制因素之一。组织内部的运转经费主要靠会费收入，资金困难，导致服务功能偏弱，覆盖面窄，带动能力不强。可见，现有的农民专业合作经济组织普遍表现为综合实力不强，缺乏资金支持，自我发展后劲不足。因为缺乏资金，正常的业务活动无法开展，也无力支持社员发展新产业和扩大经营规模。在很多合作经济组织发达的国家，农村合作金融组织是其他各类合作组织资金融流通的后盾，这些国家通过农民合作金融与合作保险的赢利来支持其他合作组织的经济活动，但我国现阶段还不具备这样的条件，目前的农民合作经济组织还不允许或不可能进行有效的社会融资。在没有国家政策的支持下，金融机构也不能大量地向农民专业合作经济组织提供贷款，在银根紧缩的大环境下，农民专业合作经济组织的信用贷款常常会受到压缩。而且农民专业合作经济组织所从事的大都是与农业相关的弱质性产业，其风险大，经济效益不高，不大可能吸收城市富余资金。而农民收入增长不快，自身积累有限，作为农民专业合作经济组织成员的投入也非常有限，致使农民专业合作经济组织的运行不畅，降低了其抗市场风险的能力，根本无法抵抗外部的企业竞争，只能进行小范围的竞争。因此，也限制了农民专业合作经济组织的发展壮大。

---

① 徐旭初：《中国农民专业合作经济组织的制度分析》，中国经济科学出版社 2005 年版，第 121 页。
② 徐旭初：《中国农民专业合作经济组织的制度分析》，中国经济科学出版社 2005 年版，第 121 页。

三、法律地位不明确

目前，绝大多数的专业合作组织法人主体不明确，组织产权模糊，缺乏自我保护的依据和能力。具体表现在：一是受到各种的行政干预。一些地方基层政府和业务部门干预专业合作组织内部的经营管理和决策活动；一些部门乱收合作组织的管理费；有的地方政府强制农民参加专业合作社，使社员和组织"貌合神离"。二是农民的主体地位不明确。现在，绝大多数的专业合作组织是通过政府农技部门、龙头企业、传统社区集体经济组织、供销社以及能人大户牵头举办，农民仅仅是业务的参加者。不少农民担心将财产加入合作组织会出现风险，所以农民社员的股金极为有限，它使得农民在专业合作组织中的主体地位受到挑战。三是产权界限不明，缺乏对原始资产的明确界定，没有科学的准入、退出机制，农民进出合作组织随意性、偶发性大，难以保证专业合作组织健康发展。

四、内部管理不规范

一是制度不健全，大都是专业合作组织有章程但不规范，缺乏具体的管理制度，如议事制度、监事制度、财务管理制度等。相当多的农村合作经济组织未设财务管理机构和监事机构。二是民主管理尚未真正落实。多数合作经济组织是靠"能人"发展起来的，组织的运转主要依靠个人权威来维系，在重大项目和活动中决策不民主，会员、社员很少参与决策和管理，一旦出现问题，就只好解散。三是利益连接机制不完善。在多数专业合作组织内部，农户在与公司进行契约谈判时处于不利地位，农户的生产与交易往往受到"挤压"，农产品加工、流通中的增值部分，农户基本不能分享。同时，有些农户还存在"诚信"问题，一旦市场出现波动，公司的利益也难以确保。因此，"利益共享，风险共担"的机制尚不完善、稳定。

第 5 节　相关的政策建议

目前，随着我国农民专业合作经济组织的进一步发展，其对政府制度供给的需求已从内部治理方面逐步转为外部治理环境上，而政府的制度供给在这方面仍显不足。根据我国的国情，农民合作经济组织必须在组织自身和政府扶持互动中才能不断向前发展。本书将对现阶段政府如何为农民合作经济组织提供恰当、有效的扶持，对合作经济组织如何完善内部运行机制提出一些对策建议。

（一）各级政府对农民合作经济组织采取恰当、有效的扶持政策

《合作社法》第四十九条到第五十二条规定了在农业建设项目实施以及财政、金融、税收等方面对农民专业合作社的优惠和支持。当然，这些规定都是原则性的，由于中央政府和地方政府在支持合作社方面所承担的任务不同，而各地的情况千差万别，必须因地制宜、因时制宜，采取切实可行的政策措施。具体建议如下：

1. 建议在县级以上财政部门设立扶持农民合作经济组织的专项资金。

专项资金用于支持农民合作经济组织开展信息、培训、农产品质量标准与认证、农业生产基础设施建设、市场营销和技术推广等活动。这一支出应列入中央及地方每年的财政预算中，专款专用，引导农民合作经济组织发展。例如用于为推广成立规范合作社而举行的培训活动的经费，对农民合作经济组织贷款贴息，通过合作社开展农业技术推广的费用，扶持农民合作经济组织开发新产品、更新加工设备、改善服务设施，为农民合作经济组织创造有效的贷款担保机制等。

对于专项资金的使用，建议实行项目制运作机制。项目制运作机制是指：建立一个从中央到地方各级的专门负责专项资金管理的部门。由该管理部门将专项资金根据扶持内容、特征划分名目，比如"培训资金"、"技术推广资金"、"贷款贴息资金"、"特殊地区优先扶持资金"、"特殊农产品优先扶持资金"、"固定资产建设扶持资金"等；再在各名目下根据现实需要、地区、扶持期长短等设立项目细类。符合项目要求的农民合作经济组织可向该管理部门申请资金扶持，由其负责审批。实行项目制运作机制必须建立一套严格、针对性强的申请、审批机制，才能保证有限的专项资金合理使用。

2. 对于弱势群体组成的专业性合作组织，政府应在税收上给予最大限度的优惠。

《合作社法》第五十二条明确规定"农民合作经济组织享受国家规定的对农业生产、加工、流通、服务和其他涉农经济活动相应的税收优惠"。实际上，各地在《合作社法》出台之前就制定了一些税收优惠政策，但这些政策分散不统一。在2007年7月1日《合作社法》正式实施后应针对专业合作社

制定专门的、统一的税收优惠政策。

首先，要充分考虑到农民合作经济组织及其提供的服务具有部分公共物品性质，给予减免税收的优惠政策，比如对合作社为农业生产的产前、产中、产后提供技术服务或劳务所得的收入免征所得税；合作社销售的自产农产品免征增值税；合作社为其成员提供农业生产经营服务免征营业税；新成立的专业合作社三年内可免征各种税等，从而鼓励农民自发成立专业合作社。对农民合作经济组织社员的股息、红利等资金收益也可免征个人所得税，鼓励社员积极参与合作社的管理。

其次，可以利用税收政策引导合作社的发展方向，例如对将业务延伸到加工环节的农民合作经济组织，给予营业税、所得税及进口设备税收减免等优惠政策，引导合作社从事农产品深加工业务；对于农民合作经济组织出口的农产品，给予全额退税等，鼓励合作社扩大销售范围，增强市场竞争能力。

再次，目前国家对农业产业化中龙头企业和其他涉农服务组织给予了很多税收优惠政策，这些政策都应该适用于农民合作经济组织。

3. 国家政策性金融机构和商业性金融机构应当采取多种形式，为农民合作经济组织提供多渠道的资金支持和金融服务。

首先，要拓展农业发展银行的业务范围，把对农民合作经济组织的支持作为其重要业务之一。建议农发行尽快制定出对农民合作经济组织支持的相关领域，由县级农发行具体实施。其次，鼓励商业银行为农民合作经济组织提供优惠贷款，如提供农民合作经济组织生产经营所需贷款，对农民合作经济组织扩大经营规模、增加设施投资提供贷款等。再次，鼓励农村信用合作社选择制度健全、经营业绩好的农民合作经济组织试行流动资金贷款的信誉担保制度，扩大信用社对客户的信誉担保范围及贷款额度，建立适合农民合作经济组织特点的信贷抵押担保。

4. 为农民合作经济组织提供信息和培训等方面的服务。

在合作社发展的初、中期阶段，其规模大都比较小，承受风险的能力差，对政策、技术、人才、市场等各方面信息依赖程度较高，而自身搜集各种信息的能力又不足，因此，各级人民政府的相关部门应当为农民合作经济组织提供各种信息的搜集、整理及发布等服务。鉴于农民合作经济组织的成员——农民的文化水平较低，各级人民政府及其有关部门应当为合作社经营管理人员和成员免费提供相应的知识和技能培训。

（二）完善农民合作经济组织内部的运行机制

1. 成立机制

首先，政府应变直接参与为引导扶持。在农民合作经济组织的培育过程中，政府应更好地扮演一个引路人的角色，从农民的真实需求出发，引导其成立有利于自我服务、自我发展的合作组织，而非仅仅从农村主导产业发展的角度出发，更不能仅是作为一项行政任务而强制推行。

其次，对于农村能人，众多文章中提出需在产权结构上对其参股份额进行限制，这的确是一条解决办法，然而，更为重要的是提高能人的服务意识，扩大其在社区中的带动面。政府有关人员要加强对合作经济组织带头人的宣传和动员，并对其所承担的部分公共职能给予合理的补偿和支持，扩大合作经济组织的辐射面、增强合作经济组织的带动力。

2. 利益分配机制

利益分配机制依托于产权机制，要实现共同富裕，需要合作经济组织产权深入到每一户农户。设计出一种制度，使得村民们都能自由地加入（或退出）各类林业合作经济组织，使其不至于发展成为少数人致富的手段，是完善利益分配机制的核心问题。同时，也必须维持对合作组织领导人的适当激励，保证组织的发展。此外，利益分配机制同样需要规范化，需要实现从当下的按股权分红到按交易额分红的过渡，以保证未来新加入社员的利益。

对于农村中存在的各类专业协会，尽管不存在分红这样直接的分配问题，但它们对安全生产发挥着重要的作用，它们日常运行的费用需要解决。这一块需要政府来进行一定投入，并配合收取会费等辅助手段。

3. 决策机制

要在农民专业合作经济组织中实现民主决策、民主管理的原则，首要一步是制定并严格实施合作组织的《章程》，建立健全民主决策制度。其次要依据章程，设立机构并切实履行职能。机构的设立应由组织的人员规模及业务范围而定，切勿仿照行政部门，盲目划分部门科室，无谓地增加组织的内部治理成本、降低组织决策效率。此外，要解决决策机制上的问题，忽视了农民民主决策意识的培养，一切也只能成为空谈。因此，要保证民主决策机制不落空，一方面要培养普通成员参与决策、行使权利的意识，另一方面要使组织的发展目标更贴近农民的需求，这样才能激发农民的热情，积极参与决策。

第6章　农民参与市场组织化程度理论分析

本书假设农户是理性的，即农户在其所面临的外部限制条件下选择对自己最有利的行为模式。所以对于理性的农户而言，选择何种产销形式的依据在于哪种形式能实质性地帮助农户提高收益、降低成本，从而使农户的预期收益最大化。而在一定的生产技术和价格水平下，影响农户预期收益大小的主要因素就是交易成本。不同产销形式的利益联结机制不同，在交易中所产生的交易成本也各不相同。本书将以农户的市场交易特征作为主要研究对象，分析影响农户选择不同产销形式的因素。

第1节　基于交易费用的理论分析框架

交易费用主要包括搜寻信息费用、谈判和决策费用、监督费用、维持组织运行费用等等。归纳起来可分为外生交易费用和内生交易费用，外生交易费用是指交易过程中直接或间接耗费的各种资源。而内生交易费用是机会主义的对策行为所引起的交易费用，是市场均衡同帕累托最优之间的差额。内生交易费用是由个体的决策以及他们所选择的制度和社会合约安排所决定的。内生交易费用与外生交易费用之间有替代性，选择节省这两种交易费用中的哪一种是一种两难选择（杨小凯、张永生，1999）。典型的市场形式对应着内生交易费用无限趋近于"0"的情况，随着组织化程度的不断提高，内生交易费用有不断增加的趋势，外生费用有不断减少的趋势。农户自己直接到市场上采购生产要素或销售农产品是最原始的、交易成本高昂的一种购销方式。由于单个农户的购销批量小，交易次数多，且由于信息搜寻成本过高，常常被假冒伪劣产品、技术坑害而遭受巨大的交易损失。外生交易费用如此之大，以致农户意识到，有必要用一种或紧或松的长期性契约关系取代市场临时性交易关系。即与企业签订合同或加入农民专业合作经济组织等，这种契约关系可在一定程度上降低交易费用。

随着交易成本经济学的实证研究的发展，交易成本理论的"可操作化"有了很大的进展。这种"可操作化"具体表现为将不同组织安排的效率与可观测的交易属性联系起来，避免了直接测度与对比交易成本，这使得理论具有了可证伪性。之前的主流经济学所作的实证研究关注的更多是价格和数量方面的问题，而交易成本经济学更加侧重组织形式以及类似交易不确定性、产品和流程的复杂性以及生产所需的交易专用性程度这样的交易属性方面的信息。[①]

本书主要运用交易成本经济学的理论对影响农户选择不同产销形式参与市场交易的因素进行分析。结合交易成本经济学的原理并借鉴已有的研究成果，本书将影响农户选择不同产销形式的因素归为四类，一类是交易主客体特性；第二类是交易特性；第三类是外部环境特征；第四类是各种产销组织的可得性情况。即农户在不同产销形式之间进行选择的决策函数为：

$$D(T) = f[Q, E, F, R]$$

其中，T 为选择的不同产销形式；Q 代表交易的主客体特征，交易主体特性是指参与交易的农户特性，交易客体特性为交易的农产品特性；E 表示交易特性，主要是威廉姆森所归纳的交易三维度，即资产专用性、交易频率和不确定性；F 代表农户的外部环境特征，例如农户周围的地理环境特征和社会资本特征等；R 代表各种产销组织在农户所在地的可得性情况。

一、交易主客体特征对农户选择行为的影响

交易主客体特征包括交易主体和交易客体的特征。交易主体特性是指参与交易的农户特性，交易客体特性为交易的农产品特性。

(一) 交易主体的特征

交易主体的特征是指农户的特征，通常主要包括农户决策者的特征和农户生产经营特征。由于农户的主要生产经营特征在交易特性中会有所体现，所以，在此处主要分析农户决策者的特征。一般情况下，农户的生产经营决策主

---

① 奥利弗·威廉姆森、斯科特·马斯滕编，李自杰、蔡铭等译：《交易成本经济学经典名篇选读》，人民出版社 2008 年版，第 6 页。

要是由户主完成，户主的特性决定着农户的生产经营行为。农户的决策过程受农户所面临的限制条件、农户自身的风险态度、机会主义倾向等特征影响。首先，在现实中，农户常常面临着复杂、多变的市场环境，对事物的认知能力和对信息的搜集、掌握、处理能力很大程度上影响着户主的决策。而户主的文化程度、社会阅历等又是影响户主认识事物、搜集处理信息等能力的主要因素。一般说来，户主的文化程度越高，社会阅历越丰富，其对外界的认知相对越客观，获得信息的渠道也会越广，搜集、分析市场信息、接受和接纳新事物的能力也越高。因此，文化程度越高、社会阅历越丰富的户主在决策过程中，往往能更深刻地了解各种产销形式的特征，并能据此分析选择不同产销形式的优势、劣势，综合权衡收益、成本和风险，最后作出较理性的决策。其次，户主的风险偏好不同、产生机会主义行为的可能性不同，其选择产销形式就会有所不同。这也在较大程度上影响着农户选择产销形式的决策。所以，本书将用户主的文化程度、社会阅历的丰富程度、风险态度、机会主义倾向等变量作为考察户主特性的主要指标。

（二）交易客体的特征

交易客体的特征是指交易农产品的特征。农产品的基本特征主要指农产品种类、品质等。农产品种类根据其经济价值不同大体可以分为普通粮食作物和经济作物两类。而对于同类农产品来说，不同的品种、不同的种养技术也会导致农产品的品质大不相同，从而影响农产品的经济价值。农户农产品经济价值的特征则会直接影响到农户选择以何种产销形式参与市场交易的决策。首先，对于同类农产品而言，品质高的农产品投入大，经济价值也高，农户如果想实现与其高品质对应的高经济收益就必须找到能按照农产品品质区别化收购的销售途径。但一般来说，普通的农贸市场很少会对农产品进行按品级分类交易。而龙头企业由于生产差别化产品等原因对原料会实行按照质量品质不同而采取差异化定价的收购方式。农民专业合作经济组织成立动因之一就是"引进新技术、优良品种"，因此往往会积极地引导其成员种养优良品质的产品，从而会对产品的质量品质有区分，并可以实现不同品质的产品得到不同的经济价值。因此，根据阿克洛夫的"柠檬原理"，农户若把高质量产品在普通农贸市场上销售，往往会面临价格上的损失，所以农户为了追求高品质产品对应的高经济收益往往会有动力加入一定的组织参与市场交易。其次，对于不同种类的农产品而言，从理论上讲，农户种养经济价值比较高的农产品，其农业生产经营性投资，如劳动、农资投入品、种养技术等投入"量"较多，资金的需求量也相对较多，投资越大，全部收回投资收益的风险也越大，农户就越希望有稳定的销售方式和渠道，以降低生产经营风险。因此，投资较多的种养高经济价值农产品的农户会倾向于与交易方进行更稳定的合作，比如与企业签订契约或加入农民专业合作经济组织。与此相反，种养经济价值较小农产品的农户的生产经营投资少，预期收益的风险和不确定性也相对较小，而签订契约或加入农民专业合作经济组织也需要付出一定成本，权衡得失，这类农户大多没有足够的动力参加。可见，农产品的经济价值可以综合体现出农产品的特征，所以，本书将以农产品的经济价值为指标来反映农产品的特征。

二、交易特性对农户选择行为的影响

交易特性主要是指交易的三个维度，即资产专用性、不确定性和交易频率。下面将分别阐述这三个维度对农户选择行为的影响。

（一）资产专用性对农户选择行为的影响

资产专用性是指是一项资产可调配用于其他用途的程度，或由于其他人使用而不损失生产价值的程度。威廉姆森把资产专用性划分为5类：地理区位的专用性、人力资产的专用性、物理资产专用性、完全为特定协约服务的资产及名牌商标资产的专用性。对于一项交易而言，高度专用性的成本有两个特点：他们发生在预想的交易之前；如果用于其他用途，或是被其他人利用，其价值就会大打折扣。资产专用性越高意味着投资所带来的固定成本和可变成本包含了相当部分的"不可收回的成本"或"沉没成本"，那么就会产生"敲竹杠"或者"机会主义"行为的动机，双方的交易关系已无法依靠反复的讨价还价来维持，达成一项协议的交易成本以及确保遵守契约的执行成本将大大增加。因此，本书的分析是建立在这样的一个关键的假设上：资产专用性程度越高、产生的可占用准租金越多（通过机会主义行为取得的可能收益也会随之增加），交易的成本和风险也会逐渐增加。

随着专用性投资增加，"机会主义"和"敲竹杠"现象越来越严重，使市场交易的成本上升。但同时，随着资产专用性的加强，交易双方相互依赖的程度也随之增加，这将鼓励交易双方结成某种形式的合作关系。下文将通过各种产销组织的治理成本函数来分析不同程度的专用性资产投资与各种产销组织的匹配情况。

为了简化起见，本书假定组织的治理成本是资产专用性和一组外生变量的函数。由于农户直接进入市场交易和农户通过农村经纪人交易这两种形式的农民组织化程度都很低，故此处将两者合并为一种情况，简称为"农户＋市场"产销形式。

令 $M = M(k;\theta)$，$S = S(k;\theta)$，$P = P(k;\theta)$，$C = C(k;\theta)$，这四个简化表达式分别表示"农户＋市场"、"松散型农户＋企业"、"紧密型农户＋企业"和"农户＋农民专业合作经济组织"这四种产销组织的治理成本是资产专用性（k）和转移参数向量（θ）的函数。假设 $M(0) < S(0) < P(0) < C(0)$ 且 $M' > S' > P' > C'$。① 第一个不等式表示在资产专用性为"0"的时候，市场交易的治理成本最低，组织化程度最高的农民专业合作经济组织的治理成本最高，高于"紧密型农户＋企业"组织的治理成本，高于"松散型农户＋企业"组织的治理成本。第二个不等式表示，随着资产专用性水平的提高，农民专业合作经济组织的边际治理成本小于"紧密型农户＋企业"组织的边际治理成本，小于"松散型农户＋企业"组织的边际治理成本，小于市场交易的边际治理成本。如图 6-1 所示，若 k^* 是 k 的最优值，则本书将分析当 $0 < k^* < \bar{k}_1$，$\bar{k}_1 < k^* < \bar{k}_2$，$\bar{k}_2 < k^* < \bar{k}_3$ 和 $k^* > \bar{k}_3$ 时，不同产销组织的有效供给情况。

1. 当 $0 < k^* < \bar{k}_1$，即交易涉及的资产专用性水平很低的时候

如果资产专用性程度低，则相匹配的是市场治理结构。当资产专用性为零时，就会发生经济学中的理想交易情况，如果资产专用性很低，则可类似视为此种情况。市场治理结构主要通过价格机制实现交易者之间的交易。在这种治理结构下，市场上的交易者都是独立的经济主体，交易的双方对所交易的产品具有完全的所有权，交易的产品种类、交易量、交易价格等与交易双方的身份毫不相关，主要通过市场价格机制来实现，不存在外在强制。例如，对于购买者来说，哪个销售者出价低就购买哪家的产品；对于销售方来说，哪个购买者出价高就卖给哪家，灵活而自由。由于资产专用性很低，买者或卖者都能在市场上方便地找到可替代的交易伙伴，并且交易双方都可随时低成本地将产品移作它用，而不受损失。这种价格的竞争机制使得市场治理结构具有很强的激励功能，同时又可以有效抑制机会主义行为的发生；但市场组织下的交易极不稳定。可见，在资产专用性很低的情况下，市场治理结构中有自主权的市场交易者可有效地适应各种外部困扰。而组织化程度较高的其他三种组织在此类交易中，因为内部管理协调引起附加的组织管理成本却未能相应增加收益而处于劣

---

① 参见奥利弗·威廉姆森：《比较经济组织：对离散组织结构选择的分析》，奥利弗·威廉姆森、斯科特·马斯滕编，李自杰、蔡铭等译：《交易成本经济学经典名篇选读》，人民出版社 2008 年版，第 113—115 页。

势,效率较低。所以,在其他交易特征一定的情况下,对农户而言,投入的资产专用性程度越低,选择直接去市场交易就越有效率。

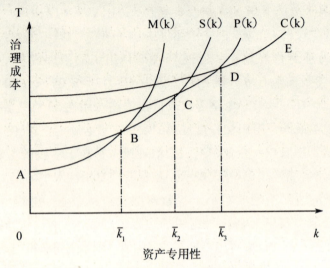

图 6-1　资产专用性—治理成本函数图

2. 当 $\bar{k}_1 < k^* < \bar{k}_2$,即交易涉及一定程度的专用性,但专用性程度并不高时

虽然在资产专用性程度很低的时候,单纯的市场交易效率最高,但这种状况会随着双边依赖的出现而改变。随着对专用性资产投资的增加,交易双方需要协调适应的困扰就会随之增加。此时高度的市场激励阻碍了适应性,如果相互依赖的双方由于意见不一致或因为追求私利的讨价还价而不能够快速作出反应,那么就会因适应性较低而产生成本。所以,对于涉及一定程度资产专用性的投资,交易双方都关注交易关系的持续性和交易的和谐性,希望通过建立某种保障机制来减少交易过程中的机会主义行为和不确定性风险。但由于资产专用性的程度并不高,由双边适应性带来的经济利益并不足以弥补采用组成化程度较高的"紧密型农户+企业"产销形式所增加的治理成本,因此在这种交易中,交易双方的最优选择也逐渐由纯市场交易关系变为"松散型农户+企业"的销售合同关系。所以,对于农户而言,在涉及一定程度的专用性资产投资,但专用性程度并不高的情况下,选择"松散型农户+企业"的产销形式是较合适的。

3. 当 $\bar{k}_2 < k^* < \bar{k}_3$,即交易涉及的资产专用性程度较高时

虽然松散型"农户+企业"的销售合同形式可以较好地处理资产专用性

不高时交易双方的利益关系，但是随着资产专用性程度的进一步升高，交易的机会主义风险会随之增大，这可能会导致效率的损失，而不仅仅是一种财富的分配效应。此时，为了降低交易的机会主义风险，就要考虑提高交易的组织化程度，但同时还要注意治理成本的增加。在交易中，保护契约不受侵害的一种有效方法是扩展契约关系，在这种治理结构中双方仍然保持了各自的独立地位，但它们中间出现了某些旨在维持双方稳定合作关系的机制，如购买方给供应方提供一种未来的"溢价"（premium），更准确地说是以一种高于平均可变成本的价格来确保履约收益将会超过从机会主义行为中得到的潜在收入。如果未来溢价高于潜在违约者在毁约后被终止契约的情况下所能获得的财富的增加值，则这种与潜在违约者的长期关系将会很大程度上降低机会主义行为。再比如，交易双方实行"互惠行为"，即"你买我的，我也买你的"，尤其是假定生产方（农户）要从购买方（企业）采购产品，而这种产品又要求购买方对专用性资产进行投资，这种资本仅仅与有关产品的最终需求联系在一起时才有价值。这种互惠行为可以均衡双方交易风险，增加双方的依赖性和共同利益，进而维持较高稳定性和持续的交易关系。

"紧密型农户＋企业"的产销形式就是在此种情况下，通过利用上述的利益联结机制有效地将交易双方联系在一起，从而降低了机会主义行为带来的不利影响。"紧密型农户＋企业"的利益联结机制是通过紧密的生产合同完成的，在这种合同关系中，企业会向农户提供良种、农药、化肥等多种生产资料而与农户结为"互惠关系"，同时企业对订单农户进行免费的技术培训、指导和服务，并对符合订单标准的农产品采取保底价格或优惠价格进行收购，这又在某种形式上发挥了未来的"溢价"的作用。因此，在交易涉及的资产专用性程度较高时，"紧密型农户＋企业"的产销形式通过互惠关系的结成和未来的"溢价"的提供使交易双方的依赖性大为增强，有效地降低了机会主义行为，维护了交易的稳定。所以，在此种情况下，农户的最优选择是"紧密型农户＋企业"的产销形式。

4. 当 $k^* > \bar{k}_3$，即交易涉及的资产专用性程度很高时

一般说来，资产专用性越大，其可占用专用性的准租金（从机会主义行为中取得的潜在的短期收益）越大，为防止违约所必须支付的溢价就越高，互惠的要求也就越高，越复杂，这种扩展契约关系的解决办法的代价也就越大。当资产专用性程度很高时，由于维持这种扩展契约关系的代价过高而使得这种治理模式失去优势。此时，代表农户自身利益的农民专业合作经济组织在

减少机会主义行为、节约交易成本上的优势就显现出来。

在资产专用性很强的情况下，交易过程极易受机会主义行为的损害，如处于有利地位的一方采取某种要挟性的机会主义行为，如强行压低或抬高价格，减少乃至终止供应或购买，另一方将蒙受重大的损失。而且由于人的有限理性和机会主义倾向，只要是单个的农户与企业结成合同关系，无论双方能多么清晰地认识到违约带来的不利后果，但为了各自的短期利益，就一定有违约的可能。在这种情形下，交易双方所承受的风险会很大，进而双方对关系稳定性的要求会非常迫切，此时设置专门机构对交易进行组织和管理的费用也就较容易得到补偿。

农民专业合作经济组织是代表农户自身利益的经济组织，成员间的合作营销关系是基于相互间共同目标、相互信任、信息自由交流和技术创新成果共享的长期合作关系，关系各方对长期利益的追求会导致长期信任机制得以形成。信任机制的有效运转减少了组织内的机会主义行为。而农民专业合作经济组织代表成员参与交易时，相对于短期利益，组织更注重长远发展的利益。因此，农民专业合作经济组织在履行契约的可靠性方面拥有较好的信誉，具有一定的市场价值，信誉的市场价值应该大于该组织通过违约可能得到的短期机会主义收益。在看重声誉的体制中，声誉效应有助于削弱交易中的机会主义激励，因为机会主义的即期收益被远期成本抵消。较高的信誉可增进农民专业合作经济组织在市场交易中与交易对象间的信任程度，使得缔约双方必须充分考虑和关心各自将来的利益，进而在一定程度上相互拥有牵制对方的能力，减少机会主义行为。

更重要的是，若声誉效应提高，管理上的机会主义就会减少，交易中组织的治理成本就会下降。因此，基于交易双方的信任，即使在资产专用性程度很高的情况下，交易双方为防止违约而建立的扩展契约关系的成本也可得到一定程度的降低。即双方的信誉越好，相互信任度越高，为了防止通过违约而获利的机会主义行为的代价也就可以相对降低，比如为防止违约所支付的溢价可相对降低等。随着时间的推移，在合作营销中诚信便可能演变为内部化交易费用的内在制度。尽管组织化程度的提高会造成组织内部运行管理成本的增加，但外部交易费用的降低会抵消那些成本。因此，抛开其他因素，在涉及资产专用性程度很高的交易中，农户加入农民专业合作经济组织进行经营销售是所讨论的四种产销形式中的最优选择。

如果要实现经济组织的效率目标，就必须区别各种治理结构并与交易的基本属性相匹配，通过上述的分析可以得出，只考察资产专用性水平时，四种农民合作组织的有效供给是在包络线 ABCDE 上运作，其具体表述如下：（1）当

$0 < k^* < \bar{k}_1$ 时，农户好的选择是直接进入市场；（2）当 $\bar{k}_1 < k^* < \bar{k}_2$ 时，农户最好的选择是"松散型农户 + 企业"的产销形式；（3）当 $\bar{k}_2 < k^* < \bar{k}_3$ 时，农户最好的选择是"紧密型农户 + 企业"的产销形式；（4）当 $k^* > \bar{k}_3$ 时，农户最优的选择是农户加入农民专业合作经济组织进行经营销售。在研究中，主要从物资资产专用性和人力资产的专用性两个方面来衡量农户的资产专用性程度。

（二）不确定性

不确定性主要源于事物的复杂性和信息不完全，也就是说，不确定性之所以存在，是因为所要解决问题的复杂性和计算问题所需信息不足的结果。按照奈特的观点，不确定性是一种动态概念，意味着事物的属性或状态是不稳定性和不可能确知的，这种属性或状态超过人们的认识能力范围。Williamson 在1979 年指出了一种形式的环境不确定性，即环境的不可预见性。由于环境变化的方式无法预知，因而拟定和实施状态依存的收益契约也变得复杂起来。

从交易的角度来看，交易不确定性主要体现为市场的不确定性。市场交易的不确定性越大，从事市场交易的风险和成本越高。首先，由于市场环境的不断变化，市场交易中的复杂性在不断增加，农户为了作出更准确的判断，就必须不断地通过搜寻获得更多信息。搜寻信息的成本必然会大大增加。并且，随着环境的不断变化，农户在交易中可能会面临着被迫与交易方重新谈判的情况，并可能导致交易延迟，这又会导致谈判、协商成本的上升。而农户对农产品的供给明显具有时间上的季节性，交易具有重复性、分散性。根据市场的变化，农户每发生一次交易都必须完成搜寻交易对象、协商与决策等交易的各个环节，并花费相应的交易费用。可见，市场交易的不确定性越大，单家独户的农民为了获取更多的信息，对市场变化作出更准确的预测，并不断地寻找更合适的交易对象完成交易全过程就要为此付出很大的交易成本。这对于普通的农户而言，是很困难，并且低效率的。但是，由前文所述各种产销形式的特征可知，随着农户组织化程度的加强，以统一组织的形式，搜集市场信息，进行生产决策，农户搜集获取信息的难易程度和成本都会不断降低，而农户在交易中的谈判地位的上升又会较大程度地节省谈判成本等，总之，农民的组织化可以大大降低农户的市场交易成本，市场不确定性越大，组织化作用越突出。其次，市场交易的不确定性越大，市场环境变化越复杂，农户对未来市场变化的预测就越困难，市场风险也就随之升高，农户的农产品能否顺利售出以取得预期收益的问题就越严重。对于分散的小农户而言，抵抗市场风险的能力是极其微弱的，面对不稳定的市场，农户的切身利益会受到较大的损害。但随着农民组织化的加强，组织对市场的预测会更科学，并且随着合作组织的利益联结机制的更紧密，交易会更加稳定，这在一定程度上会降低交易的风险，从而保护组织成员的经济利益。可见，市场的不确定性越大，农户为了降低交易成本和风险而提高自身组织化程度的积极性就越高，动力也越足。

市场的不确定性最直接、最主要地表现为市场价格的不确定性，即市场价格的波动情况。所有的交易成本和风险大都是围绕着价格的波动发生的。因此，本书拟用市场价格的波动情况作为衡量市场的不确定性的指标。

（三）交易频率

一般而言，交易费用与交易频率是正向相关的，交易的频率越高，就意味着交易主体要反复进行搜寻、谈判、履约以及监督等。对于单个的农户，每进行一次交易，农户就需要支付一次搜寻、加工、整理市场信息；寻找、考察交易对象信誉情况以及与其协商、谈判和监督履约的费用，即每一次的交易成本都是完全成本。如果农户的交易是一次性的或很少发生的，那么农户不用或很少因为反复交易而重复地支付"完全性"交易费用。此种情况下，农户可以选择直接进入市场交易，不需要因为偶尔一次的"完全性"交易费用而加入一定的组织，因为提高自身组织化程度所需的成本远大于加入该类组织所能节省的交易费用。但是，随着交易频率的增高，单独的农户在市场交易中要不断地重复支付完成每次交易的全部费用，对于农户个体而言，这笔交易费用是相当可观的，甚至会妨碍交易进行。为此，农户有必要提高自身的组织化程度，随着农户组织化程度的提高，农户的交易对象变得相对固定，农户只需在合作之初支付一次搜寻信息、对象、谈判等成本，以后每增加一笔交易至多增加一次有关该笔交易情况的"边际信息成本"。这就大大降低了农户在市场中不断寻找合作伙伴和确定交易关系而发生的信息费用。并且，随着农户组织化程度的提高，特别是在农民专业合作经济组织形式中，由于成员统一销售，在交易总量信息成本既定的条件下，交易额越大，每次交易平均分摊的信息成本就越少。可见，农户组织化程度的提高，有利于从扩大交易总额和固定交易对象两方面降低由于交易频率增加而引起的交易费用的重复追加。因此，可以推断出，随着农户参与的交易频率的增加，为了避免交易费用的重复追加，农户有提高自身组织化程度的动力。

基于上述从交易特性方面对农户选择行为的分析，在此提出本书的第一个总假说：

总假说1：交易特性会影响农户选择参与市场交易的组织形式。具体为：

（1）市场价格的不确定性会影响农户选择参与市场交易的组织形式。

（2）资产专用性程度会影响农户选择参与市场交易的组织形式。

（3）交易频率会影响农户选择参与市场交易的组织形式。

三、外部环境特征对农户选择行为的影响

本书的外部环境特征主要包括地理环境特征和社会环境特征。与农户参与市场交易最直接相关的地理环境特征是农户周围的道路交通情况。一般说来，农户周围的交通体系越发达，路况越好，农户销售其产品的运输环节就越方便快捷，产品在销售过程中也就越不容易损坏，这将在很大程度上缓解了农户销售难的问题，并降低了农户的运输费用。而对于周围交通状况不好的农户，较差的交通条件会给农户销售农产品带来诸多困难，进而会大大增加农户的交易费用。由于交通条件限制所引发的较高交易费用往往对单个农户造成很大的负担，为了降低交易费用，农户往往会产生提高自身组织化程度的动机。通过与经纪人、企业或农民专业合作经济组织结成合作团体，以实现销售环节交易费用的分摊，进而降低农户的交易成本。因此，周围交通条件越差的农户，为了节省交易费用，参加各种农民组织的积极性越高。

此外，社会环境特征也在一定程度上影响农户的选择行为。描述社会环境特征的一个重要指标是社会资本，对于社会资本不同学者有不同的界定和认识，本书将其界定为一种社会关系网络和制度资源，是社会组织中能够通过促进协同提高社会效率的各项特征，如信任、互惠和共享等。良好的社会资本可以促进交易主体间的信任，有利于克服经济生活中的机会主义，从而降低农民组织化过程中的治理成本，有利于促进主体间的合作。可以预料，在其他情况相同的条件下，信任度较高的社会环境比信任度低的社会环境更容易促进农户组织化程度的提高。

通过上述分析可以看出，我国农民组织化程度的提高是为了降低交易费用与市场风险，影响农户选择不同产销形式的主要因素有：农户主客体特征、交易特性、各种产销组织可得性情况、外部环境特征四类。

四、各种产销组织的"可得性"对农户选择行为的影响

在现实中，各种产销组织的发育状况在很大程度上影响着农户的选择行为，而对农户而言，发育状况主要包含两方面含义，即各种组织的"可得性"

及其发育的"质量"情况。这两方面因素都会对农户选择行为产生影响。某种产销组织发育的"质量"越好，即该组织运营的效率越高，农户参与后获得的利益也就越大，则农户参加的积极性也就越高。但是，在实际调研中，找出能比较准确地衡量与农户目标农产品相关的各种产销组织"质量"的指标十分困难，并且，调研中发现，相同类型的产销组织的发育质量差异不大。因此，本书假设：在所调查地区中，同种类型产销组织的发育"质量"在同一水平上。基于此，下文将从"可得性"方面对农户的选择行为进行分析。本书的"可得性"是指在农户所处的一个较近范围内是否存在相关产销组织，而较近范围是指农户所在乡、县（市）。以农民专业合作经济组织为例，如果农户周围存在与农户目标产品相关的农民专业合作经济组织，则农户加入该类组织在资金上最多只需分摊维持组织正常运转的经费或缴纳入股的"股金"，而入股基本都是自愿的并且是有回报的，这就意味着如果农户有加入该类组织的意愿，只需支付较低的成本就可以加入该组织，进入门槛较低。而如果农户周围没有与其目标产品相关的农民专业合作经济组织，则农户要想加入该类组织，只有发动相关种养户，组建该类农民专业合作经济组织。农户如果要想组建一个农民专业合作经济组织，不管从资金上还是从精力上都需要花费很大的代价。这对于一个普通的农户而言，是很困难而且不"经济"的事情。所以，如果农户周围有与之相关的农民专业合作经济组织，则农户加入该类组织的成本相对较低，农户加入的可能性就大些；如果农户周围没有与之相关的农民专业合作经济组织，由于较高的组建、运营成本，农户通过组建而参与该类组织的可能性就极小。因此，本书主要用农户周围有无各种相关产销组织作为衡量各种产销组织可得性的指标。

基于上述各种产销组织可得性对农户选择行为影响的分析，在此提出本书的第二个总假说：

总假说2：各种产销组织可得性情况会对农民的选择行为有影响。

第2节　各种影响因素变量的选取

针对上述研究总假说，衡量交易主客体特性、交易特性、各种产销组织可得性情况及外部环境特征这四种因素的具体计量指标选取如下：

一、交易主客体特性变量的选取

1. 交易主体的特性。交易主体的特性主要靠包括农户决策人的文化程度、社会阅历的丰富程度、风险态度、机会主义倾向等方面。本书拟用户主的文化程度、有无特殊经历、认为与生产资料供应商保持稳定关系的重要性、若市场价格高于合同价格时的毁约态度这四个具体指标体现交易主体的特性。

2. 交易客体特性。交易客体特性就是农产品的特征，本书将用目标农产品的经济价值来反映农产品的特征，具体将用 2008 年目标农产品的单位净收益作为指标来衡量。

二、交易特性变量的选取

1. 资产专用性。本书主要从物质资产专用性和人力资源专用性两方面来研究资产专用性，具体而言，用 2006 年到 2008 年间农户针对目标农产品有无专用设备投入、2008 年针对目标产品有无借款、2006 年到 2008 年针对目标农产品专用性资产投入的沉默成本（不可转让部分价值）、目标农产品所需技术复杂与否这五个指标体现。

2. 不确定性。本书主要用"2008 年 1 月以来目标农产品的市场价格波动情况"来体现交易的不确定性情况。

3. 交易频率。本书专门设了由农产品易腐烂程度与该农产品种养规模两方面因素综合作用下的衡量交易频率高低的变量。该变量拟称为"交易频率程度等级"，按照交易频率高低共分 6 个等级。计算的方法是：先把目标农产品按照易腐烂程度由低到高分为 6 个等级，每个农户目标农作物交易频率指数 = 该产品易腐烂等级数 × 该产品种养规模。最后把计算所得交易频率指数按照等距区间从低到高分为 6 个等级，这个等级就是目标农产品的"交易频率程度等级"。

三、各种产销组织可得性变量的选取

主要用被访农户所在的乡、县（市）是否有可提供销售合同的相关企业、是否有相关农民专业合作经济组织这两个变量体现农户所在地各种产销组织可得性情况。

四、外部环境特征变量的选取

主要用农户周围的道路交通状况和农户认为在本社区或本村内其周围的邻

里是否可以信任这两个指标来体现被访农户交易的外部环境特征。

五、自变量选取列表

表 6-1　自变量选取列表

四方面因素		具体变量	变量名称	变量取值
交易主客体特性	交易主体的特性	x_1	户主的文化程度	1表示没上过学；2表示小学文化程度；3表示初中文化程度；4表示高中或中专文化程度；5表示大专文凭；6表示本科及以上文凭
		x_2	有无特殊经历	0表示没有，1表示有
		x_3	与供应商保持稳定关系的重要程度	0表示不重要，1表示一般，2表示重要
		x_4	毁约态度	0表示毁约，1表示执行合同
	交易客体特性	x_5	目标农产品单位净收益	连续变量
交易特性	资产专用性	x_6	有无专用设备投入	0表示没有，1表示有
		x_7	针对目标产品有无借款	0表示没有，1表示有
		x_8	专用性资产投入的沉没成本	连续变量
		x_9	所需技术复杂与否	0表示不复杂，1表示复杂
	不确定性	x_{10}	市场价格波动情况	0表示价格基本稳定（上下浮动10%）；1表示价格波动较小（上下浮动10%—20%）；2表示价格波动较大（上下浮动20%—50%）；3表示价格波动很大（上下浮动50%以上）
	交易频率	x_{11}	交易频率程度等级	由低到高分为1—6个等级

130

续表

四方面因素		具体变量	变量名称	变量取值
外部环境特征	交通条件	x_{12}	道路交通状况	1表示道路交通状况很差；2表示道路交通状况比较差；3表示道路交通状况一般；4表示道路交通状况比较好；5表示道路交通状况很好
	社会资本	x_{13}	可以信任程度	1表示不可信任；2表示很大程度上不可信任；3表示一般；4表示很大程度上可以信任；5表示可以信任
可得性	可得性	x_{14}	周围是否有可签订销售合同的相关企业	0表示没有，1表示有
		x_{15}	周围是否有相关农民专业合作经济组织	0表示没有，1表示有

第7章 农民参与市场组织化程度现状分析

基于对山东、山西、宁夏三省（自治区）981个农户实地调查数据的考察，本章将对所调查农户的组织化现状及不同组织化程度农户的主要生产经营特征进行描述性分析。通过对农户生产经营过程中对目标农产品种养规模的调整、新品种的更换、生产技术的获取等情况的探讨可以发现，处于不同产销组织模式下的农户在生产决策、获取服务、参与订单等方面有较大的差异。这在一定程度上反映了各种产销组织对农户生产经营行为的影响。为了进一步探究组织化程度最高的农民专业合作经济组织对农户生产经营的影响，本章将在最后对参加农民专业合作经济组织的农户在资金借贷、市场信息等方面所获取的服务情况进行专门分析。

第1节 农户家庭基本情况及参与市场的组织化程度现状

一、数据来源

本章的数据来源于2008年国家社科基金重大项目"发展农民专业合作组织和完善农村基本经营制度研究"的一手调研数据。为了获得相关数据，课题组于2009年7月到9月，组织40名调研员分成三个调研组奔赴山东、山西、宁夏3个省（自治区）进行调研。在调研中，每个省（自治区）又选取4个县，平均每个县选择3个乡镇、16个村，每个村随机抽取20个农户。课题组最终共调查了3个省（自治区）、12个县、36个乡镇、72个村、1039个农户、110 个农民专业合作经济组织，其中农户的有效样本为 988 个。

二、农户家庭基本情况

本书将从家庭总人口、家庭农业劳动力人数、户主年龄、农户地总面积、农用地块数五个方面总括性介绍被调查农户家庭的基本情况。在 988 个样本农户中，家庭总人口数最小的是 2 人，最多的是 6 人，平均值为 4.36；家庭农业劳动力人数最小值为 0 人，最大值为 5 人，平均值为 2.17；户主年龄最小值为 25 岁，最大值为 70 岁，平均值为 46.18；农户家中耕地总面积最小值为 0 亩，最大值为 337 亩，平均值为 12.15；农用地块数最小值为 0 块，最大值为 35 块，平均值为 5.07。

表 7 - 1　被调查农户家庭基本情况

样本特征指标	家庭总人口（人）	家庭农业劳动力人数（人）	户主年龄（岁）	耕地总面积（亩）	农用地块数（块）
最小值	2	0	25	0	0
最大值	6	5	70	337	35
平均值	4.36	2.17	46.18	12.15	5.07
标准差	2.26	.77	10.58	23.18	5.21

三、农户参与市场的组织化程度

在调查的 988 个样本中，农户参与市场交易的组织形式有 5 种，按照农民组织化程度由低到高分别为：组织化程度最低的是农户直接到市场上交易的形式，该类样本共有 148 个，占样本总数的 15.1%；其次是农村中农户通过经纪人销售的组织形式，该类样本最多，共 470 个，占样本总数的 47.9%；接下来是农户与企业结成松散的销售关系的组织形式，该类型的农户样本 55 个，占样本总数的 4.9%；农户与企业结成紧密合作关系组织形式的样本是最少的一类，只有 7 个，占总样本的 0.7%；农民组织化程度最高的一类即农民组成专业合作经济组织，通过组织参与市场交易的样本有 308 个，占样本总数的 31.4%。可见，对于所调查的农户，在其实际参与市场交易的组织形式中所占比例最高的是"农户 + 经纪人"形式，其次为"农户 + 农民专业合作经济组织"参与市场交易的组织形式，再次为农户直接去市场交易的形式，第四位是松散型"农户 + 企业"组织形式，所占比例最少的是紧密型"农户 + 企业"

的组织形式。

表7-2　针对目标农产品被调查农户参与市场的组织化程度现状及样本分布

组织化形式	样本频数	有效百分比（%）
农户直接市场交易	148	15.1
农户＋经纪人	470	47.9
松散型"农户＋企业"	55	4.9
紧密型"农户＋企业"①	7	0.7
农户＋农民专业合作经济组织	308	31.4
总计	988	100

第2节　不同组织化程度农户的生产经营特征

　　调研中，为了考察针对目标农产品不同组织化程度的农户种养规模的变化情况，我们对农户近3年对目标农产品种养规模变化情况进行了调查。在农户直接进入市场交易的148户样本中，近三年种养规模变化的农户占21.6%，没有变化的占78.4%；在"农户＋经纪人"形式的470个农户样本中，近三年种养规模变化的农户占28.7%，没有变化的占71.3%；在松散型"农户＋企业"形式的55个农户样本中，近三年种养规模变化的农户占41.8%，没有变化的占58.2%；在"农户＋农民专业合作经济组织"形式的308个农户样本中，近3年种养规模变化的农户占37.3%，没有变化的占62.7%。从调查数据可以看出，在这四种不同形式的产销形式中，松散型"农户＋企业"形式和"农户＋农民专业合作经济组织"形式中种养规模有变化的农户比例比"农户直接进行市场交易"形式和"农户＋经纪人"形式中种养规模有变化的农户比例要高得多。

---

　　①　由于该种组织形式的样本量太少，在统计分析中没有代表性，在后续的实证研究中，该类样本被忽略。

表 7-3　调查农户针对目标农产品近 3 年种养规模变化和有无更换品种情况

	种养规模是否变化		是否更换品种（%）	
	变化（%）	没有变化（%）	更换（%）	没有更换（%）
农户直接市场交易	21.6	78.4	44.9	55.1
农户+经纪人	28.7	71.3	31.2	68.8
松散型"农户+企业"	41.8	58.2	73.6	26.4
农户+农民专业合作经济组织	37.3	62.7	87.5	22.5

　　对于不同销售形式的农户种养规模变化的依据问题，在所调查的农户中，直接进入市场交易并且近 3 年种养规模有变化的农户中，根据市场行情调整种养规模的占 66.7%，根据自家资金、土地、劳力等因素调整种养规模的占 15.2%，根据生产经营的费时费力和技术难易情况调整种养规模的占 15.2%，参考亲戚邻居的情况调整种养规模的占 12.1%，依据其他情况调整种养规模的占 3%；在以"农户+经纪人"形式参与市场并且近 3 年种养规模有变化的农户中，根据市场行情调整种养规模的占 52.4%，根据自家资金、土地、劳力等因素调整种养规模的占 30.6%，根据生产经营的费时费力和技术难易情况调整种养规模的占 2.7%，参考亲戚邻居的情况调整种养规模的占 12.2%，依据其他情况调整种养规模的占 2.0%。

表 7-4　被调查农户针对目标农产品近 3 年种养规模变化依据

依据	农户直接市场交易（%）	农户+经纪人（%）	松散型"农户+企业"（%）	农户+农民专业合作经济组织（%）
1	66.7	52.4	58.3	65.5
2	15.2	30.6	33.3	16.0
3	3.0	2.7	0	0
4	0	0	0	17.6
5	0	0	4.2	0
6	12.1	12.2	4.2	0.8
7	3.0	2.0	0	0

　　注：1 表示根据市场行情；2 表示根据自家资金、土地、劳力等因素；3 表示根据生产经营的费时费力和技术难易情况；4 表示参考合作社社员种养情况；5 表示由订单企业规定；6 表示参考亲戚邻居的情况；7 表示其他依据。

在以松散型"农户＋企业"形式参与市场并且近3年种养规模发生变化的农户中，根据市场行情调整种养规模的占58.3%，根据自家资金、土地、劳力等因素调整种养规模的占33.3%，根据由订单企业规定调整种养规模的占4.2%，参考亲戚邻居的情况调整种养规模的占4.2%；在加入农民专业合作经济组织并且近3年种养规模有变化的农户中，根据市场行情调整种养规模的占65.5%，根据自家资金、土地、劳力等因素调整种养规模的占16.0%，参考合作社社员种养情况调整种养规模的占17.6%，参考亲戚邻居的情况调整种养规模的占0.8%。从调查的数据可以看出，四种不同产销形式中的农户在调整其种养规模的依据中，依据市场行情进行调整的农户所占比例均为最高。这说明，在影响农户进行种养规模调整的各种因素中，市场信息的作用最为重要。由此可以推断出，获得信息途径较多，获得信息充分、及时的农户会根据自己所掌握的信息调整自己种养规模的可能性更大些。这也在一定程度上反映了表7－3中不同产销形式中的农户在调整目标农产品种养规模上行为差别的原因。参与不同产销形式的农户在信息获得的渠道、难易、及时、充分程度上有所不同，这在一定程度上影响着其种养规模调整的经济行为。

在所调查的981个农户样本中，农户种养的目标农产品种类很多，主要有粮食作物、水果、蔬菜、油料作物、食用菌、苗木花卉、畜产品、药材类（枸杞）八大类。具体来说，不同产销形式中的农户群体种植结构特征也不同。在农户直接进入市场交易的148户样本中，目标农产品是粮食作物的农户占53.7%；目标农产品是水果类的农户占10.9%；目标农产品是蔬菜类的农户占28.6%；目标农产品是苗木花卉类的农户占0.7%；目标农产品是畜产品的农户占1.4%；目标农产品是枸杞的农户占4.8%。在以"农户＋经纪人"形式参与市场的470个农户样本中，目标农产品是粮食作物的农户占48.7%；目标农产品是水果类的农户占21.6%；目标农产品是蔬菜类的农户占20.1%；目标农产品是油料作物的农户占1.3%；目标农产品是食用菌的农户占0.2%；目标农产品是苗木花卉类的农户占0.4%；目标农产品是畜产品的农户占6.6%；目标农产品是枸杞的农户占1.1%。在以松散型"农户＋企业"形式参与市场的55个农户样本中，目标农产品是粮食作物的农户占24.5%；目标农产品是水果类的农户占19.8%；目标农产品是蔬菜类的农户占15.9%；目标农产品是苗木花卉类的农户占3.9%；目标农产品是畜产品的农户占23.9%；目标农产品是枸杞的农户占12.0%。在加入农民专业合作经济组织的308个农户样本中，目标农产品是粮食作物的农户占16.6%；目标农产品是水果类的农户占 27.1%；目标农产品是蔬菜类的农户占 23.3%；目标农产品是食用菌的农户占 6.0%；目标农产品是苗木花卉类的农户占 5.7%；目标农产品是畜产品的农户占 13.6%；目标农产品是枸杞的农户占 7.7%。从调查数据可以看出，组织化程度较高的农户群体中，种植经济作物和饲养畜产品的农户所占比例较高。

表 7-5　被调查农户目标农产品类别分布情况

农产品类别	农户直接市场交易（%）	农户+经纪人（%）	松散型"农户+企业"（%）	农户+农民专业合作经济组织（%）
1	53.7	48.7	24.5	16.6
2	10.9	21.6	19.8	27.1
3	28.6	20.1	15.9	23.3
4	0	1.3	0	0
5	0	0.2	0	6.0
6	0.7	0.4	3.9	5.7
7	1.4	6.6	23.9	13.6
8	4.8	1.1	12.0	7.7

注：1 表示粮食作物；2 表示水果；3 表示蔬菜；4 表示油料作物；5 表示食用菌；6 表示苗木花卉；7 表示畜产品；8 表示药材类（枸杞）。

表 7-6　被调查农户针对目标农产品近 3 年更换新品种原因

原因	农户直接市场交易（%）	农户+经纪人（%）	松散型"农户+企业"（%）	农户+农民专业合作经济组织（%）
1	76.8	72.3	65.0	64.7
2	7.2	10.7	10.0	19.2
3	2.9	2.2	2.5	3.2
4	0	0	0	0
5	0	1	12	7.1
6	4.3	2.8	5.0	4.5
7	8.7	8.2	5.0	1.3
8	0	2.8	0.5	0

注：1 表示产量高；2 表示品质好；3 表示价格高；4 表示节省劳动力；5 表示产量更稳定；6 表示抗病虫害；7 表示更适合当地种养；8 表示其他原因。

在调研中我们对采取不同销售形式的农户在目标农产品品种更换情况进行了调查。在农户直接进入市场交易的148户样本中，近3年更换新品种的农户占44.9%，没有更换的占55.1%；在以"农户+经纪人"形式参与市场的470个农户样本中，近3年更换新品种的农户占31.2%，没有更换的占68.8%；在以松散型"农户+企业"形式参与市场的55个农户样本中，近3年更换新品种的农户占73.6%，没有更换的占26.4%；在加入农民专业合作经济组织的308个农户样本中，近3年更换新品种的农户占87.5%，没有更换的占12.5%。从调查数据可以看出，在这四种不同销售形式中，近3年更换新品种农户所占比例最高的是加入农民专业合作经济组织的农户；其次是参与松散型"农户+企业"形式的农户；而"农户直接进行市场交易"和"农户+经纪人"这两种形式的农户中，更换新品种的比例要低很多。

对于不同产销形式的农户更换新品种的原因问题，在所调查的农户中，直接进行市场交易并更换了新品种的农户中，因为新品种产量高而更换品种的占76.8%，因为新品种品质好而更换品种的占7.2%，因为新品种价格更高而更换品种的占2.9%，因为新品种抗病虫害而更换品种的占4.3%，因为新品种更适合当地种养而更换品种的占8.7%；在以"农户+经纪人"形式参与市场并更换了新品种的农户中，因为新品种产量高而更换品种的占72.3%，因为新品种品质好而更换品种的占10.7%，因为新品种价格高而更换品种的占2.2%，因为新品种产量更稳定而更换品种的占1%，因为新品种抗病虫害而更换品种的占2.8%，因为新品种更适合当地种养而更换品种的占8.2%，而因为其他原因更换新品种的占2.8%；在以松散型"农户+企业"形式参与市场并更换了新品种的农户中，因为新品种产量高而更换品种的占65.0%，因为新品种品质好而更换品种的占10.0%，因为新品种价格高而更换品种的占2.5%，因为新品种产量更稳定而更换品种的占12%，因为新品种抗病虫害而更换品种的占5.0%，因为新品种更适合当地种养而更换品种的占5.0%，而因为其他原因更换新品种的占0.5%。在加入农民专业合作经济组织并更换了新品种的农户中，因为新品种产量高而更换品种的占64.7%，因为新品种品质好而更换品种的占19.2%，因为新品种价格高而更换品种的占3.2%，因为新品种产量更稳定而更换品种的占7.1%，因为新品种抗病虫害而更换品种的占4.5%，因为新品种更适合当地种养而更换品种的占1.3%。从调查的数据可以看出，四种不同产销形式下的农户在更换新品种的原因中，最重要的是因为新品种的产量高。

对四种不同产销形式下更换新品种的农户获得新品种的途径问题，我们也进行了调查。在直接进行市场交易并更换了新品种的农户中，通过县种子公司或专业畜牧市场、基地获得新品种的农户占 36.2%，通过附近个体种子门市或附近畜牧市场获得新品种的农户占 29.0%，通过农业或畜牧部门获得新品种的农户占 10.1%，通过科研机构获得新品种的农户占 1.4%，通过村干部推荐获得新品种的农户占 5.8%，通过外村亲友获得新品种的农户占 14.4%，通过邻居获得新品种的农户占 2.9%；在采取"农户 + 经纪人"形式并更换了新品种的农户中，通过县种子公司或专业畜牧市场、基地获得新品种的农户占 36.3%，通过附近个体种子门市或附近畜牧市场获得新品种的农户占 36.0%，通过农业或畜牧部门获得新品种的农户占 14.6%，通过科研机构获得新品种的农户占 1.2%，通过村干部推荐获得新品种的农户占 1.8%，通过外村亲友获得新品种的农户占 8.1%，通过邻居获得新品种的农户占 2%；在以松散型"农户 + 企业"形式参与市场并更换了新品种的农户中，通过县种子公司或专业畜牧市场、基地获得新品种的农户占 25.6%，通过附近个体种子门市或附近畜牧市场获得新品种的农户占 15.4%，通过订单企业推荐、提供获得新品种的农户占 12.9%，通过农业或畜牧部门获得新品种的农户占 30.8%，通过科研机构获得新品种的农户占 2.6%，通过外村亲友获得新品种的农户占 5.1%，通过邻居获得新品种的农户占 5.1%；通过其他途径获得新品种的农户占 2.6%；在加入农民专业合作经济组织并更换了新品种的农户中，通过县种子公司或专业畜牧市场、基地获得新品种的农户占 12.7%，通过附近个体种子门市或附近畜牧市场获得新品种的农户占 8.9%，通过合作社推荐、提供品种获得新品种的农户占 58.5%，通过农业或畜牧部门获得新品种的农户占 15.9%，通过科研机构获得新品种的农户占 2.5%，通过外村亲友获得新品种的农户占 0.6%，通过邻居获得新品种的农户占 0.6%。

表 7 - 7　被调查农户新品种获得途径

途径	农户直接市场交易（%）	农户 + 经纪人（%）	松散型"农户 + 企业"（%）	农户 + 农民专业合作经济组织（%）
1	36.2	36.3	25.6	12.7
2	29.0	36.0	15.4	8.9
3	0	0	12.9	0
4	0	0	0	58.5

续表

途径	农户直接市场交易（%）	农户＋经纪人（%）	松散型"农户＋企业"（%）	农户＋农民专业合作经济组织（%）
5	10.1	14.6	30.8	15.9
6	1.4	1.2	2.6	2.5
7	5.8	1.8	0	0
8	14.4	8.1	5.1	0.6
9	2.9	2	5.1	0.6
10	0	0	0	0
11	0	0	2.6	0

注：1 表示县种子公司或专业畜牧市场、基地；2 表示附近个体种子门市或附近畜牧市场；3 表示订单企业推荐、提供品种；4 表示合作社推荐、提供品种；5 表示农业或畜牧部门；6 表示科研机构；7 表示村干部推荐品种；8 表示外村亲友；9 表示邻居；10 表示自己育种；11 表示其他途径。

　　从调查数据可以看出，在这四种不同产销形式中，"农户直接进行市场交易"和"农户＋经纪人"这两种形式中的农户获得新品种的主要途径是到县种子公司或专业畜牧市场、基地或附近个体种子门市或附近畜牧市场上购买；松散型"农户＋企业"形式中的农户获得新品种的主要途径是到县种子公司或专业畜牧市场、基地购买或通过县农业或畜牧部门推荐提供获得，此外，由企业推荐或提供新品种的农户也比较多，占 12.9%；"农户＋农民专业合作经济组织"形式的农户获得新品种的最主要途径是由合作社推荐、提供新品种，其次是由农业或畜牧部门推荐提供获得。

表 7 - 8　被调查农户种养的目标农产品是否绿色无公害及其农资供应商是否稳定

产销形式	是否绿色无公害（%）		农资供应商是否稳定（%）	
	是	不是	稳定	不稳定
农户直接市场交易	14.3	85.7	32.0	68.0
农户＋经纪人	32.1	67.9	32.6	67.4
"农户＋企业"松散销售关系	53.6	46.4	57.8	42.2
农户＋农民专业合作经济组织	85.0	15.0	85.3	14.7

　　我们在调研的过程中对四种不同产销形式中农户的目标农产品品质、安全问题也给予了很高的关注。在"农户直接进行市场交易"形式的 148 户样本中，农户种养的目标农产品是绿色无公害的占 14.3%，不是绿色无公害的占 85.7%；在"农户+经纪人"形式的 470 个农户样本中，农户种养的目标农产品是绿色无公害的占 32.1%，不是绿色无公害的占 67.9%；在松散型"农户+企业"形式的 55 个农户样本中，农户种养的目标农产品是绿色无公害的占 53.6%，不是绿色无公害的占 46.4%；在"农户+农民专业合作经济组织"形式的 308 个农户样本中，农户种养的目标农产品是绿色无公害的占 85.0%，不是绿色无公害的占 15.0%。从调查数据可以看出，在这四种不同形式的产销形式中，随着农户参与市场组织化程度的加强，种养绿色无公害农产品的农户比例在逐渐升高，农户生产的农产品品质、安全性也随之上升。

　　此外，我们在调研中对于不同产销形式中农户与其生产投入的农资产品供应商之间关系是否稳定问题也做了研究。有无关系稳定的供应商，有可能对农户长期生产过程中农资投入品的价格、品质有影响。在"农户直接进行市场交易"形式的 148 户样本中，农户与其农资供应商关系比较稳定的占 32.0%，不稳定的占 68.0%；在"农户+经纪人"形式的 470 个农户样本中，农户与其农资供应商关系比较稳定的占 32.6%，不稳定的占 67.4%；在松散型"农户+企业"形式的 55 个农户样本中，农户与其农资供应商关系比较稳定的占 57.8%，不稳定的占 42.2%；在"农户+农民专业合作经济组织"形式的 308 个农户样本中，农户与其农资供应商关系比较稳定的占 85.3%，不稳定的占 14.7%。从调研的数据可以看出，在"农户直接进行市场交易"和"农户+经纪人"这两种形式中，拥有关系稳定的农资供应商的农户所占的比例比较低，这可以反映出，与农资供应商关系稳定与否对这类农户并不重要；在松散型"农户+企业"形式中有近 60% 的农户与其农资供应商的关系比较稳定，比上两类产销形式中的农户更为重视农业生产过程中农资投入品来源的稳定性；"农户+农民专业合作经济组织"形式中拥有关系稳定的农资供应商的农户比例最高，达到 85.3%，其原因一方面是因为此类组织形式中农户对农业生产过程中农资投入品来源的稳定性的重视程度比较高，另一方面也因为大部分的农民专业合作经济组织对其成员提供统一购买农资投入品的服务。

　　我们对于种养绿色无公害目标农产品农户的农资投入品的购买途径也做了详细的调查。在"农户直接进行市场交易"形式的农户样本中，直接去农资市场购买农资投入品的农户占 95%，直接从生产厂家购买农资投入品的农户占2.3%，通过其他途径购买农资投入品的农户占2.7%；在"农户＋经纪人"形式的农户样本中，直接去农资市场购买农资投入品的农户占87.5%，直接从生产厂家购买农资投入品的农户占6.0%，通过其他途径购买农资投入品的农户占6.5%；在松散型"农户＋企业"形式的农户样本中，直接去农资市场购买农资投入品的农户占68.8%，到订单企业指定购买点购买农资投入品的农户占2.1%，的直接从生产厂家购买农资投入品的农户占24.5%，通过其他途径购买农资投入品的农户占4.6%；在"农户＋农民专业合作经济组织"组织形式的农户样本中，直接去农资市场购买农资投入品的农户占37.3%，由合作社统一购买农资投入品的农户占60.3%，直接从生产厂家购买农资投入品的农户占2.4%。从调查数据可以看出，在这四种不同产销形式中，农户购买绿色无公害农资投入品的渠道各不相同，在"农户直接进行市场交易"和"农户＋经纪人"这两种形式中的农户购买绿色无公害农资投入品的主要渠道是直接去农资市场购买，在松散型"农户＋企业"形式的中农户购买绿色无公害农资投入品的主要渠道除了直接去农资市场购买外，直接从生产厂家购买的农户也比较多，而"农户＋农民专业合作经济组织"组织形式的农户购买绿色无公害农资投入品的最主要途径是通过合作社统一购买。可见，农民专业合作经济组织在帮助其成员购买质量较高的农资投入品方面发挥着重要作用。

表7-9　被调查农户绿色无公害目标农产品农资投入品购买途径

购买途径	农户直接市场交易（％）	农户＋经纪人（％）	松散型"农户＋企业"（％）	农户＋农民专业合作经济组织（％）
1	95	87.5	68.8	37.3
2	0	0	2.1	0
3	0	0	0	60.3
4	2.3	6.0	24.5	2.4
5	2.7	6.5	4.6	0

注：1表示直接去农资市场购买的；2表示订单企业指定购买点或提供的；3表示合作社统一购买的；4表示直接从生产厂家购买的；5表示其他购买途径。

　　我们在调研的过程中，对四种不同产销形式中农户对种养目标农产品过程中的技术服务需要与否及有无接受过技术服务问题也做了较详细的了解。在"农户直接进行市场交易"形式的148户样本中，种养目标农产品过程中需要

技术服务的农户占 25.0%，不需要技术服务的农户占 75.0%；在以"农户 +
经纪人"形式参与市场的 470 个农户样本中，种养目标农产品过程中需要技术
服务的农户占 34.3%，不需要技术服务的农户占 65.7%；在以松散型"农户
+企业"形式参与市场的 55 个农户样本中，种养目标农产品过程中需要技术
服务的农户占 61.8%，不需要技术服务的农户占 38.2%；在加入农民专业合作
经济组织的 308 个农户样本中，种养目标农产品过程中需要技术服务的农户
占 85.4%，不需要技术服务的农户占 14.6%。从调查数据可以看出，在这四
种不同产销形式中，随着农户参与市场组织化程度的加强，农户对种养目标农
产品过程中的技术服务需求程度逐渐加强。对农产品生产过程中技术服务需求
程度的加强，也在一定程度上反映了农户种养农产品所需技术难度的逐渐
加大。

表 7 - 10 　被调查农户是否需要技术服务及是否接受过技术服务

农民合作组织形式	是否需要技术服务（%）		是否接受过技术服务（%）	
	需要	不需要	接受过	没有接受过
农户直接市场交易	25.0	75.0	30	70
农户 + 经纪人	34.3	65.7	35	65
松散型"农户 + 企业"	61.8	38.2	40.0	60.0
农户 + 农民专业 合作经济组织	85.4	14.6	82.1	17.9

对四种不同产销形式的农户有无接受过技术服务的问题，根据调查的数据
显示，在"农户直接进行市场交易"形式的 148 户样本中，在种养目标农产
品过程中有接受过技术服务的农户占 30%，没有接受过技术服务的农户占
70%；在"农户 + 经纪人"形式的 470 个农户样本中，在种养目标农产品过
程中接受过技术服务的农户占 35%，没有接受过技术服务的农户占 65%；在
松散型"农户 + 企业"形式的 55 个农户样本中，在种养目标农产品过程中接
受过技术服务的农户占 40.0%，没有接受过技术服务的农户占 60%；在"农
户 + 农民专业合作经济组织"形式的 308 个农户样本中，在种养目标农产品过
程中接受过技术服务的农户占 85.4%，没有接受过技术服务的农户占 14.6%。
可见，随着农户参与市场组织化程度的加强，农户在种养目标农产品过程中接
受过技术服务的比例在不断提高。

我们对在种养目标农产品过程中接受过技术服务的农户，接受技术服务的

组织来源也做了调查。对四种不同产销形式的农户有无接受过技术人员上门服务的问题，根据调查的数据显示，在直接进行市场交易的农户样本中，接受由合作社提供技术服务的农户占20%，接受由县乡农技站或畜牧站提供技术服务的农户占48.7%，接受由高校或科研机构提供技术服务的农户占25.8%，接受由其他组织提供技术服务的农户占5.5%；在以"农户+经纪人"形式参与市场的农户中，接受由合作社提供技术服务的农户占23.7%，接受由县乡农技站或畜牧站提供技术服务的农户占41.5%，接受由高校或科研机构提供技术服务的农户占28.1%，接受由其他组织提供技术服务的农户占6.7%；在以松散型"农户+企业"形式参与市场的55个农户样本中，接受由合作社提供技术服务的农户占28.6%，接受由县乡农技站或畜牧站提供技术服务的农户占42.9%，接受由高校或科研机构提供技术服务的农户占19.0%，接受由其他组织提供技术服务的农户占9.5%；在加入农民专业合作经济组织的308个农户样本中，接受由合作社提供技术服务的农户占82.7%，接受由县乡农技站或畜牧站提供技术服务的农户占15.9%，接受由高校或科研机构提供技术服务的农户占1.4%。可以看出，目前农户获得技术服务的主要途径是通过县乡农技站或畜牧站和农民专业合作经济组织获取。四种不同的产销形式中，均有不同比例的农户接受过农民专业合作经济组织的技术服务，这说明，现阶段农村中，农民专业合作经济组织对非会员在生产技术上也提供某种形式的服务。这也许是因为目前我国大部分地区的农民专业合作经济组织的发展仍处在较初级的阶段，合作组织为了吸进更多农户加入，在"竞争性"较弱的技术服务上也惠及非会员。

表7-11 被调查农户接受技术服务的组织来源

组织来源	农户直接市场交易（%）	农户+经纪人（%）	松散型"农户+企业"（%）	农户+农民专业合作经济组织（%）
1	0	0	0	0
2	20	23.7	28.6	82.7
3	48.7	41.5	42.9	15.9
4	25.8	28.1	19.0	1.4
5	5.5	6.7	9.5	0

注：1表示订单企业提供；2表示合作社提供；3表示县乡农技站或畜牧站；4表示高校或科研机构；5表示其他。

在四种不同产销形式中，农户销售其农产品的方式也不同，其中书面订单合同是比较正式、约束力较强的交易形式，故在研究中对不同产销形式下的农户在销售中通过书面订单形式出售农产品的情况做整理。在"农户直接进行市场交易"形式的 148 户样本中，没有通过书面订单形式出售农产品的农户；在"农户 + 经纪人"形式的 470 个农户样本中，通过书面订单形式出售农产品的农户有 19 个，占该组织类型农户总样本的 4.1%；在松散型"农户 + 企业"形式的 55 个农户样本中，通过书面订单形式出售农产品的农户有 16 个，占该组织类型农户总样本的 30.8%；在"农户 + 农民专业合作经济组织"形式的 308 个农户样本中，通过书面订单形式出售农产品的农户有 124 个，占该组织类型农户总样本的 40.8%。从调查数据中可以看出，"农户 + 经纪人"形式中的农户有书面订单的极少，松散型"农户 + 企业"形式中有书面订单的农户比例居中，在"农户 + 农民专业合作经济组织"形式的有书面订单的农户比例最高。这在一定程度上也反映了不同产销形式中农户销售的稳定、可靠性的差异。

表 7 – 12　针对目标农产品被调查农户参与书面订单现状及样本分布

组织化形式	样本频数	书面订单频数	有效百分比（%）
农户直接市场交易	148	0	0
农户 + 经纪人	470	19	4.1
松散型"农户 + 企业"	55	16	30.8
农户 + 农民专业合作经济组织	308	124	40.8

表 7 – 13　针对目标农产品被调查农户参与订单合同的性质及样本分布

组织化形式	销售合同（%）	生产合同（%）
农户直接市场交易	—	—
农户 + 经纪人	100	0
松散型"农户 + 企业"	100	0
农户 + 农民专业合作经济组织	20	80

对于签订了书面订单的农户，"农户 + 经纪人"和松散型"农户 + 企业"产销形式中的签单农户签的均是只有销售关系的销售合同，"农户 + 农民专业合作经济组织"形式中的签单农户有 20% 签的是销售合同，80% 签的是包括提供生产资料、生产技术、市场信息等服务的生产合同。

在签了书面订单的农户中，关于农户参与订单的原因，在"农户 + 经纪人"形式的农户样本中，为了获得稳定销路而签订单的农户占该组织类型签单农户总样本的52.6%，为了销售时农产品价格有保证而签订单的农户占47.4%；在松散型"农户＋企业"形式的农户中，为了获得稳定销路而签订单的农户占该组织类型签单农户总样本的76.5%，为了销售时农产品价格有保证而签订单的农户占23.5%；在"农户＋农民专业合作经济组织"形式的农户样本中，为了获得稳定销路而签订单的农户占该组织类型签单农户总样本的60.6%，为了销售时农产品价格有保证而签订单的农户占33.1%，为了获得技术支持而签订单的农户占6.3%。总的来看，有签订单的三类产销组织中的农户签订单的原因差异不大，农户签订单的主要原因是为了获得稳定的销路和销售时农产品价格有保证。

表7－14　针对目标农产品被调查农户参与订单的原因

原因	农户直接市场 交易（%）	农户＋经纪人 （%）	松散型 "农户＋企业"（%）	农户＋农民专业合 作经济组织（%）
1	—	52.6	76.5	60.6
2	—	47.4	23.5	33.1
3	—	0	0	6.3
4	—	0	0	0
5	—	0	0	0
6	—	0	0	0

注：1表示产品有稳定销路；2表示价格有保证；3表示得到技术支持；4表示得到资金的支持；5表示政府强制规定；6表示其他。

在农户签订订单的过程中，订单内容的制定方法各有不同。在"农户＋经纪人"形式的农户样本中，订单内容的制定是完全由对方说了算的农户样本占该组织类型签单农户总样本的40.0%，由双方协商订单内容的订单农户占60.0%；在松散型"农户＋企业"形式的农户中，订单内容的制定是完全由对方说了算的农户样本占该组织类型签单农户总样本的58.8%，由双方协商订单内容的订单农户占41.2%；在"农户＋农民专业合作经济组织"形式的农户样本中，订单内容的制定是完全由合作社领导说了算的农户样本占该组织类型签单农户总样本的12.8%，由合作社成员一起协商订单内容的订单农户占87.2%。由上述内容可以看出，在有签订单行为的三种产销组织中，"农户＋农民专业合作经济组织"形式中农户对订单内容制定的参与程度最高。

表7-15 针对目标农产品被调查农户参与订单制定方法

原因	农户直接市场交易（%）	农户+经纪人（%）	松散型"农户+企业"（%）	农户+农民专业合作经济组织（%）
1	—	40.0	58.8	12.8
2	—	60.0	41.2	87.2
3	—	0	0	0
4	—	0	0	0

注：1表示完全由对方/合作社领导说了算；2表示由双方协商；3表示由农户方说了算；4表示其他。

表7-16 针对目标农产品被调查农户参与订单价格制定形式

价格制定形式	农户直接市场交易（%）	农户+经纪人（%）	松散型"农户+企业"（%）	农户+农民专业合作经济组织（%）
1	—	35.0	29.4	33.9
2	—	5.0	52.9	59.8
3	—	60.0	17.6	6.3
4	—	0	0	0

注：1表示随行就市；2表示保底价基础上随行就市；3表示固定价格；4表示其他。

在订单农业中，价格机制的制定形式在一定程度上反映了双方利益的联结机制。不同产销组织中农户签订单时，订单价格制定形式上也存有差别。调查数据显示，在以"农户+经纪人"形式参与市场的农户样本中，订单价格制定形式是随行就市的农户样本占该组织类型签单农户总样本的35.0%，在保底价基础上随行就市的订单农户占5.0%；实行固定价格的订单农户占60.0%；在以松散型"农户+企业"形式参与市场的农户中，订单价格制定形式是随行就市的农户样本占该组织类型签单农户总样本的29.4%，在保底价基础上随行就市的订单农户占52.9%；实行固定价格的订单农户占17.6%；在加入农民专业合作经济组织的农户样本中，订单价格制定形式是随行就市的农户样本占该组织类型签单农户总样本的33.9%，在保底价基础上随行就市的订单农户占59.8%；实行固定价格的订单农户占6.3%。可见，在"农户+经纪人"形式中，农户签的订单的最主要价格制定形式是随行就市；在松散型"农户+企业"和"农户+农民专业合作经济组织"两种组织形式中，农户签的订单的最主要价格制定形式是保底价基础上随行就市，但是"农户+农民专业合作经济组织"形式中该比例比松散型"农户+企业"形式中的要高些。

表7－17 针对目标农产品被调查农户参与订单违约情况

	农户直接市场交易（%）	农户＋经纪人（%）	松散型"农户＋企业"（%）	农户＋农民专业合作经济组织（%）
违约占比	—	15.0	29.4	1.6

对于农户订单实行过程中的违约情况，在"农户＋经纪人"形式的样本中，签单农户违约率为15.0%；在松散型"农户＋企业"形式的农户中，签单农户违约率为29.4%；在"农户＋农民专业合作经济组织"形式的样本中，签单农户违约率为1.6%。可见，在有订单的三种产销组织中，松散型"农户＋企业"形式中的签单农户违约率最高，"农户＋农民专业合作经济组织"形式的签单农户违约率最低，只有1.6%。

为了更详细地研究以农民组织化程度最高的组织形式——农民专业合作经济组织参与市场的农户生产经营状况，本书对参与农民专业合作经济组织的农户资金借贷、市场信息等方面的情况作了更进一步的梳理。

表7－18 被调查农户通过合作社销售目标产品价格与市场价格相比情况

价格比较情况	低些	差不多	略高些
频数	0	116	192
所占比例（%）	0	37.6	62.4

关于农户通过合作社销售目标产品价格与市场价格相比的情况，在加入农民专业合作经济组织的308个农户样本中，认为通过合作社销售目标产品价格与市场价格差不多的农户有116个，占37.6%；认为通过合作社销售目标产品价格比市场价格略高些的农户有192个，占62.4%。①

表7－19 被调查农户通过加入合作社在资金借贷方面与以前相比情况

资金借贷相比较情况	容易些	差不多
频数	186	122
所占比例（%）	60.4	39.6

关于农户通过加入农民专业合作经济组织在资金借贷方面与以前相比情况，在加入农民专业合作经济组织的308个农户样本中，认为通过加入农民专

---

① 在所调查的农户中，虽然有些农户表示通过合作社销售可以比从市场上销售价格略高些，但是差异很小，大概平均每单位农产品高于市场价格几分钱。

业合作经济组织在资金借贷方面比以前容易些的农户有 186 个，占 60.4%；认为通过加入农民专业合作经济组织在资金借贷方面和以前相比，难易程度差不多的农户有 122 个，占 39.6%。可见，参加农民合作经济组织的大部分成员认为通过加入合作社在资金借贷方面比以前容易些。

表 7 – 20　被调查农户通过加入合作社在信息、经验获取方面与以前相比情况

信息、经验获取差别情况	更充分些	差不多
频数	257	51
所占比例（%）	83.4	16.6

关于农户通过加入农民专业合作经济组织在信息、经验获取方面与以前相比情况，在加入农民专业合作经济组织的 308 个农户样本中，认为通过加入农民专业合作经济组织在信息、经验获取方面比以前更充分的农户有 257 个，占 83.4%；认为通过加入农民专业合作经济组织在信息、经验获取方面与以前相比情况差不多的农户有 51 个，占 16.6%。可见，参加农民合作经济组织的绝大部分成员认为通过加入该类组织在信息、经验获取方面比以前更充分。

表 7 – 21　农户加入的合作经济组织对其提供的服务类型

服务类型	产前、产后服务	产中、产后服务	产前、产中、产后服务
频数	37	34	237
所占比例（%）	12.0	11.0	77.0

注：产前服务是指提供统一购买良种、购买化肥、农药或饲料等投入品、帮助购买农机、租用农机等生产前所需的准备服务；产中服务是指生产过程中的播种、施肥、打药或打疫苗、灌溉、机耕、农机修理、提供田间管理或养殖中的技术指导等服务；产后服务是指大宗农作物收割或屠宰、采摘、包装、储藏、运输、收购与销售、加工等服务。

关于农户加入的合作经济组织对农户提供的服务类型情况，在加入农民专业合作经济组织的 308 个农户样本中，认为加入的农民专业合作经济组织对其提供产前、产后服务的农户有 37 个，占 12.0%；认为加入的农民专业合作经济组织对其提供产中、产后服务的农户有 34 个，占 11.0%；认为加入的农民专业合作经济组织对其提供产前、产中、产后全方位综合型服务的农户最多，有 237 个，占 77.0%。可见，目前农村中，为成员提供产前、产中、产后服务的综合型农民专业合作经济组织已经占据了主要地位。

表7-22 加入合作社农户对合作社提供服务满意程度

满意程度	不满意	一般	比较满意	很满意
频数	5	22	149	132
所占比例（%）	1.6	7.1	48.1	43.2

对于加入农民专业合作经济组织的农户对其加入的组织的评价情况，从调查的数据来看，在308个加入农民专业合作经济组织的农户样本中，对所提供的服务不满意的农户有5个，占1.6%；认为所提供的服务水平一般的农户有22个，占7.1%；对所提供的服务比较满意的农户有149个，占48.1%；对所提供的服务很满意的农户有132个，占43.2%。可见，90%以上的成员对其加入的农民专业合作经济组织提供的服务表示满意。

表7-23 农户与其加入的合作社保持长期稳定关系意愿

意愿	不愿意	无所谓	愿意
频数	8	8	292
所占比例（%）	2.5	2.5	95

对于加入农民专业合作经济组织的农户与其加入的合作社保持长期稳定关系意愿情况，从调查的数据来看，在308个加入农民专业合作经济组织的农户样本中，不愿意与已加入的合作经济组织保持长期稳定关系的农户有8个，占2.5%。愿意与已加入的合作经济组织保持长期稳定关系的农户有292个，占95%；而认为无所谓的农户有8个，占2.5%。可见，绝大多数成员愿意与其加入的农民专业合作经济组织保持长期稳定的关系。

表7-24 农户退出其加入的合作社对其家庭收入影响情况

影响情况	不会受到影响	有可能有影响	会受到影响
频数	24	75	209
所占比例（%）	7.8	24.4	67.8

对于加入农民专业合作经济组织的农户退出其加入的合作社对其家庭收入影响情况，从调查的数据来看，在308个加入农民专业合作经济组织的农户样本中，认为退出其加入的合作社对其家庭收入不会造成影响的农户有24个，占7.8%；认为退出其加入的合作社有可能对其家庭收入造成影响的农户有75个，占24.4%；认为退出其加入的合作社有一定会对其家庭收入造成影响的

农户有 209 个，占 67.8%。可见，近 70% 的成员认为退出其加入的合作社有一定会对其家庭收入造成影响。

本章小结

本章对不同组织化程度农户的主要生产经营特征进行了考察，得出以下结论：

1. 对于所调查的样本，农户实际参与市场的最主要方式是"农户 + 经纪人"的模式，其次是通过加入农民专业合作经济组织来参与市场交易的形式，再次为农户直接去市场交易的形式，第四位是以松散型"农户 + 企业"的形式，所占比例最少的是紧密型"农户 + 企业"的形式。

2. 组织化程度较高的农户在获取市场信息、优良品种、种养技术、稳定优质的生产资料等方面均具有优势。特别是加入农民专业合作经济组织的农户，能够通过成员间的交流等渠道较及时地根据市场信息调整种植规模，不断更新农产品品种，获取专业的生产技术服务等，并且安全生产的水平也较高。

3. 组织化程度较高的农户在签订合同时参与度也较高，谈判的地位较高，并且所签的合同的利益联结机制更紧密。

4. 目前农村中，为成员提供产前、产中、产后服务的综合型农民专业合作经济组织越来越多。在已经参与农民专业合作经济组织的农户中，大部分成员认为通过合作社销售目标产品价格比市场价格要高些。可见，绝大多数成员愿意与其加入的农民专业合作经济组织保持长期稳定的关系。并且有近 70% 的成员认为退出其加入的合作社会对其家庭收入造成影响。

可见，不同形式的产销组织对其成员生产经营的影响力各不相同。农民专业合作经济组织作为农民组织化程度最高的一种合作组织在农户的生产经营中发挥越来越重要的作用。

第8章 农户选择不同产销形式
意愿的影响因素分析

意愿，反映了个人的偏好，是行为发生的前提条件。农户选择以何种产销形式参与市场交易的意愿（以下简称为农户选择意愿）是指在某些前提条件的限定下，农户主观上愿意选择哪种产销形式参与市场交易。农户的选择意愿是农户基于对现实情况的了解分析而作出的判断，反映了农户主观上的需求偏好。因此，对农户选择意愿的分析有助于了解农户对各种产销组织的需求状况。影响农户选择意愿的因素究竟有哪些呢？考察这些影响因素，对有针对性地引导农户提高自身组织化程度有较大意义。本章将使用计量模型分析农户选择意愿的影响因素。

第1节 农户选择意愿及影响因素分析

一、农户对不同产销形式的选择意愿

针对目标农产品受访农户参与市场的组织化程度意愿情况，在调查的981个样本中，愿意直接进入市场交易的农户有292户，占样本总数的29.8%；愿意以松散型"农户＋企业"组织形式销售目标农产品的农户有92户，占样本总数的9.4%；愿意以紧密型"农户＋企业"组织形式销售目标农产品的农户有128户，占样本总数的13.0%；愿意加入农民专业合作经济组织进行生产经营的农户最多，有469户，占样本总数的47.8%。

表8-1 针对目标农产品被调查农户参与市场的组织化程度意愿及样本分布

参与不同组织形式意愿	样本频数	有效百分比（%）
农户直接市场交易	292	29.8
松散型"农户+企业"	92	9.4
紧密型"农户+企业"	128	13.0
农户+农民专业合作经济组织	469	47.8
总计	981	100.0

二、农户选择意愿的影响因素分析

本章探讨的农户选择意愿是在假定农户周围各种产销组织都存在的前提下，农户选择哪种产销形式的意愿。由于"农户+农村经纪人"和"农户+市场"这两种形式的农民组织化程度都很低，为了更加凸显农民组织化程度的层次感，本书将农户选择意愿的时候将这两种形式合并为一种，统称为"农户+市场"形式。因此本章研究的是在各种产销形式都可得的情况下，农户愿意选择"农户+市场"、"松散型农户+企业"、"紧密型农户+企业"和"农户+农民专业合作经济组织"四种形式中的哪一种。

假定农户的选择意愿是基于既定限制条件下，结合对现实情况的了解而作出的理性判断。农户理性判断的依据是追求既定约束条件下的预期收益最大化。所以，当农户面临各种形式的产销形式时，其愿意选择某种产销形式的标准是被选中的产销形式比另一种形式能给农户带来更高的预期收益。而通过提高农户组织化程度来帮助农户获益的渠道主要为交易成本的节约和市场风险的减低。因此农户愿意选择何种产销形式主要取决于哪种形式最能帮助他降低交易成本和市场风险。通过本书第三章理论框架对农户选择行为的分析可知，影响农户选择不同组织类型的因素主要分为四类，一类是交易主客体特征；第二类是交易特性；第三类是外部环境特征；第四类是各种产销组织的可得性。而在各种产销形式都可得的前提下，影响农户选择意愿的因素就主要归结到交易主客体特性、交易特性、外部环境特征三类。根据理论框架中全文的总假说1，结合本章的研究目标，在此对应地提出本章的研究分假说：

分假说8-1：交易特性会对农户的选择意愿产生影响。具体为：

（1）农户面对的市场价格不确定性越大，农户越愿意提高自身的组织化程度。

（2）农户投资的资产专用性越强，农户越愿意提高自身的组织化程度。

（3）农户目标作物的交易频率越高，农户越愿意提高自身的组织化程度。

针对本章的研究假说，将选取以下影响变量：

表8-2　自变量选取列表

四方面因素		具体变量	变量名称	变量取值
交易主客体特性	交易主体的特性	x_1	户主的文化程度	1表示没上过学；2表示小学文化程度；3表示初中文化程度；4表示高中或中专文化程度；5表示大专文凭；6表示本科及以上文凭
		x_2	有无特殊经历	0表示没有，1表示有
		x_3	与供应商保持稳定关系的重要程度	0表示不重要，1表示一般，2表示重要
		x_4	毁约态度	0表示毁约，1表示执行合同
	交易客体特性	x_5	目标农产品单位净收益	连续变量
交易特性	资产专用性	x_6	有无专用设备投入	0表示没有，1表示有
		x_7	针对目标产品有无借款	0表示没有，1表示有
		x_8	专用性资产投入的沉没成本	连续变量
		x_9	所需技术复杂与否	0表示不复杂，1表示复杂
	不确定性	x_{10}	市场价格波动情况	0表示价格基本稳定（上下浮动10%）；1表示价格波动较小（上下浮动10%—20%）；2表示价格波动较大（上下浮动20%—50%）；3表示价格波动很大（上下浮动50%以上）
	交易频率	x_{11}	交易频率程度等级	由低到高分为1—6个等级

四方面因素		具体变量	变量名称	变量取值
外部环境特征	交通条件	x_{12}	道路交通状况	1 表示道路交通状况很差； 2 表示道路交通状况比较差； 3 表示道路交通状况一般； 4 表示道路交通状况比较好； 5 表示道路交通状况很好
	社会资本	x_{13}	可以信任程度	1 表示不可信任；2 表示很大程度上不可信任；3 表示一般；4 表示很大程度上可以信任；5 表示可以信任

注：户主的文化程度、市场价格波动情况、交易频率程度等级、道路交通状况、可以信任程度由于所分等级较多，故在回归方程中作为连续变量看待。

第2节　变量的描述性分析

关于户主受教育程度不同的农户的参与意愿情况，在户主没有上过学的43个农户中，愿意直接进市场交易的占41.9%，愿意以松散型"农户＋企业"形式销售目标农产品的占30.2%，愿意以紧密型"农户＋企业"形式销售目标农产品的占7.0%，愿意以"农户＋农民专业合作经济组织"方式参与市场的农户占20.9%；在户主是小学文化程度的197个农户样本中，愿意直接进入市场交易的农户占41.1%，愿意以松散型"农户＋企业"方式参与市场的农户占11.2%，愿意以紧密型"农户＋企业"方式参与市场的农户占11.2%，愿意以"农户＋农民专业合作经济组织"方式参与市场的农户占36.5%；在户主是初中文化程度的566个农户样本中，愿意直接进入市场交易的农户占25.8%，愿意以松散型"农户＋企业"方式参与市场的农户占8.1%，愿意以紧密型"农户＋企业"方式参与市场的农户占13.4%，愿意以"农户＋农民专业合作经济组织方式"参与市场的农户占52.7%；在户主是高中或中专文化程度的151个农户样本中，愿意直接进入市场交易的农户占33.1%，愿意以松散型"农户＋企业"方式参与市场的农户占9.9%，愿意以紧密型"农户+企业"方式参与市场的农户占13.2%,愿意以"农户+农民专业合作经济组织"方式参与市场的农户占43.7%;在户主有大专文化程度的19个农户样本中,愿意直接进入市场交易的农户占5.3%,愿意以松散型"农户+企业"方式参与市场的农户占31.6%,愿意以紧密型"农户+企业"方式参与市场的农户占5.3%,愿意以"农户+农民专业合作经济组织"方式参与市场的农户占57.9%;在户主是本科及以上文化程度的5个农户样本中,愿意直接进入市场交易的农户占20%,愿意以松散型"农户+企业"方式参与市场的农户占20%,愿意以紧密型"农户+企业"方式参与市场的农户占20%,愿意以"农户+农民专业合作经济组织"方式参与市场的农户占40%。总体来看,户主受教育程度高的农户群体中愿意提高自身组织化程度的农户所占比例稍高些。

表8-3　户主受教育情况与参与意愿

受教育情况	样本量	农户直接市场交易（%）	松散型"农户+企业"（%）	紧密型"农户+企业"（%）	农户+农民专业合作经济组织（%）
1	43	41.9	30.2	7.0	20.9
2	197	41.1	11.2	11.2	36.5
3	566	25.8	8.1	13.4	52.7
4	151	33.1	9.9	13.2	43.7
5	19	5.3	31.6	5.3	57.9
6	5	20.0	20.0	20.0	40.0

注：1表示没上过学；2表示小学文化程度；3表示初中文化程度；4表示高中或中专文化程度；5表示大专文凭；6表示本科及以上文凭。

表8-4　户主有无特殊经历与参与意愿

特殊经历	样本量	农户直接市场交易（%）	松散型"农户+企业"（%）	紧密型"农户+企业"（%）	农户+农民专业合作经济组织（%）
有	437	30.4	9.2	11.4	49.0
没有	544	29.2	9.6	14.3	46.9

注：户主有特殊经历是指有担任村干部、机关退休、外出打工、退伍军人、离退休教师等非从事农业劳动的经历。

关于户主有不同经历的农户的参与意愿情况，在户主有特殊经历的 437 个农户样本中，愿意直接进入市场交易的农户占 30.4%，愿意以松散型"农户＋企业"方式参与市场的农户占 9.2%，愿意以紧密型"农户＋企业"方式参与市场的农户占 11.4%，愿意以"农户＋农民专业合作经济组织"方式参与市场的农户占 49.0%；在户主没有特殊经历的 544 个农户样本中，愿意直接进入市场交易的农户占 29.2%，愿意以松散型"农户＋企业"方式参与市场的农户占 9.6%，愿意以紧密型"农户＋企业"方式参与市场的农户占 14.3%，愿意以"农户＋农民专业合作经济组织"方式参与市场的农户占 46.9%。由上述内容可以看出，户主有特殊经历的农户和户主没有特殊经历的农户在不同产销组织的参与意愿上没有明显差异。

表 8－5　被调查农户认为与农资供应商保持稳定关系的重要程度与参与意愿

与农资供应商保持稳定关系的重要程度	样本量	农户直接市场交易（%）	松散型"农户＋企业"（%）	紧密型"农户＋企业"（%）	农户＋农民专业合作经济组织（%）
不重要	321	64.8	16.2	12.1	6.9
一般	257	27.6	12.5	26.1	33.9
重要	403	3.2	2.0	5.5	89.3

关于认为与农资供应商保持稳定关系重要程度不同的农户的参与意愿，在认为与农资供应商保持稳定关系不重要的 321 个农户样本中，愿意直接进入市场交易的农户占 64.8%，愿意以松散型"农户＋企业"方式参与市场的农户占 16.2%，愿意以紧密型"农户＋企业"方式参与市场的农户占 12.1%，愿意以"农户＋农民专业合作经济组织"方式参与市场的农户占 6.9%；在认为与农资供应商保持稳定关系一般重要的 257 个农户样本中，愿意直接进入市场交易农户占 27.6%，愿意以松散型"农户＋企业"方式参与市场的农户占 12.5%，愿意以紧密型"农户＋企业"方式参与市场的农户占 26.1%，愿意以"农户＋农民专业合作经济组织"方式参与市场的农户占 33.9%；在认为与农资供应商保持稳定关系重要的 403 个农户样本中，愿意直接进入市场交易的农户占 3.2%，愿意以松散型"农户＋企业"方式参与市场的农户占 2.0%，愿意以紧密型"农户＋企业"方式参与市场的农户占 5.5%，愿意以"农户＋农民专业合作经济组织"方式参与市场的农户占 89.3%。总的来看，认为与目标农产品农资投入的供应商保持稳定关系越重要的农户群体，参与较高组织

化程度意愿趋势越明显。

表8-6　户主毁约态度与参与意愿

毁约态度	样本量	农户直接市场交易（%）	松散型"农户+企业"（%）	紧密型"农户+企业"（%）	农户+农民专业合作经济组织（%）
执行合同	653	27.3	9.6	13.6	49.5
市场上销售	328	34.8	8.8	11.9	44.5

　　关于毁约态度不同的农户的参与意愿情况，认为在目标农产品销售时，若市场价格高于已签订的订单价格，仍会执行合同出售农产品的653个农户样本中，愿意直接进入市场交易的农户占27.3%，愿意以松散型"农户+企业"方式参与市场的农户占9.6%，愿意以紧密型"农户+企业"方式参与市场的农户占13.6%，愿意以"农户+农民专业合作经济组织"方式参与市场的农户占49.5%；在认为会毁约转售市场的328个农户样本中，愿意直接进入市场交易的农户占34.8%，愿意以松散型"农户+企业"方式参与市场的农户占8.8%，愿意以紧密型"农户+企业"方式参与市场的农户占11.9%，愿意以"农户+农民专业合作经济组织"方式参与市场的农户占44.5%。由上述内容可以看出，认为在目标农产品销售时，若市场价格高于已签订的订单价格，仍会执行合同出售农产品的农户比会毁约的农户愿意参与更高组织化程度的产销形式的趋势更明显。

　　目标农产品单位规模净收益不同的农户的参与意愿情况，在目标农产品单位规模净收益低于500元的312个农户样本中，愿意直接进入市场交易的农户占53.5%，愿意以松散型"农户+企业"方式参与市场的农户占9.8%，愿意以紧密型"农户+企业"方式参与市场的农户占9.5%，愿意以"农户+农民专业合作经济组织"方式参与市场的农户占27.2%；在目标农产品单位规模净收益介于500元到1000元的215个农户样本中，愿意直接进入市场交易的农户占46.0%，愿意以松散型"农户+企业"方式参与市场的农户占8.0%，愿意以紧密型"农户+企业"方式参与市场的农户占10.6%，愿意以"农户+农民专业合作经济组织"方式参与市场的农户占35.4%；在目标农产品单位规模净收益介于1000元到2000元的162个农户样本中，愿意直接进入市场交易的农户占5.6%，愿意以松散型"农户+企业"方式参与市场的农户占17.9%，愿意以紧密型"农户+企业"方式参与市场的农户占20.4%，愿意以"农户 + 农民专业合作经济组织"方式参与市场的农户占 56.2%；在目标农产品单位规模净收益介于 2000 元到 5000 元的 184 个农户样本中，愿意直接进入市场交易的农户占 3.3%，愿意以松散型"农户 + 企业"方式参与市场的农户占 6.5%，愿意以紧密型"农户 + 企业"方式参与市场的农户占 17.9%，愿意以"农户 + 农民专业合作经济组织"方式参与市场的农户占 72.3%；在目标农产品单位规模净收益介于 5000 元到 10000 元的 74 个农户样本中，愿意直接进入市场交易的农户占 2.7%，愿意以松散型"农户 + 企业"方式参与市场的农户占 5.4%，愿意以紧密型"农户 + 企业"方式参与市场的农户占 13.5%，愿意以"农户 + 农民专业合作经济组织"方式参与市场的农户占 78.4%；在目标农产品单位规模净收益高于 10000 元的 34 个农户样本中，愿意直接进入市场交易的农户占 2.9%，愿意以松散型"农户 + 企业"方式参与市场的农户占 2.9%，愿意以紧密型"农户 + 企业"方式参与市场的农户占 11.8%，愿意以"农户 + 农民专业合作经济组织"方式参与市场的农户占 82.4%。从调查的数据可以看出，目标农产品单位规模净收益水平较高的群体中，有较高组织化程度意愿的农户所占比例也更高些。

表 8-7　目标农产品单位规模净收益[①]

单位净收益	样本量	农户直接市场交易	松散型"农户 + 企业"	紧密型"农户 + 企业"	农户 + 农民专业合作经济组织
500 元以下（%）	312	53.5	9.8	9.5	27.2
500—1000 元（%）	215	46.0	8.0	10.6	35.4
1000—2000 元（%）	162	5.6	17.9	20.4	56.2
2000—5000 元（%）	184	3.3	6.5	17.9	72.3
5000—10000 元（%）	74	2.7	5.4	13.5	78.4
10000 元以上（%）	34	2.9	2.9	11.8	82.4

注：对于农作物，单位规模净收益是指亩均净收益；对于畜产品，单位规模净收益是指每头/只净收益单位规模净收入 = 单位规模总收入 - 单位规模总投入；单位规模总收入 = 单位规模产量 * 出售单价单位规模产品总投入包括购买作物种子/畜产品幼崽、农药化肥、饲料、雇工费用等生产性支出费用，不包括农户自家劳动投入。

---

① 本书认为，在土地相对劳动力稀缺的情况下，理性农户追求的是单位土地纯收入最大，而不是单位劳动收入最大。因此，本书以单位规模目标农产品净收入为指标来比较其不同的经济收益。

表8-8　目标农产品专用设备投入与参与意愿

有无专用设备	样本量	农户直接市场交易（%）	松散型"农户＋企业"（%）	紧密型"农户＋企业"（%）	农户＋农民专业合作经济组织（%）
有	441	16.1	8.8	15.0	60.1
没有	540	40.9	9.8	11.5	37.8

　　对于针对目标农产品专用设备投入不同的农户的参与意愿情况，在购买了专用设备的441个农户样本中，愿意直接进入市场交易的农户占16.1%，愿意以松散型"农户＋企业"方式参与市场的农户占8.8%，愿意以紧密型"农户＋企业"方式参与市场的农户占15.0%，愿意以"农户＋农民专业合作经济组织"方式参与市场的农户占60.1%；在没有购买专用设备的540个农户样本中，愿意直接进入市场交易的农户占40.9%，愿意以松散型"农户＋企业"方式参与市场的农户占9.8%，愿意以紧密型"农户＋企业"方式参与市场的农户占11.5%，愿意以"农户＋农民专业合作经济组织"方式参与市场的农户占37.8%。可以看出，为了种养目标农产品而进行专用设备投资的农户中，愿意参与较高组织化程度的农户所占比例也较高。

表8-9　目标农产品有无借款与参与意愿

有无借款	样本量	农户直接市场交易（%）	松散型"农户＋企业"（%）	紧密型"农户＋企业"（%）	农户＋农民专业合作经济组织（%）
有	476	17.2	8.8	12.6	61.3
没有	505	41.6	9.9	13.5	35.0

　　在针对目标农产品有借款的476个农户样本中，愿意直接进入市场交易的农户占17.2%，愿意以松散型"农户＋企业"方式参与市场的农户占8.8%，愿意以紧密型"农户＋企业"方式参与市场的农户占12.6%，愿意以"农户＋农民专业合作经济组织"方式参与市场的农户占61.3%；没有借款的505个农户样本中，愿意直接进入市场交易的农户占41.6%，愿意以松散型"农户＋企业"方式参与市场的农户占9.9%，愿意以紧密型"农户＋企业"方式参与市场的农户占13.5%，愿意以"农户＋农民专业合作经济组织"方式参与市场的农户占35.0%。总体看来，有借款行为的农户群体有更明显的提高组织化程度的意愿。

表 8 – 10　目标农产品固定资产投入沉没成本与参与意愿

固定资产投入沉没成本	样本量	农户直接市场交易（%）	松散型"农户＋企业"（%）	紧密型"农户＋企业"（%）	农户＋农民专业合作经济组织（%）
0（%）	474	53.6	10.5	10.3	25.5
1—500 元（%）	73	42.5	17.8	5.5	34.2
500—5000 元（%）	146	3.4	7.5	21.2	67.8
5000—20000 元（%）	164	0.6	7.3	13.4	78.7
20000 元以上（%）	124	0.8	4.8	17.7	76.6

注：固定资产投入沉没成本＝固定资产总投资价值－现在转让可折现价值。

关于目标农产品固定资产投入沉没成本不同的农户的参与意愿情况，没有固定资产投入沉没成本的 474 个农户样本中，愿意直接进入市场交易的农户占53.6%，愿意以松散型"农户＋企业"方式参与市场的农户占 10.5%，愿意以紧密型"农户＋企业"方式参与市场的农户占 10.3%，愿意以"农户＋农民专业合作经济组织"方式参与市场的农户占 25.5%；在固定投入沉没成本介于 1 到 500 元的 73 个农户样本中，愿意直接进入市场交易的农户占 42.5%，愿意以松散型"农户＋企业"方式参与市场的农户占 17.8%，愿意以紧密型"农户＋企业"方式参与市场的农户占 5.5%，愿意以"农户＋农民专业合作经济组织"方式参与市场的农户占 34.2%；在固定资产投入沉没成本介于 500到 5000 的 146 个农户样本中，愿意直接进入市场交易的农户占 3.4%，愿意以松散型"农户＋企业"方式参与市场的农户占 7.5%，愿意以紧密型"农户＋企业"方式参与市场的农户占 21.2%，愿意以"农户＋农民专业合作经济组织"方式参与市场的农户占 67.8%；在固定资产投入沉没成本介于 5000 到20000 的 164 个农户样本中，愿意直接进入市场交易的农户占 0.6%，愿意以松散型"农户＋企业"方式参与市场的农户占 7.3%，愿意以紧密型"农户＋企业"方式参与市场的农户占 13.4%，愿意以"农户＋农民专业合作经济组织"方式参与市场的农户占 78.7%；在固定资产投入沉没成本高于 20000 元的 124 个农户样本中，愿意直接进入市场交易的农户占 0.8%，愿意以松散型"农户＋企业"方式参与市场的农户占 4.8%，愿意以紧密型"农户＋企业"方式参与市场的农户占 17.7%，愿意以"农户＋农民专业合作经济组织"方式参与市场的农户占 76.6%。总体上看，在目标农产品固定资产投入沉没价值越大的农户群体中，愿意参加组织化程度高的产销组织的农户所占比例越高。

表8-11　目标农产品种养技术难易与参与意愿

种养技术难易情况	样本量	农户直接市场交易（%）	松散型"农户+企业"（%）	紧密型"农户+企业"（%）	农户+农民专业合作经济组织（%）
技术复杂	516	15.3	7.2	17.4	60.1
技术不复杂	465	45.8	11.8	8.2	34.2

对于目标农产品种养技术难易不同的农户的参与意愿情况，认为目标农产品种养的技术比较复杂的516个农户样本中，愿意直接进入市场交易的农户占15.3%，愿意以松散型"农户+企业"方式参与市场的农户占7.2%，愿意以紧密型"农户+企业"方式参与市场的农户占17.4%，愿意以"农户+农民专业合作经济组织"方式参与市场的农户占60.1%；认为技术不复杂的465个农户样本中，愿意直接进入市场交易的农户占45.8%，愿意以松散型"农户+企业"方式参与市场的农户占11.8%，愿意以紧密型"农户+企业"方式参与市场的农户占8.2%，愿意以"农户+农民专业合作经济组织"方式参与市场的农户占34.2%。可见，认为目标农产品种养技术复杂的农户群体提高自身组织化程度的意愿趋势更明显。

表8-12　目标农产品市场价格波动与参与意愿

波动情况	样本量	农户直接市场交易（%）	松散型"农户+企业"（%）	紧密型"农户+企业"（%）	农户+农民专业合作经济组织（%）
1	109	80.1	6.8	6.9	8.3
2	271	58.4	18.8	14.0	14.8
3	389	10.0	9.5	18.3	62.2
4	212	3.2	2.4	10.4	84.0

注：1表示价格基本稳定（上下浮动10%）；2表示价格波动较小（上下浮动10%—20%）；3表示价格波动较大（上下浮动20%—50%）；4表示价格波动很大（上下浮动50%以上）。

在目标农产品市场价格波动方面，目标农产品市场价格基本稳定（上下浮动10%）的109个农户样本中，愿意直接进入市场交易的农户占80.1%，愿意以松散型"农户+企业"方式参与市场的农户占6.8%，愿意以紧密型

"农户+企业"方式参与市场的农户占6.9%，愿意以"农户+农民专业合作经济组织"方式参与市场的农户占8.3%；目标农产品市场价格波动较小（上下浮动10%—20%）的271个农户样本中，愿意直接进入市场交易的农户占58.4%，愿意以松散型"农户+企业"方式参与市场的农户占18.8%，愿意以紧密型"农户+企业"方式参与市场的农户占14.0%，愿意以"农户+农民专业合作经济组织"方式参与市场的农户占14.8%；目标农产品市场价格波动较大（上下浮动20%—50%）的389个农户样本中，愿意直接进入市场交易的农户占10.0%，愿意以松散型"农户+企业"方式参与市场的农户占9.5%，愿意以紧密型"农户+企业"方式参与市场的农户占18.3%，愿意以"农户+农民专业合作经济组织"方式参与市场的农户占62.2%；目标农产品市场价格波动很大（上下浮动50%以上）的212个农户样本中，愿意直接进入市场交易的农户占3.2%，愿意以松散型"农户+企业"方式参与市场的农户占2.4%，愿意以紧密型"农户+企业"方式参与市场的农户占10.4%，愿意以"农户+农民专业合作经济组织"方式参与市场的农户占84.0%。

由调查数据可以看出，在愿意直接进市场交易的农户样本中，面临目标农产品市场价格波动在20%以内的农户主要愿意以直接进入市场的方式销售；面临目标农产品市场价格波动主要在20%—50%之间的农户主要愿意以紧密型"农户+企业"的方式和"农户+农民专业合作经济组织"的方式参与市场；而面临目标农产品市场价格波动在50%以上的农户主要愿意以"农户+农民专业合作经济组织"的方式参与市场。可见，所经营产品的市场价格波动较大的农户中，愿意参与组织化程度较高的产销形式的农户所占比例也较高。

农户目标农产品的交易频率主要取决于该产品的易腐程度和种养的规模，根据本书对农户目标农产品交易频率由低到高划分的6个等级可见，有不同参与意愿的农户其目标农产品交易频率大小程度分布不同。在农产品交易频率程度为1级的391个农户样本中，愿意直接进入市场交易的农户占61.4%，愿意以松散型"农户+企业"方式参与市场的农户占9.2%，愿意以紧密型"农户+企业"参与市场的农户占9.7%，愿意以"农户+农民专业合作经济组织"方式参与市场的农户占19.7%；在农产品交易频率程度为2级的42个农户样本中，愿意直接进入市场交易的农户占26.2%，愿意以松散型"农户+企业"方式参与市场的农户占21.4%，愿意以紧密型"农户+企业"方式参与市场的农户占 25.0%，愿意以"农户+农民专业合作经济组织"方式参与市场的农户占 27.4%；在农产品交易频率程度为 3 级的 402 个农户样本中，愿意直接进入市场交易的农户占 9.5%，愿意以松散型"农户+企业"方式参与市场的农户占 11.4%，愿意以紧密型"农户+企业"方式参与市场的农户占 15.2%，愿意以"农户+农民专业合作经济组织"方式参与市场的农户占 63.9%；在农产品交易频率程度为 4 级的 37 个农户样本中，愿意直接进入市场交易的农户占 8.1%，没有愿意以松散型"农户+企业"方式参与市场的农户，愿意以紧密型"农户+企业"方式参与市场的农户占 13.5%，愿意以"农户+农民专业合作经济组织"方式参与市场的农户占 78.4%；在农产品交易频率程度为 5 级的 61 个农户样本中，没有愿意直接进入市场交易的农户，愿意以松散型"农户+企业"方式参与市场的农户占 1.6%，愿意以紧密型"农户+企业"方式参与市场的农户占 13.3%，愿意以"农户+农民专业合作经济组织"方式参与市场的农户占 85.1%；在农产品交易频率程度为 6 级的 48 个农户样本中，没有愿意直接进入市场交易和以松散型"农户+企业"方式参与市场的农户，愿意以紧密型"农户+企业"方式参与市场的农户占 12.8%，愿意以"农户+农民专业合作经济组织"方式参与市场的农户占 87.2%。由此可以看出，随着农户目标农产品交易频率等级水平的增高，其愿意参与的产销形式组织化程度总体上有不断加强的趋势。

表 8-13　目标农产品交易频率与参与意愿

综合性 指标分布	样本量	农户直接 市场交易 （%）	松散型 "农户+企业" （%）	紧密型 "农户+企业" （%）	农户+农民 专业合作经济 组织（%）
1	391	61.4	9.2	9.7	19.7
2	42	26.2	21.4	25.0	27.4
3	402	9.5	11.4	15.2	63.9
4	37	8.1	0	13.5	78.4
5	61	0	1.6	13.3	85.1
6	48	0	0	12.8	87.2

注：该交易频率程度变量是目标农产品易腐烂程度与该农产品种养规模的综合性指标。即先把目标农产品按照易腐烂程度由低到高分为 6 个等级，每个农户目标农作物交易频率指数 = 该产品易腐烂等级数 * 该产品种养规模。最后把计算所得交易频率指数按照等距区间从低到高分为 6 个等级即得到表 8-13 中的交易频率程度等级。

表 8 – 14　周围道路交通情况与参与意愿

道路交通情况	样本量	农户直接市场交易（%）	松散型"农户＋企业"（%）	紧密型"农户＋企业"（%）	农户＋农民专业合作经济组织（%）
1	157	26.3	5.6	12.6	56.2
2	348	28.4	10.3	12.6	48.6
3	389	25.7	10.3	14.4	46.6
4	64	46.9	10.9	9.4	32.8
5	23	43.5	4.3	13.0	39.1

注：1 表示道路交通状况很差；2 表示道路交通状况比较差；3 表示道路交通状况一般；4 表示道路交通状况比较好；5 表示道路交通状况很好。

关于周围道路交通情况不同的农户的参与意愿情况，在认为周围道路交通状况很差的 157 个农户样本中，愿意直接进入市场交易的农户占 26.3%，愿意以松散型"农户＋企业"方式参与市场的农户占 5.6%，愿意以紧密型"农户＋企业"方式参与市场的农户占 12.6%，愿意以"农户＋农民专业合作经济组织"方式参与市场的农户占 56.2%；在认为周围道路交通状况比较差的 348 个农户样本中，愿意直接进入市场交易的农户占 28.4%，愿意以松散型"农户＋企业"方式参与市场的农户占 10.3%，愿意以紧密型"农户＋企业"方式参与市场的农户占 12.6%，愿意以"农户＋农民专业合作经济组织"方式参与市场的农户占 48.6%；在认为周围道路交通状况一般的 389 个农户样本中，愿意直接进入市场交易的农户占 25.7%，愿意以松散型"农户＋企业"方式参与市场的农户占 10.3%，愿意以紧密型"农户＋企业"方式参与市场的农户占 14.4%，愿意以"农户＋农民专业合作经济组织"方式参与市场的农户占 46.6%；在认为周围道路交通状况比较好的 64 个农户样本中，愿意直接进入市场交易的农户占 46.9%，愿意以松散型"农户＋企业"方式参与市场的农户占 10.9%，愿意以紧密型"农户＋企业"方式参与市场的农户占 9.4%，愿意以"农户＋农民专业合作经济组织"方式参与市场的农户占 32.8%；在认为周围道路交通状况很好的 23 个农户样本中，愿意直接进入市场交易的农户占 43.5%，愿意以松散型"农户＋企业"方式参与市场的农户占 4.3%，愿意以紧密型"农户＋企业"方式参与市场的农户占 13.0%，愿意以"农户＋农民专业合作经济组织"方式参与市场的农户占 39.1%。从上述分析中可以看出，周围道路交通状况越不好的农户越愿意参加组织化程度高的产销形式。

表 8-15　认为其周围邻里可信任程度与参与意愿

可信任 程度	样本量	农户直接 市场交易 （%）	松散型 "农户+企业" （%）	紧密型 "农户+企业" （%）	农户+农民 专业合作经济 组织（%）
1	13	23.1	15.4	15.4	46.2
2	8	25.0	20.0	12.5	42.5
3	57	38.6	5.8	14.0	41.6
4	767	30.1	9.4	12.8	47.7
5	136	25.0	9.6	14.0	51.5

注：1 表示不可信任；2 表示很大程度上不可信任；3 表示一般；4 表示很大程度上可以信任；5 表示可以信任。

在被调查农户对其周围邻里可信任程度的认知方面，在认为周围邻里不可信任的 13 个农户样本中，愿意直接进入市场交易的农户占 23.1%，愿意以"农户+经纪人"方式参与市场的农户占 15.4%，愿意以松散型"农户+企业"方式参与市场的农户占 15.4%，愿意以"农户+农民专业合作经济组织"方式参与市场的农户占 46.2%；在认为周围邻里很大程度上不可信任的 8 个农户样本中，愿意直接进入市场交易的农户占 25.0%，愿意以"农户+经纪人"方式参与市场的农户占 20.0%，愿意以松散型"农户+企业"方式参与市场的农户占 12.5%，愿意以"农户+农民专业合作经济组织"方式参与市场的农户占 42.5%；在认为周围邻里可信任程度一般的 57 个农户样本中，愿意直接进入市场交易的农户占 38.6%，愿意以"农户+经纪人"方式参与市场的农户占 5.8%，愿意以松散型"农户+企业"方式参与市场的农户占 14.0%，愿意以"农户+农民专业合作经济组织"方式参与市场的农户占 41.6%；在认为周围邻里很大程度上可以信任的 767 个农户样本中，愿意直接进入市场交易的农户占 30.1%，愿意以"农户+经纪人"方式参与市场的农户占 9.4%，愿意以松散型"农户+企业"方式参与市场的农户占 12.8%，愿意以"农户+农民专业合作经济组织"方式参与市场的农户占 47.7%；在认为周围邻里可以信任的 136 个农户样本中，愿意直接进入市场交易的农户占 25.0%，愿意以"农户+经纪人"方式参与市场的农户占 9.6%，愿意以松散型"农户+企业"方式参与市场的农户占 14.0%，愿意以"农户+农民专业合作经济组织"方式参与市场的农户占 51.5%。总体来看，对周围邻里信任度有不同的评价的农户群体，在参与不同组织形式的意愿方面没有明显差异。

通过对各变量的描述性分析可以看出，户主受教育程度较高、认为与目标农产品农资投入的供应商保持稳定关系越重要、若市场价格高于已签订的订单价格时不会毁约、目标农产品单位规模净收益水平较高、为了种养目标农产品而进行了专用设备投资、为了种养目标农产品有借款行为、目标农产品固定资产投入沉没价值越大、目标农产品种养技术复杂、所经营产品的市场价格波动较大、农户目标农产品交易频率等级较高、周围道路交通状况较不好的农户群体中，愿意参与组织化程度较高的产销形式的农户所占比例也较高。而户主有无特殊经历的农户及对周围邻里信任度有不同的评价的农户群体，在参与不同组织形式的意愿方面没有明显差异。

第3节　农户选择意愿影响因素的计量模型分析

一、计量模型的建立

根据上述影响农户对不同产销形式选择意愿因素的设定，将影响农户选择意愿的因素用函数形式表达为：

选择意愿 = F（交易主体特征变量，交易客体特征变量，资产专用性特征变量，不确定性变量，交易频率变量，外部环境特征变量）＋随即扰动项

二、计量方法的选择

本章拟采用多元逻辑计量（Mutinominal Logit）模型进行计量分析。因变量为 Y：当 Y = 0 时，农户愿意选择直接进入市场交易；当 Y = 1 时，农户愿意选择以"松散型农户＋企业"的形式进行市场交易；当 Y = 2 时，农户愿意选择以"紧密型农户＋企业"的形式进行市场交易；当 Y = 3 时，农户愿意选择加入农民专业合作经济组织进行市场交易。遵循着经典的假设，我们把 Z 作为影响农民选择意愿因素的线性函数，有：$Z = \beta + \sum_{i=1}^{n} \alpha_i x_i + u$

其中，u 为服从极值分布的随机变量，x_i 表示第 i 个影响因素，β 和 α 分别表示待估参数。根据多元 logistic 回归模型，有：

$$\log\left(\frac{prob(event)}{prob(nonevent)}\right) = \log\left(\frac{prob(y = j)}{prob(y = 0)}\right) = \beta + \sum_{i=1}^{n} \alpha_i x_i , j = 1, 2, 3$$

可得：

$$prob(y = j) = \frac{\exp(\beta + \sum_{i=1}^{n} \alpha_i x_i)}{1 + \exp(\beta + \sum_{i=1}^{n} \alpha_i x_i)} = \frac{e^z}{1 + e^z} = E(y) \qquad (1)$$

对（1）式求 Z 的导数，得：$\frac{dE(y)}{dZ} = \frac{1}{(1 + e^z)^2} > 0$，所以 $E(y)$ 即 $prob(y = j)$ 的值随 Z 值的增大而单调递增。

三、计量结果与分析

用 SPSS 软件对数据进行 Mutinominal Logit 回归分析，从表 16 中输出的结果可以看出，表示模型拟合度的卡方（Chi - square, χ^2）[①] 检验统计性显著，因此可认为模型整体效果比较理想，方程总体显著。

表 8 - 16　影响农户选择意愿的计量模型估计结果

模型	松散型"农户+企业"/直接进市场		紧密型"农户+企业"/直接进市场			"农民+农民专业合作社"/直接进市场		
自变量	B1	Exp（B1）	B2	Exp（B2）	Exp（B2 - B1）	B3	Exp（B3）	Exp（B3 - B2）
常数项	-4.095	—	-3.269	—	—	-2.594	—	—
户主学历	0.231 (0.171)	1.260	-0.062 (0.184)	0.940	—	0.164 (0.199)	1.178	—
户主特殊经历 1=有	0.054 (0.300)	1.055	0.160 (0.320)	1.174	—	0.481 (0.341)	1.618	—
与供应商关系稳定重要程度=1	0.008 (0.543)	1.008	0.325 (0.506)	1.384	—	2.123*** (0.477)	8.356	—
与供应商关系稳定重要程度=2	0.376 (0.568)	1.456	0.949** (0.450)	2.583	—	2.388*** (0.515)	10.892	4.217

---

① 模型的卡方值（Model's Chi - square）是关于自变量是否与所研究事件的对数发生比（Log odds）线性相关的检验，即检验对模型"除常数项外，其他各项系数都等于 0"的零假设。如果模型的卡方值统计性显著，我们便拒绝零假设。按理想的情况，最好是模型卡方统计性显著而拟合优度统计性不显著。

续表

模型	松散型"农户+企业"/直接进市场		紧密型"农户+企业"/直接进市场			"农民+农民专业合作社"/直接进市场		
毁约态度 1=不毁约	0.535 (0.829)	1.707	0.257* (0.131)	1.293	—	1.307* (0.736)	3.695	2.858
单位净收益	0.416*** (0.154)	1.515	0.575*** (0.151)	1.777	1.172	0.604*** (0.150)	1.829	1.029
有无专用设备 1=有	0.454 (0.349)	1.575	0.769** (0.371)	2.158	—	0.812** (0.362)	2.252	1.044
针对目标产品有无借款 1=有借款	0.127 (0.327)	1.135	0.664** (0.383)	1.943	—	0.684** (0.379)	1.982	1.020
专用性资产沉没成本	0.122* (0.068)	1.130	0.133** (0.058)	1.131	1.011	0.145*** (0.035)	1.133	1.012
技术复杂否 1=复杂	0.614 (0.523)	1.849	0.619* (0.307)	1.857	—	0.685** (0.312)	1.984	1.068
价格波动程度	0.725*** (0.214)	2.065	1.337*** (0.236)	3.809	1.844	1.784*** (0.249)	5.951	1.564
交易频率等级	0.249* (0.166)	1.283	0.301* (0.169)	1.351	1.053	0.598*** (0.170)	1.819	1.346
道路交通状况	-0.224 (1.229)	0.799	-0.185 (0.624)	0.831	—	-0.340** (0.171)	0.712	—
可信任否	0.107 (0.168)	1.113	0.590 (0.679)	1.804	—	1.942 (2.138)	6.973	—

Cox & Snell R Square	.579		
Chi – Square	1160.626	Sig	.000

注：回归过程中自变量与因变量都以"0"值组为参照组。*代表在10%的统计检验水平上显著；
代表在5%的统计检验水平上显著；*代表在1%的统计检验水平上显著。括号内的值为标准差。

"目标农产品单位净收益"和"针对目标农产品的专用性资产沉没成本"均以"千元"为单位。

根据表8-16的计量模型结果，将农户选择不同产销形式意愿的影响因素归纳如下：

1. 户主的特征变量

农户户主的特征变量中，户主的受教育程度、有无特殊经历情况对农户的选择意愿没有显著的影响。与愿意选择直接去市场交易相比，户主认为与农资供应商保持稳定关系的重要性对农户愿意选择"紧密型农户＋企业"形式和农户愿意参加农民专业合作经济组织均有显著影响，方向均为正，对前者影响的统计显著水平为5%，后者为1%。进一步将农户选择参加农民专业合作经济组织与农户选择"紧密型农户＋企业"形式的意愿相比，认为与农资供应商保持稳定关系重要的农户愿意加入农民专业合作经济组织的概率是认为与农资供应商保持稳定关系不重要的农户的4.217倍。① 户主认为农资供应商保持稳定关系的重要性从一定程度上反映了户主的风险态度，农户越希望与供应商保持稳定关系，越表明农户对稳定状态的偏好，某种程度上显示了其对风险的厌恶特性。因此，该变量在说明在其他条件一定的情况下，与愿意选择"紧密型农户＋企业"形式相比，风险厌恶程度越高的农户愿意选择参加农民专业合作经济组织的概率越大。而与愿意选择直接去市场交易相比，风险厌恶程度越高的农户愿意选择"紧密型农户＋企业"形式的概率越大。

与愿意选择直接去市场交易相比，户主毁约态度对农户选择"紧密型农户＋企业"形式的意愿和农户选择参加农民专业合作经济组织意愿均有显著影响，方向均为正，且统计显著水平均为10%。进一步将农户参加农民专业合作经济组织与农户选择"紧密型农户＋企业"形式的意愿相比，在市场价格高于契约价格时不会毁约的农户愿意选择农民专业合作经济组织的概率是会毁约农户的2.858倍。户主的毁约态度较大程度上反映了农户的机会主义倾向，因此，该变量的正向显著说明，在其他条件一定的情况下，与愿意选择"紧密型农户＋企业"组织形式相比，机会主义倾向越低的农户愿意选择参加农民专业合作经济组织的概率越大。而与愿意选择直接去市场交易相比，机会主义倾向越低的农户愿意选择"紧密型农户＋企业"形式的概率越大。

2. 目标农产品特征变量

与愿意选择直接去市场交易相比，农户目标农产品单位净收益对愿意选择"松散型农户＋企业"、"紧密型农户＋企业"和农民专业合作经济组织均有显

① Exp（B3－B2）的值表示农民专业合作经济组织与"紧密型农户＋企业"形式相比较时，自变量对因变量概率分布的影响情况。

著影响，方向均为正，统计检验水平均为在 1% 程度上显著。而将愿意选择"紧密型农户＋企业"形式和愿意选择"松散型农户＋企业"形式的农户相比，农户目标农产品单位净收益每增加一个单位（增加 1000 元），其愿意选择"紧密型农户＋企业"形式的概率增加 17.2%。将愿意选择农民专业合作经济组织与愿意选择"紧密型农户＋企业"的农户相比，农户目标农产品单位净收益每增加一个单位，其愿意选择农民专业合作经济组织的概率增加 2.9%。农户目标农产品单位净收益变量的正向显著性说明，与愿意选择直接去市场交易相比，农户的目标农产品单位净收益越大，其愿意选择"松散型农户＋企业"组织形式的概率就越高。与愿意选择"松散型农户＋企业"形式相比，农户的目标农产品单位净收益越大，其愿意选择"紧密型农户＋企业"形式的概率就越高。而与愿意选择"紧密型农户＋企业"形式相比，农户的目标农产品单位净收益越大，其愿意选择农民专业合作经济组织的概率就越高。可见，农户目标农产品单位净收益越大，其提高自身组织化程度的意愿就越强烈。这主要是因为农户的目标农产品单位净收益越大，该类农产品的经济价值越高，相应的投入成本和市场风险就越大，农户往往为了降低市场风险、提高交易中的谈判地位以获预期其收益，而愿意提高自身组织化程度。

3. 资产专用性变量

资产专用性变量中，针对目标农产品，农户有无专用设备投入、有无借款、专用性资产沉没成本、技术复杂程度对农户的选择意愿均有不同程度的显著影响。与愿意选择直接去市场交易相比，农户的专用性资产沉没成本对选择"松散型农户＋企业"意愿有统计显著性水平为 5% 的正向影响。这说明，在其他条件一定的前提下，与愿意选择直接去市场交易相比，专用性资产沉没成本越大的农户愿意选择"松散型农户＋企业"形式的概率越高。

与愿意选择直接去市场交易相比，针对目标农产品有无专用设备投入、有无借款对农户选择"紧密型农户＋企业"形式的意愿和选择农民专业合作经济组织的意愿有正向的显著影响，且统计检验的显著性水平均为 5%。进一步将愿意选择农民专业合作经济组织和愿意选择"紧密型农户＋企业"形式的农户相比，有专用设备投入的农户愿意选择农民专业合作经济组织的概率是没有专用设备投入农户的 1.044 倍[①]；有专门为种养目标农产品而借款的农户愿

---

① 由 Exp（B3 − B2）可得。

意选择农民专业合作经济组织的概率是没有借款农户的 1.020 倍①。这说明，与愿意选择"紧密型农户＋企业"形式的农户相比，有专用设备投入、有专门为种养目标农产品而借款的农户愿意选择农民专业合作经济组织的概率更大。而与愿意选择直接去市场交易相比，有专用设备投入、有专门为种养目标农产品而借款的农户愿意选择"紧密型农户＋企业"形式的概率更大。

此外，与愿意选择直接去市场交易相比，目标农产品的专用性资产沉没成本对农户选择"松散型农户＋企业"形式、"紧密型农户＋企业"形式和选择农民专业合作经济组织意愿有正向的显著影响，影响的显著性水平分别为10%、5%和1%。这说明，与愿意选择直接去市场交易相比，农户的专用性资产沉没成本越高，农户愿意选择"松散型农户＋企业"形式、"紧密型农户＋企业"形式和农民专业合作经济组织的概率就越大。将愿意选择"紧密型农户＋企业"形式与愿意选择"松散型农户＋企业"形式的农户相比，农户的专用性资产沉没成本增加一个单位（增加1000元），农户愿意选择"紧密型农户＋企业"形式的概率增加1.1%②。进一步将愿意选择农民专业合作经济组织与愿意选择"紧密型农户＋企业"形式的农户相比，农户的专用性资产沉没成本增加一个单位（增加1000元），农户愿意选择农民专业合作经济组织的概率增加1.2%③。与愿意选择直接去市场交易相比，目标农产品的技术复杂程度对农户选择"紧密型农户＋企业"形式和选择农民专业合作经济组织的意愿有显著的正向影响，对前者影响的显著性水平均为10%，后者为5%。这就意味着，与选择直接去市场交易相比，农户种养的目标作物技术越复杂、要求越高，农户愿意选择"紧密型农户＋企业"形式和农民专业合作经济组织的概率就越大。进一步将愿意选择农民专业合作经济组织与愿意选择"紧密型农户＋企业"形式的农户相比，种养技术复杂作物的农户愿意选择农民专业合作经济组织的概率是技术不复杂的农户的 1.068 倍。④

可见，农户针对目标农产品投入的资产专用性水平越高，其面临的被"敲竹杠"的风险就越大，资产损失的可能性越大。为了有效降低交易对象的机会主义倾向，维护自身利益，农户往往有较高的积极性提高自身组织化程度。

---

① 由 Exp（B3 － B2）可得。
② 由 Exp（B2 － B1）可得。
③ 由 Exp（B3 － B2）可得。
④ 由 Exp（B3 － B2）可得。

4. 不确定性变量

与愿意选择直接去市场交易相比，目标农产品市场价格波动情况对农户选择"松散型农户 + 企业"、"紧密型农户 + 企业"和农民专业合作经济组织意愿均有显著影响，方向均为正，统计检验水平均在 1% 程度上显著。而将愿意选择"紧密型农户 + 企业"形式和愿意选择"松散型农户 + 企业"形式的农户相比，农户目标农产品市场价格波动每增加一个等级，其愿意选择"紧密型农户 + 企业"形式的概率增加 0.844 倍[①]。将愿意选择农民专业合作经济组织与愿意选择"紧密型农户 + 企业"的农户相比，农户目标农产品市场价格波动每增加一个等级，其愿意选择农民专业合作经济组织的概率增加 0.564 倍[②]。农户目标农产品市场价格波动情况变量的正向显著性说明，与愿意选择直接去市场交易相比，农户的目标农产品市场价格波动越大，其愿意选择"松散型农户 + 企业"形式的概率就越高。与愿意选择"松散型农户 + 企业"形式的农户相比，农户的目标农产品市场价格波动越大，其愿意选择"紧密型农户 + 企业"形式的概率就越高。而与选择"紧密型农户 + 企业"形式相比，农户的目标农产品市场价格波动越大，其愿意选择农民专业合作经济组织的概率就越高。可见，目标农产品市场价格波动越大，农户面临的不确定性越大，农户提高自身组织化程度的愿望就越强烈。

5. 交易频率等级变量

与愿意选择直接去市场交易相比，目标农产品交易频率情况对农户选择"松散型农户 + 企业"、"紧密型农户 + 企业"和农民专业合作经济组织的意愿均有显著影响，方向均为正，该变量对前两者影响的统计显著性水平均为 10%，对后者为 1%。而将愿意选择"紧密型农户 + 企业"形式和愿意选择"松散型农户 + 企业"形式的农户相比，农户目标农产品交易频率每增加一个等级，其愿意选择"紧密型农户 + 企业"组织形式的概率增加 0.351 倍[③]。将愿意选择农民专业合作经济组织与愿意选择"紧密型农户 + 企业"形式的农户相比，农户目标农产品交易频率每增加一个等级，其愿意选择农民专业合作经济组织的概率增加 0.346 倍[④]。农户目标农产品交易频率情况变量的正向显著性说明，与选择直接去市场交易相比，农户的目标农产品交易频率越高，其

---

① 由 Exp（B3 − B2）可得。
② 由 Exp（B3 − B2）可得。
③ 由 Exp（B2 − B1）可得。
④ 由 Exp（B3 − B2）可得。

愿意选择"松散型农户+企业"形式的概率就越高。与选择"松散型农户+企业"形式相比,农户的目标农产品交易频率越高,其愿意选择"紧密型农户+企业"形式的概率就越高。而与选择"紧密型农户+企业"形式相比,农户的目标农产品交易频率越高,其愿意选择农民专业合作经济组织的概率就越高。可见,随着目标农产品市场交易频率的增高,农户交易费用随之增加,为了降低市场交易的成本,农户往往会有提高自身组织化程度的意愿。

6. 外部环境特征变量

在农户外部环境特征变量中,社会资本对农户的选择意愿没有显著的影响。与选择直接去市场交易相比,农户周围道路交通状况对农户选择农民专业合作经济组织有显著负向影响,显著水平为5%。这表明,与选择直接去市场交易相比,农户周围道路交通状况越差,其愿意选择农民专业合作经济组织的概率就越高。

本章小结

本章主要分析了农户选择不同产销形式的意愿,并讨论了影响农户选择意愿的因素。通过对981个样本农户选择意愿的整理分析发现,在给定各种产销组织均可得的前提下,愿意选择加入农民专业合作经济组织的农户所占比例最高。这在一定程度上反映了当前农户对农民合作经济组织的认可。在影响农户选择意愿的因素中,农户的风险态度、机会主义倾向、目标农产品单位净收益、资产专用性、价格波动程度、交易频率均在不同程度上对农户选择意愿有显著的正向影响,农户周围道路交通状况对农户选择意愿有显著负向影响。可见,计量模型分析的结果在一定的统计显著性水平上验证了研究假说的正确性。计量结果表明,农户风险厌恶程度越高、机会主义倾向越低、目标农产品单位净收益越高、资产专用性越高、价格波动程度越高、交易频率越高,周围道路交通越差,农户提高自身组织化程度的意愿越强烈,越愿意选择组织化程度越高的产销组织。

第9章 农户选择不同产销
形式的影响因素分析

前文研究了在各种产销组织可得的条件下农户的选择意愿。但是在现实中，农户往往面临着各种产销组织并不可得的约束条件，那么，在实际生活中，影响农户组织化程度的因素究竟有哪些，这些因素又是如何影响农户选择行为的呢？本章将放开可得性假设前提，将各种产销组织的可得性引入模型，来探讨影响农户选择行为的各种因素。此外，将在本章的最后部分以农民专业合作经济组织为例，简要分析农民参与意愿与实际行为偏离的情况及原因。

第1节 农户对不同产销形式的实际
选择行为及影响因素分析

一、农户对不同产销形式的实际选择行为影响因素分析

调查的 981 个样本中，农户直接到市场上交易的样本共有 148 个，占样本总数的 15.1%；"农户 + 经纪人"形式的样本有 470 个，占样本总数的 47.9%；松散型"农户 + 企业"形式的农户样本有 55 个，占样本总数的 5.6%；农民组成专业合作经济组织，通过该类组织参与市场交易的样本有 308 个，占样本总数的 31.4%。对于所调查的农户，在其实际参与市场交易的组织形式中所占比例最高的是"农户 + 经纪人"形式，最少的是松散型"农户 + 企业"形式。

表9-1　针对目标农产品被调查农户参与市场的组织化程度现状及样本分布

组织化形式	样本频数	有效百分比（%）
农户直接市场交易	148	15.1
农户+经纪人	470	47.9
松散型"农户+企业"	55	5.6
农户+农民专业合作经济组织	308	31.4
总计	981	100

二、农户实际选择行为的影响因素分析

假定理性农户的行为目标是追求最大化的预期收益。所以，农户在现实中究竟会以何种产销形式参与市场取决于哪种组织模式能给农户带来最大的收益。由本书第三章的理论框架分析可知，比较各种产销形式对农户收益的影响程度最终主要归结到交易成本的节省上。而农户对不同产销组织选择行为的影响因素主要分为四类，一类是交易主客体特性；第二类是交易特性；第三类是外部环境特征；第四类是各种产销组织的可得性。根据理论框架中全书的总假说1-2，结合本章的研究目标，在此对应的提出本章的研究分假说：

假说9-1：交易特性会对农户实际的参与行为产生影响。具体为：

（1）农户面对的市场价格不确定性越大，农户参与市场的组织化程度就越高。

（2）农户投资的资产专用性越强，农户参与市场的组织化程度就越高。

（3）农户目标作物的交易频率越高，农户参与市场的组织化程度就越高。

假说9-2：各种产销组织的可得性会影响农户的实际参与行为。

针对本章的研究假说，将选取以下影响变量（见表9-2）：

表9-2　自变量选取列表

四方面因素		具体变量	变量名称	变量取值
交易主客体特性	交易主体的特性	x_1	户主的文化程度	1表示没上过学；2表示小学文化程度；3表示初中文化程度；4表示高中或中专文化程度；5表示大专文凭；6表示本科及以上文凭
		x_2	有无特殊经历	0表示没有；1表示有

四方面因素		具体变量	变量名称	变量取值
交易主客体特性	交易主体的特性	x_3	与供应商保持稳定关系的重要程度	0表示不重要；1表示一般；2表示重要
		x_4	毁约态度	0表示毁约；1表示执行合同
	交易客体特性	x_5	目标农产品单位净收益	连续变量
交易特性	资产专用性	x_6	有无专用设备投入	0表示没有；1表示有
		x_7	针对目标产品有无借款	0表示没有；1表示有
		x_8	专用性资产投入的沉没成本	连续变量
		x_9	所需技术复杂与否	0表示不复杂；1表示复杂
	不确定性	x_{10}	市场价格波动情况	0表示价格基本稳定（上下浮动10%）；1表示价格波动较小（上下浮动10%—20%）；2表示价格波动较大（上下浮动20%—50%）；3表示价格波动很大（上下浮动50%以上）
	交易频率	x_{11}	交易频率程度等级	由低到高分为1—6个等级
外部环境特征	交通条件	x_{12}	道路交通状况	1表示道路交通状况很差；2表示道路交通状况比较差；3表示道路交通状况一般；4表示道路交通状况比较好；5表示道路交通状况很好
	社会资本	x_{13}	可以信任程度	1表示不可信任；2表示很大程度上不可信任；3表示一般；4表示很大程度上可以信任；5表示可以信任

四方面因素	具体变量	变量名称	变量取值
可得性	可得性	x_{14}	周围是否有可签订销售合同的相关企业	0表示没有；1表示有
		x_{15}	周围是否有相关农民专业合作经济组织	0表示没有；1表示有

注：户主的文化程度、市场价格波动情况、交易频率程度等级、道路交通状况、可以信任程度由于所分等级较多，故在回归方程中作为连续变量看待。

第2节　变量的描述性分析

表9-3　户主受教育情况与市场参与形式

受教育情况	样本量	农户直接市场交易（%）	"农户+经纪人"（%）	松散型"农户+企业"（%）	"农户+农民专业合作经济组织"（%）
1	43	25.6	51.2	7.0	16.3
2	197	13.7	48.7	6.1	31.5
3	566	14.5	47.5	5.8	32.2
4	151	15.9	49.0	3.3	31.8
5	19	10.5	42.1	5.3	42.1
6	5	20	20	20	40

注：1表示没上过学；2表示小学文化程度；3表示初中文化程度；4表示高中或中专文化程度；5表示大专文凭；6表示本科及以上文凭。

　　户主受教育程度不同的农户参与市场形式的差异情况，在户主没有上过学的43个农户样本中，直接进入市场交易的农户占25.6%，以"农户+经纪人"方式参与市场的农户占51.2%，以松散型"农户+企业"方式参与市场的农户占7.0%，以"农户+农民专业合作经济组织"方式参与市场的农户占16.3%；在户主为小学文化程度的197个农户样本中，直接进入市场交易的农户占13.7%，以"农户+经纪人"方式参与市场的农户占48.7%，以松散型"农户+企业"方式参与市场的农户占6.1%，以"农户+农民专业合作经济

组织"方式参与市场的农户占 31.5%；在户主为初中文化程度的 566 个农户
样本中，直接进入市场交易的农户占 14.5%，以"农户 + 经纪人"方式参与
市场的农户占 47.5%，以松散型"农户 + 企业"方式参与市场的农户占
5.8%，以"农户 + 农民专业合作经济组织"方式参与市场的农户占 32.2%；
在户主为高中或中专文化程度的 151 个农户样本中，直接进入市场交易的农户
占 15.9%，以"农户 + 经纪人"方式参与市场的农户占 49.0%，以松散型
"农户 + 企业"方式参与市场的农户占 3.3%，以"农户 + 农民专业合作经济
组织"方式参与市场的农户占 31.8%；在户主为大专文化程度的 19 个农户样
本中，直接进入市场交易的农户占 10.5%，以"农户 + 经纪人"方式参与市
场的农户占 42.1%，以松散型"农户 + 企业"方式参与市场的农户占 5.3%，
以"农户 + 农民专业合作经济组织"方式参与市场的农户占 42.1%；在户主
为本科及以上文化程度的 5 个农户样本中，直接进入市场交易的农户占 20%，
以"农户 + 经纪人"方式参与市场的农户占 20%，以松散型"农户 + 企业"
方式参与市场的农户占 20%，以"农户 + 农民专业合作经济组织"方式参与
市场的农户占 40%。总体来看，户主受教育程度较高的农户群体中，参与市
场组织化程度较高的农户所占比例较高。

表 9-4　户主有无特殊经历与市场参与形式

特殊经历	样本量	农户直接市场交易（%）	"农户 + 经纪人"（%）	松散型"农户 + 企业"（%）	农户 + 农民专业合作经济组织（%）
有	437	12.1	47.8	6.9	33.2
没有	544	17.5	48.0	4.6	30.0

注：户主有特殊经历是指有担任村干部、机关退休、外出打工、退伍军人、离退休教师等非从事农业
劳动的经历。

户主有不同经历的农户参与市场形式的差异情况，在户主有特殊经历的
437 个农户样本中，直接进入市场交易的农户占 12.1%，以"农户 + 经纪
人"方式参与市场的农户占 47.8%，以松散型"农户 + 企业"方式参与市
场的农户占 6.9%，以"农户 + 农民专业合作经济组织"方式参与市场的农
户占 33.2%；在户主没有特殊经历的 544 个农户样本中，直接进入市场交易
的农户占 17.5%，以"农户 + 经纪人"方式参与市场的农户占 48.0%，以
松散型"农户 + 企业"方式参与市场的农户占 4.6%，以"农户 + 农民专业
合作经济组织"方式参与市场的农户占 30.0%。由上述内容可以看出，户

主有特殊经历的农户和户主没有特殊经历的农户在不同产销形式的参与上没有明显差异。

表9-5　被调查农户认为与农资供应商保持稳定关系的重要程度与市场参与形式

与农资供应商保持稳定关系的重要程度	样本量	农户直接市场交易（%）	"农户+经纪人"（%）	松散型"农户+企业"（%）	农户+农民专业合作经济组织（%）
不重要	321	12.5	66.4	5.6	15.6
一般	257	19.8	48.2	7.0	24.9
重要	403	14.1	33.0	4.7	48.1

　　关于认为与农资供应商保持稳定关系重要程度不同的农户参与市场形式的差异情况，在认为与农资供应商保持稳定关系不重要的321个农户样本中，直接进入市场交易的农户占12.5%，以"农户+经纪人"方式参与市场的农户占66.4%，以松散型"农户+企业"方式参与市场的农户占5.6%，以"农户+农民专业合作经济组织"方式参与市场的农户占15.6%；在认为与农资供应商保持稳定关系一般重要程度的257个农户样本中，直接进入市场交易的农户占19.8%，以"农户+经纪人"方式参与市场的农户占48.2%，以松散型"农户+企业"形式参与市场的农户占7.0%，以"农户+农民专业合作经济组织"方式参与市场的农户占24.9%；在认为与农资供应商保持稳定关系重要的403个农户样本中，直接进入市场交易的农户占14.1%，以"农户+经纪人"方式参与市场的农户占33.0%，以松散型"农户+企业"方式参与市场的农户占4.7%，以"农户+农民专业合作经济组织"方式参与市场的农户占48.1%。总的来看，认为与目标农产品农资投入的供应商保持稳定关系越重要的农户群体中，参与市场组织化程度较高的农户所占比例也较高。

表9-6　户主毁约态度与市场参与形式

毁约态度	样本量	农户直接市场交易（%）	"农户+经纪人"（%）	松散型"农户+企业"（%）	农户+农民专业合作经济组织（%）
执行合同	653	13.6	45.9	5.8	34.6
市场上销售	328	18.0	51.8	5.2	25.0

不同组织化程度的农户针对目标农产品订单合同毁约态度情况：认为在目标农产品销售时，若市场价格高于已签订的订单价格，仍会执行合同出售农产品的653个农户样本中，直接进入市场交易的农户占13.6%，以"农户＋经纪人"方式参与市场的农户占45.9%，以松散型"农户＋企业"方式参与市场的农户占5.8%，以"农户＋农民专业合作经济组织"方式参与市场的农户占34.6%；在认为会毁约转售市场的328个农户样本中，直接进入市场交易的农户占18.0%，以"农户＋经纪人"方式参与市场的农户占51.8%，以松散型"农户＋企业"方式参与市场的农户占5.2%，以"农户＋农民专业合作经济组织"方式参与市场的农户占25.0%。由此可以看出，认为在目标农产品销售时，若市场价格高于已签订的订单价格，仍会执行合同出售农产品的农户组织化程度较高的比例比会毁约的农户更高些。

表9－7 目标农产品单位规模净收益①与市场参与形式

单位净收益	样本量	农户直接市场交易	"农户＋经纪人"	松散型"农户＋企业"	"农户＋农民专业合作经济组织"
500元以下（%）	312	8.3	72.8	4.8	14.1
500—1000元（%）	215	7.9	60.0	8.4	23.7
1000—2000元（%）	162	9.3	24.1	9.3	57.4
2000—5000元（%）	184	29.9	34.8	1.1	34.2
5000—10000元（%）	74	39.2	9.5	1.4	50.0
10000元以上（%）	34	17.6	11.8	11.8	58.8

注：对于农作物，单位规模净收益是指亩均净收益；对于畜产品，单位规模净收益是指每头/只净收益。

单位规模净收入＝单位规模总收入－单位规模总投入；单位规模总收入＝单位规模产量×出售单价；单位规模产品总投入包括购买作物种子、畜产品幼崽、农药化肥、饲料、雇工费用等生产性支出费用，不包括农户自家劳动投入。

目标农产品单位规模净收益不同的农户参与市场形式的差异情况：在目标农产品单位规模净收益低于500元的312个农户样本中，直接进入市场交易的农户占8.3%，以"农户＋经纪人"方式参与市场的农户占72.8%，以松散型"农户＋企业"方式参与市场的农户占4.8%，以"农户＋农民专业合作经济

———————

① 本书认为，在土地相对劳动力稀缺的情况下，理性农户追求的是单位土地纯收入最大，而不是单位劳动收入最大。因此，本书以单位规模目标农产品净收入为指标来比较其不同的经济收益。

组织"方式参与市场的农户占 14.1%；在目标农产品单位规模净收益介于 500 元到 1000 元的 215 个农户样本中，直接进入市场交易的农户占 7.9%，以"农户 + 经纪人"方式参与市场的农户占 60.0%，以松散型"农户 + 企业"方式参与市场的农户占 8.4%，以"农户 + 农民专业合作经济组织"方式参与市场的农户占 23.7%；在目标农产品单位规模净收益介于 1000 元到 2000 元的 162 个农户样本中，直接进入市场交易的农户占 9.3%，以"农户 + 经纪人"方式参与市场的农户占 24.1%，以松散型"农户 + 企业"方式参与市场的农户占 9.3%，以"农户 + 农民专业合作经济组织"方式参与市场的农户占 57.4%；在目标农产品单位规模净收益介于 2000 元到 5000 元的 184 个农户样本中，直接进入市场交易的农户占 29.9%，以"农户 + 经纪人"方式参与市场的农户占 34.8%，以松散型"农户 + 企业"方式参与市场的农户占 1.1%，以"农户 + 农民专业合作经济组织"方式参与市场的农户占 34.2%；在目标农产品单位规模净收益介于 5000 元到 10000 元的 74 个农户样本中，直接进入市场交易的农户占 39.2%，以"农户 + 经纪人"方式参与市场的农户占 9.5%，以松散型"农户 + 企业"方式参与市场的农户占 1.4%，以"农户 + 农民专业合作经济组织"方式参与市场的农户占 50.0%；在目标农产品单位规模净收益高于 10000 元的 34 个农户样本中，直接进入市场交易的农户占 17.6%，以"农户 + 经纪人"方式参与市场的农户占 11.8%，以松散型"农户 + 企业"方式参与市场的农户占 11.8%，以"农户 + 农民专业合作经济组织"方式参与市场的农户占 58.8%。从调查的数据可以看出，目标农产品单位规模净收益水平较高的群体中，组织化程度较高的农户所占比例也更高些。

表 9 - 8　目标农产品专用设备投入与市场参与形式

有无专用设备	样本量	农户直接市场交易（%）	"农户 + 经纪人"（%）	松散型"农户 + 企业"（%）	"农户 + 农民专业合作经济组织"（%）
有	441	12.2	43.5	5.4	38.8
没有	540	17.4	51.5	5.7	25.4

　针对目标农产品专用设备投入不同的农户参与市场形式的差异情况：在购买了专用设备的 441 个农户样本中，直接进入市场交易的农户占 12.2%，以"农户 + 经纪人"方式参与市场的农户占 43.5%，以松散型"农户 + 企业"方式参与市场的农户占 5.4%，以"农户 + 农民专业合作经济组织"方

式参与市场的农户占 38.8%；在没有购买专用设备的 540 个农户样本中，直接进入市场交易的农户占 17.4%，以"农户 + 经纪人"方式参与市场的农户占 51.5%，以松散型"农户 + 企业"方式参与市场的农户占 5.7%，以"农户 + 农民专业合作经济组织"方式参与市场的农户占 25.4%。可以看出，为了种养目标农产品而进行专用设备投资的农户中，组织化程度较高的农户所占比例也较高。

表 9 - 9　针对目标农产品借款情况与市场参与形式

有无借款	样本量	农户直接市场交易（%）	"农户 + 经纪人"（%）	松散型"农户 + 企业"（%）	"农户 + 农民专业合作经济组织"（%）
有	476	4.4	35.5	4.2	55.9
没有	505	25.1	59.6	6.9	8.3

在针对目标农产品有借款的 476 个农户样本中，直接进入市场交易的农户占 4.4%，以"农户 + 经纪人"方式参与市场的农户占 35.5%，以松散型"农户 + 企业"方式参与市场的农户占 4.2%，以"农户 + 农民专业合作经济组织"方式参与市场的农户占 55.9%；没有借款的 505 个农户样本中，直接进入市场交易的农户占 25.1%，以"农户 + 经纪人"方式参与市场的农户占 59.6%，以松散型"农户 + 企业"方式参与市场的农户占 6.9%，以"农户 + 农民专业合作经济组织"方式参与市场的农户占 8.3%。总体看来，有借款行为的农户群体组织化程度整体较高。

表 9 - 10　目标农产品固定资产投入沉没成本与市场参与形式

固定资产投入沉没成本	样本量	农户直接市场交易（%）	"农户 + 经纪人"（%）	松散型"农户 + 企业"（%）	"农户 + 农民专业合作经济组织"（%）
0（%）	474	14.6	54.9	5.7	24.9
1—500 元（%）	73	13.7	49.3	5.5	31.5
500—5000 元（%）	146	21.2	38.4	4.8	35:6
5000—20000 元（%）	164	14.6	45.7	5.5	34.1
20000 元以上（%）	124	11.3	34.7	6.5	47.6

注：固定资产投入沉没成本 = 固定资产总投资价值 - 现在转让可折现价值。

在固定资产投入沉没成本方面，没有固定资产投入沉没成本的 474 个农户样本中，直接进入市场交易的农户占 14.6%，以"农户＋经纪人"方式参与市场的农户占 54.9%，以松散型"农户＋企业"方式参与市场的农户占 5.7%，以"农户＋农民专业合作经济组织"方式参与市场的农户占 24.9%；在固定投入沉没成本介于 1—500 元的 73 个农户样本中，直接进入市场交易的农户占 13.7%，以"农户＋经纪人"方式参与市场的农户占 49.3%；以松散型"农户＋企业"方式参与市场的农户占 5.5%，以"农户＋农民专业合作经济组织"方式参与市场的农户占 31.5%；在固定资产投入沉没成本介于 500—5000 元的 146 个农户样本中，直接进入市场交易的农户占 21.2%，以"农户＋经纪人"方式参与市场的农户占 38.4%，以松散型"农户＋企业"方式参与市场的农户占 4.8%，以"农户＋农民专业合作经济组织"方式参与市场的农户占 35.6%；在固定资产投入沉没成本介于 5000—20000 元的 164 个农户样本中，直接进入市场交易的农户占 14.6%，以"农户＋经纪人"方式参与市场的农户占 45.7%，以松散型"农户＋企业"方式参与市场的农户占 5.5%，以"农户＋农民专业合作经济组织"方式参与市场的农户占 34.1%；在固定资产投入沉没成本高于 20000 元的 124 个农户样本中，直接进入市场交易的农户占 11.3%，以"农户＋经纪人"方式参与市场的农户占 34.7%，以松散型"农户＋企业"方式参与市场的农户占 6.5%，以"农户＋农民专业合作经济组织"方式参与市场的农户占 47.6%。总体上看，在目标农产品固定资产投入沉没价值越大的农户群体中，组织化程度高的农户所占比例越高。

表 9 – 11　目标农产品种养技术难易与市场参与形式

种养技术难易情况	样本量	农户直接市场交易（%）	"农户＋经纪人"（%）	松散型"农户＋企业"（%）	"农户＋农民专业合作经济组织"（%）
技术复杂	516	7.2	34.3	6.4	52.1
技术不复杂	465	23.9	63.0	4.7	8.4

在目标农产品种养技术难易情况方面，认为目标农产品种养的技术比较复杂的 516 个农户样本中，直接进入市场交易的农户占 7.2%，以"农户＋经纪人"方式参与市场的农户占 34.3%，以松散型"农户＋企业"方式参与市场的农户占 6.4%，以"农户＋农民专业合作经济组织"方式参与市场的农户占

52.1%；认为技术不复杂的 465 个农户样本中，直接进入市场交易的农户占 23.9%，以"农户 + 经纪人"方式参与市场的农户占 63.0%，以松散型"农户 + 企业"方式参与市场的农户占 4.7%，以"农户 + 农民专业合作经济组织"方式参与市场的农户占 8.4%。可见，认为目标农产品种养技术复杂的农户群体中，组织化程度较高的农户所占比例也较高。

表 9 - 12　目标农产品市场价格波动与市场参与形式

波动情况	样本量	农户直接市场交易（%）	"农户 + 经纪人"（%）	松散型"农户 + 企业"（%）	"农户 + 农民专业合作经济组织"（%）
1	109	12.8	62.4	7.3	17.4
2	271	15.1	61.6	5.5	17.7
3	389	13.1	42.9	4.6	39.3
4	212	19.8	32.1	6.6	41.5

注：1 表示价格基本稳定（上下浮动 10%）；2 表示价格波动较小（上下浮动 10%—20%）；3 表示价格波动较大（上下浮动 20%—50%）；4 表示价格波动很大（上下浮动 50% 以上）。

在目标农产品市场价格波动方面，目标农产品市场价格基本稳定（上下浮动 10%）的 109 个农户样本中，直接进入市场交易的农户占 12.8%，以"农户 + 经纪人"方式参与市场的农户占 62.4%，以松散型"农户 + 企业"方式参与市场的农户占 7.3%，以"农户 + 农民专业合作经济组织"方式参与市场的农户占 17.4%；目标农产品市场价格波动较小（上下浮动 10%—20%）的 271 个农户样本中，直接进入市场交易的农户占 15.1%，以"农户 + 经纪人"方式参与市场的农户占 61.6%，以松散型"农户 + 企业"方式参与市场的农户占 5.5%，以"农户 + 农民专业合作经济组织"方式参与市场的农户占 17.7%；目标农产品市场价格波动较大（上下浮动 20%—50%）的 389 个农户样本中，直接进入市场交易的农户占 13.1%，以"农户 + 经纪人"方式参与市场的农户占 42.9%，以松散型"农户 + 企业"方式参与市场的农户占 4.6%，以"农户 + 农民专业合作经济组织"方式参与市场的农户占 39.3%；目标农产品市场价格波动很大（上下浮动 50% 以上）的 212 个农户样本中，直接进入市场交易的农户占 19.8%，以"农户 + 经纪人"方式参与市场的农户占 32.1%，以松散型"农户 + 企业"方式参与市场的农户占 6.6%，以"农户 + 农民专业合作经济组织"方式参与市场的农户占 41.5%。可见，所经营目标农产品的市场价格波动较大的农户中，组织化程度较高的农户所占比例也较高。

表9-13 目标农产品交易频率程度与市场参与形式

综合性 指标分布	样本量	农户直接 市场交易 （%）	"农户＋经纪人" （%）	松散型 "农户＋企业" （%）	"农户＋农民 专业合作经济 组织"（%）
1	391	7.2	73.9	6.9	12.0
2	42	7.1	59.5	11.9	21.4
3	402	26.6	29.4	2.5	41.5
4	37	16.2	16.2	2.7	64.9
5	61	3.3	44.3	1.6	50.8
6	48	4.2	10.4	22.9	62.5

注：该交易频率程度变量是目标农产品易腐烂程度与该农产品种养规模的综合性指标。即先把目标农产品按照易腐烂程度由低到高分为6个等级，每个农户目标农作物交易频率指数＝该产品易腐烂等级数×该产品种养规模，最后把计算所得交易频率指数按照等距区间从低到高分为6个等级即得到表9-13中的交易频率程度等级。

农户目标农产品的交易频率主要取决于该产品的易腐程度和种养的规模，根据本书对农户目标农产品交易频率由低到高划分的6个等级可见，有不同参与意愿的农户其目标农产品交易频率大小程度分布不同。在农产品交易频率程度为1级的391个农户样本中，直接进入市场交易的农户占7.2%，以"农户＋经纪人"方式参与市场的农户占73.9%，以松散型"农户＋企业"方式参与市场的农户占6.9%，以"农户＋农民专业合作经济组织"方式参与市场的农户占12.0%；在农产品交易频率程度为2级的42个农户样本中，直接进入市场交易的农户占7.1%，以"农户＋经纪人"方式参与市场的农户占59.5%，以松散型"农户＋企业"方式参与市场的农户占11.9%，以"农户＋农民专业合作经济组织"方式参与市场的农户占21.4%；在农产品交易频率程度为3级的402个农户样本中，直接进入市场交易的农户占26.6%，以"农户＋经纪人"方式参与市场的农户占29.4%，以松散型"农户＋企业"方式参与市场的农户占2.5%，以"农户＋农民专业合作经济组织"方式参与市场的农户占41.5%；在农产品交易频率程度为4级的37个农户样本中，直接进入市场交易的农户占16.2%，以"农户＋经纪人"方式参与市场的农户占16.2%，以松散型"农户＋企业"方式参与市场的农户占2.7%，以"农户＋

农民专业合作经济组织"方式参与市场的农户占 64.9%；在农产品交易频率程度为 5 级的 61 个农户样本中，直接进入市场交易的农户占 3.3%，以"农户＋经纪人"方式参与市场的农户占 44.3%，以松散型"农户＋企业"方式参与市场的农户占 1.6%，以"农户＋农民专业合作经济组织"方式参与市场的农户占 50.8%；在农产品交易频率程度为 6 级的 48 个农户样本中，直接进入市场交易的农户占 4.2%，以"农户＋经纪人"方式参与市场的农户占 10.4%，以松散型"农户＋企业"方式参与市场的农户占 22.9%，以"农户＋农民专业合作经济组织"方式参与市场的农户占 62.5%。由此可以看出，随着农户目标农产品交易频率等级水平的增高，其参与的组织化程度总体上有不断加强的趋势。

表 9 – 14　周围道路交通情况与市场参与形式

道路交通情况	样本量	农户直接市场交易（%）	"农户＋经纪人"（%）	松散型"农户＋企业"（%）	"农户＋农民专业合作经济组织"（%）
1	157	10.2	58.0	7.0	24.8
2	348	16.1	45.4	5.5	33.0
3	389	15.4	44.7	5.9	33.9
4	64	17.2	53.1	3.1	26.6
5	23	21.7	56.5	0	21.7

注：1 表示道路交通状况很差；2 表示道路交通状况比较差；3 表示道路交通状况一般；4 表示道路交通状况比较好；5 表示道路交通状况很好。

在周围道路交通方面，在认为周围道路交通状况很差的 157 个农户样本中，直接进入市场交易的农户占 10.2%，以"农户＋经纪人"方式参与市场的农户占 58.0%，以松散型"农户＋企业"方式参与市场的农户占 7.0%，以"农户＋农民专业合作经济组织"方式参与市场的农户占 24.8%；在认为周围道路交通状况比较差的 348 个农户样本中，直接进入市场交易的农户占 16.1%，以"农户＋经纪人"方式参与市场的农户占 45.4%，以松散型"农户＋企业"方式参与市场的农户占 5.5%，以"农户＋农民专业合作经济组织"方式参与市场的农户占 33.0%；在认为周围道路交通状况一般的 389 个农户样本中，直接进入市场交易的农户占 15.4%，以"农户＋经纪人"方式参与市场的农户占 44.7%，以松散型"农户＋企业"方式参与市场的农户占 5.9%，以"农户＋农民专业合作作经济组织"方式参与市场的农户占 33.9%；在认为周围道路交通状况比较好的 64 个农户样本中，直接进入市场交易的农户占 17.2%，以"农户＋经纪人"方式参与市场的农户占 53.1%，以松散型"农户＋企业"方式参与市场的农户占 3.1%，以"农户＋农民专业合作经济组织"方式参与市场的农户占 26.6%；在认为周围道路交通状况很好的 23 个农户样本中，直接进入市场交易的农户占 21.7%，以"农户＋经纪人"方式参与市场的农户占 56.5%，没有以松散型"农户＋企业"方式参与市场的农户，以"农户＋农民专业合作经济组织"方式参与市场的农户占 21.7%。可以看出，周围道路交通状况不同的农户群体，在各种产销组织的参与上没有明显的区别。

表 9－15 认为其周围邻里可信任程度与市场参与形式

可信任程度	样本量	农户直接市场交易（%）	"农户＋经纪人"（%）	松散型"农户＋企业"（%）	"农户＋农民专业合作经济组织"（%）
1	13	0	75.0	12.5	12.5
2	8	38.5	38.5	7.7	15.4
3	57	17.5	49.1	8.8	24.6
4	767	15.0	48.4	4.8	31.8
5	136	13.2	44.1	8.1	34.6

注：1 表示不可信任；2 表示很大程度上不可信任；3 表示一般；4 表示很大程度上可以信任；5 表示可以信任。

在被调查农户对其周围邻里可信任程度的认识方面，在认为周围邻里不可信任的 13 个农户样本中，没有直接进入市场交易的农户，以"农户＋经纪人"方式参与市场的农户占 75.0%，以松散型"农户＋企业"方式参与市场的农户占 12.5%，以"农户＋农民专业合作经济组织"方式参与市场的农户占 12.5%；在认为周围邻里很大程度上不可信任的 8 个农户样本中，直接进入市场交易的农户占 38.5%，以"农户＋经纪人"方式参与市场的农户占 38.5%，以松散型"农户＋企业"方式参与市场的农户占 7.7%，以"农户＋农民专业合作经济组织"方式参与市场的农户占 15.4%；在认为周围邻里可信任程度一般的 57 个农户样本中，直接进入市场交易的农户占 17.5%，以"农户＋经纪人"方式参与市场的农户占 49.1%，以松散型"农户＋企业"方式参与市场的农户占 8.8%，以"农户＋农民专业合作经济组织"方式参与市场的农户占 24.6%；在认为周围邻里很大程度上可以信任的 767 个农户样本中，直接进入市场交易的农户占 15.0%，以 "农户 + 经纪人" 方式参与市场的农户占 48.4%，以松散型 "农户 + 企业" 方式参与市场的农户占 4.8%，以 "农户 + 农民专业合作经济组织" 方式参与市场的农户占 31.8%；在认为周围邻里可以信任的 136 个农户样本中，直接进入市场交易的农户占 13.2%，以 "农户 + 经纪人" 方式参与市场的农户占 44.1%，以松散型 "农户 + 企业" 方式参与市场的农户占 8.1%，以 "农户 + 农民专业合作经济组织" 方式参与市场的农户占 34.6%。总体来看，在对周围邻里信任度评价较高的农户群体中，组织化程度较高的农户所占比例也较高。

表 9 - 16　被调查农户附近相关产销组织可得性情况

		有无相关企业（%）	有无相关合作社（%）
有	频数	114	496
	比例（%）	11.6	50.6
没有	频数	867	485
	比例（%）	88.4	49.4

被调查农户周围相关产销组织可得性对农户实际参与行为应该有较重要的影响。在有效的 981 个农户样本中，所在的县市里有可提供销售合同的相关企业（简称相关企业）的农户有 114 个，占样本总数的 11.6%；所在的县里没有相关企业的农户有 867 个，占样本总数的 88.4%；附近没有相关的农民专业合作经济组织的农户有 496 个，占 50.6%；附近没有相关的农民专业合作经济组织的农户有 485 个，占 49.4%。

通过对各变量的描述性分析可以看出，除去各种产销组织的可得性问题，户主受教育程度较高、认为与目标农产品农资投入的供应商保持稳定关系越重要、若市场价格高于已签订的订单价格时不会毁约、目标农产品单位规模净收益水平较高、为了种养目标农产品而进行了专用设备投资、为了种养目标农产品有借款行为、目标农产品固定资产投入沉没价值越大、目标农产品种养技术复杂、所经营产品的市场价格波动较大、农户目标农产品交易频率等级较高、对周围邻里信任度评价较高的农户群体中，参与市场的组织化程度较高的农户所占比例也较高。而户主有无特殊经历的农户及周围道路交通状况不同的农户群体，在参与不同产销形式方面没有明显差异。

第3节 农户选择行为影响因素的计量模型分析

一、计量模型的建立

根据上述对影响农户参与市场组织化程度的因素设定，将影响农户实际选择行为的因素用函数形式表达为：

实际选择行为 = F（交易主体特征变量，交易客体特征变量，资产专用性特征变量，不确定性变量，交易频率变量，外部环境特征变量，各种产销组织可得性变量） + 随即扰动项

二、计量方法的选择

本章拟采用多元逻辑计量（Mutinominal Logit）模型进行计量分析。因变量为 Y：当 Y = 0 时，农户是直接进入市场交易；当 Y = 1 时，农户参加了松散型"农户 + 企业"的组织形式；当 Y = 2 时，农户参加了紧密型"农户 + 企业"的组织形式；当 Y = 3 时，农户加入农民专业合作经济组织进行市场交易。遵循着经典的假设，我们把 Z 作为影响农户实际选择行为因素的线性函数，有：

$$Z = \beta + \sum_{i=1}^{n} \alpha_i x_i + u$$

其中，u 为服从极值分布的随机变量，x_i 表示第 i 个影响因素，β 和 α 分别表示待估参数。根据多元 logistic 回归模型，有：

$$\log\left(\frac{prob(event)}{prob(nonevent)}\right) = \log\left(\frac{prob(y = j)}{prob(y = 0)}\right) = \beta + \sum_{i=1}^{n} \alpha_i x_i, j = 1, 2, 3$$

可得：

$$prob(y = j) = \frac{\exp(\beta + \sum_{i=1}^{n} \alpha_i x_i)}{1 + \exp(\beta + \sum_{i=1}^{n} \alpha_i x_i)} = \frac{e^z}{1 + e^z} = E(y) \qquad (1)$$

对（1）式求 Z 的导数，得：$\dfrac{dE(y)}{dZ} = \dfrac{1}{(1 + e^z)^2} > 0$，所以 $E(y)$ 即

$prob(y = j)$ 的值随 Z 值的增大而单调递增。

三、计量结果与分析

用 SPSS 软件对数据进行 Mutinominal Logit 回归分析，从表 9 – 17 中输出的结果可以看出，表示模型拟合度的卡方（Chi – square, χ^2）[①] 检验统计性显著，因此可认为模型整体效果比较理想，方程总体显著。

表 9 – 17　影响农户选择行为的计量模型估计结果

模型	农户 + 经纪人/农户直接进市场		松散型"农户 + 企业"/农户直接进市场		"农民 + 农民专业合作社"/农户直接进市场	
自变量	B1	Exp（B1）	B2	Exp（B2）	B3	Exp（B3）
常数项	2. 198**		– 0.828		– 0.917	
户主学历	0.119 (0.128)	1. 126	0.128 (0.197)	1. 137	0.351** (0. 173)	1. 420
户主特殊经历 1 = 有	0.413* (0.238)	1. 511	0.586** (0.287)	1. 797	0.697** (0.332)	2. 008
与供应商关系稳定 重要程度 = 1	0.170 (0.169)	1. 185	0.079 (0.263)	1. 082	0.388* (0.202)	1. 473
与供应商关系稳定 重要程度 = 2	0.090 (0.112)	1. 094	0.161 (0.143)	1. 175	0.276** (0.133)	1. 318
毁约态度 1 = 不毁约	0.029 (0.103)	1. 030	0.402 (0.389)	1. 495	0.188* (0.104)	1. 207
单位净收益	0.027 (0.026)	1. 027	0.113* (0.060)	1. 120	0.196** (0.068)	1. 271

---

① 模型的卡方值（Model's Chi – square）是关于自变量是否与所研究事件的对数发生比（Log odds）线性相关的检验，即检验对模型"除常数项外，其他各项系数都等于 0"的零假设。如果模型的卡方值统计性显著，我们便拒绝零假设。按理想的情况，最好是模型卡方统计性显著而拟合优度统计性不显著。

续表

模型	农户＋经纪人/农户直接进市场		松散型"农户＋企业"/农户直接进市场		"农民＋农民专业合作社"/农户直接进市场	
有无专用设备 1＝有	0.061 (.058)	1.063	0.266* (0.141)	1.305	0.402* (0.205)	1.495
针对目标产品有 1＝有	1.587*** (0.307)	4.889	1.186*** (0.434)	3.274	2.378*** (0.347)	10.783
专用性资产沉没成本	0.010 (0.072)	1.010	0.101* (0.056)	1.106	0.112** (0.048)	1.119
技术复杂否 1＝复杂	1.097 (0.266)	2.996	1.747** (0.387)	5.738	3.106*** (0.326)	22.325
价格波动程度	0.090 (0.154)	1.094	0.004 (0.168)	1.004	0.153* (0.078)	1.165
交易频率程度	0.377 (0.253)	1.458	0.225 (0.153)	1.252	0.226* (0.123)	1.254
道路交通状况	0.028 (0.114)	1.028	-0.120 (0.182)	0.887	-0.059 (0.140)	0.943
可信任否	0.312 (0.230)	1.366	0.180 (0.282)	1.197	0.358 (0.229)	1.431
有无相关企业 1＝有	-0.777 (0.812)	0.460	2.328*** (0.407)	10.254	1.208 (0.876)	3.348
有无相关农民合作 1＝有	-0.118 (0.286)	0.889	-0.095 (0.442)	1.099	2.478*** (0.684)	11.917
Cox and Snell R Square	0.602					
Chi – Square	679.401		Sig.		0.000	

注：回归过程中自变量与因变量都以"0"值组为参照组。＊代表在10%的统计检验水平上显著；＊＊代表在5%的统计检验水平上显著；＊＊＊代表在1%的统计检验水平上显著。括号内的值为标准差。"目标农产品单位净收益"和"针对目标农产品的专用性资产沉没成本"均以"千元"为单位。

由表 9 − 17 输出的计量模型结果可看出各变量对农户实际选择行为的影响，现将各种影响因素的作用归纳如下：

1. 农户户主的特征变量

在农户户主的特征变量中，只有户主特殊经历变量对农户的实际选择行为有显著影响，而户主学历、认为与供应商关系稳定重要性、在市场价格高于契约价格时户主的毁约态度，只在农户加入农民专业合作经济组织与农户直接进市场交易相比时，对农户的选择行为有显著影响。与直接去市场交易相比，农户户主有无特殊经历对农户选择"农户 + 经纪人"形式、松散型"农户 + 企业"形式和加入"农民专业合作经济组织"均有显著的正向影响，统计显著性水平分别为 10% 、5% 、1% 。这表明，在其他条件一定的前提下，与直接去市场交易相比，户主有过担任村干部、机关退休、外出打工、退伍军人、离退休教师等非从事农业劳动特殊经历的农户选择"农户 + 经纪人"形式的概率是没有特殊经历农户的 1.511 倍[①]；户主有过特殊经历的农户参与松散型"农户 + 企业"形式的概率是没有特殊经历农户的 1.797 倍[②]；户主有过特殊经历的农户加入"农民专业合作经济组织"的概率是没有特殊经历农户的 2.008 倍[③]。进一步将参与松散型"农户 + 企业"形式的农户与选择"农户 + 经纪人"形式的农户相比，在其他条件一定的前提下，户主有过特殊经历的农户参与松散型"农户 + 企业"模式的概率是没有特殊经历农户的 1.189 倍[④]。而将加入"农民专业合作经济组织"的农户与参与松散型"农户 + 企业"形式的农户相比，在其他条件一定的前提下，户主有过特殊经历的农户加入"农民专业合作经济组织"的概率是没有特殊经历农户的 1.117 倍[⑤]。

与直接进入市场交易相比，户主受教育程度、与农资供应商保持稳定关系的重要性变量对农户选择加入农民专业合作经济组织有正向显著影响，显著性水平为 5% 。这说明，在其他条件一定的前提下，与直接进入市场交易相比，农户户主受教育程度越高，农户加入农民专业合作经济组织的概率就越大；认为与农资供应商保持稳定关系重要的农户加入农民专业合作经济组织的概率比认为不重要的农户要大。

[①] 由对应的 Exp（B1）值所得。
[②] 由对应的 Exp（B2）值所得。
[③] 由对应的 Exp（B3）值所得。
[④] 通过计算对应的 Exp（B2 − B1）值所得。
[⑤] 通过计算对应的 Exp（B3 − B2）值所得。

与直接进入市场交易相比，户主毁约态度、与农资供应商保持稳定关系重要性变量对农户选择加入农民专业合作经济组有正向显著影响，显著性水平为10%。这说明，在其他条件一定的前提下，与直接进入市场交易相比，农户户主机会主义倾向越低，农户加入农民专业合作经济组织的概率就越大；认为与农资供应商保持稳定关系一般重要的农户加入农民专业合作经济组织的概率比认为不重要的农户要大。

2. 目标农产品特征变量

与直接进入市场交易相比，农户目标农产品单位净收益对农户选择"农户＋经纪人"形式没有显著影响；对农户参与松散型"农户＋企业"有正向显著影响，显著性水平为10%；对农户加入"农民专业合作经济组织"有正向显著影响，显著性水平为5%。这就意味着，在其他条件一定的前提下，与直接进入市场交易相比，目标农产品单位净收益越高的农户参与松散型"农户＋企业"或加入"农民专业合作经济组织"的概率就越大。进一步将加入"农民专业合作经济组织"的农户与参与松散型"农户＋企业"形式的农户相比可发现，在其他条件一定的前提下，目标农产品单位净收益增加一个单位（增加1000元），农户加入"农民专业合作经济组织"的概率增加8.7%[①]。可见，农户种养的农产品经济价值越高，农户为了降低风险实现预期收益，参与市场的组织化程度也就越高。

3. 资产专用性变量

在资产专用性变量中，针对目标农产品，农户有无专用设备投入、有无借款、专用性资产沉没成本、技术复杂程度对农户的实际选择行为均有不同程度的显著影响。与直接去市场交易相比，有无专用设备投入对农户参与松散型"农户＋企业"形式和加入"农民专业合作经济组织"均有显著性水平为10%的正向影响。这说明，在其他条件一定的前提下，与直接去市场交易相比，有专用设备投入的农户参与松散型"农户＋企业"组织形式和加入"农民专业合作经济组织"的概率比没有专用设备投入的农户高。进一步将加入"农民专业合作经济组织"的农户与参与松散型"农户＋企业"形式的农户相比，在其他条件一定的前提下，有专用设备投入的农户加入"农民专业合作经济组织"的概率是没有专用设备投入农户的1.146倍。[②]

---

① 通过计算对应的 Exp（B3 - B2）值所得。
② 通过计算对应的 Exp（B3 - B2）值所得。

与直接去市场交易相比，针对目标农产品有无借款对农户实际选择行为均有正向的显著影响，且统计检验的显著性水平均为 1%。进一步将参与松散型"农户＋企业"形式的农户与选择"农户＋经纪人"形式的农户相比，在其他条件一定的前提下，针对目标农产品有借款的农户参与松散型"农户＋企业"形式的概率是没有借款农户的 1.493 倍①。而将加入农民专业合作经济组织的农户与参加松散型"农户＋企业"形式的农户相比，在其他条件一定的前提下，针对目标农产品有借款的农户加入农民专业合作经济组织的概率是没有借款农户的 2.206 倍②。这说明，与直接去市场交易相比，有专门为种养目标农产品而借款的农户选择"农户＋经纪人"形式的概率更大；而与选择"农户＋经纪人"形式相比，有专门为种养目标农产品而借款的农户参加松散型"农户＋企业"形式的概率更大；与参加松散型"农户＋企业"形式相比，有专门为种养目标农产品而借款的农户加入农民专业合作经济组织的概率更大。

此外，与直接去市场交易相比，目标农产品的专用性资产沉没成本对农户参加松散型"农户＋企业"形式和加入农民专业合作经济组织有正向的显著影响，显著性水平均为 5%。这说明，在其他条件一定的前提下，与直接去市场交易相比，农户的专用性资产沉没成本越高，农户参加松散型"农户＋企业"形式或加入农民专业合作经济组织的概率就越大。进一步将加入农民专业合作经济组织与参加松散型"农户＋企业"形式的农户相比，农户的专用性资产沉没成本增加一个单位（增加 1000 元），农户选择农民专业合作经济组织的概率增加 1.1%③。

与直接去市场交易相比，目标农产品的技术复杂程度对农户参与松散型"农户＋企业"形式和加入农民专业合作经济组织有正向的显著影响，对前者影响的显著性水平均为 5%，后者为 1%。这就意味着，与直接去市场交易相比，农户种养的目标作物技术越复杂、要求越高，农户参加松散型"农户＋企业"形式或加入农民专业合作经济组织的概率就越大。进一步将加入农民专业合作经济组织与参加松散型"农户＋企业"形式的农户相比，种养目标作物技术复杂的农户加入农民专业合作经济组织的概率是技术不复杂的农户的 3.891 倍④。

---

① 通过计算对应的 Exp（B2 – B1）值所得。
② 通过计算对应的 Exp（B3 – B2）值所得。
③ 通过计算对应的 Exp（B3 – B2）值所得。
④ 通过计算对应的 Exp（B3 – B2）值所得。

可见，农户针对目标农产品投入的资产专用性水平越高，农户参与市场的组织化程度就越高。

4. 不确定性变量

与直接去市场交易相比，目标农产品市场价格波动情况对农户采取"农户＋经纪人"形式、参加松散型"农户＋企业"形式没有显著影响，对农户加入农民专业合作经济组织有显著正向影响，统计检验水平在 10% 程度上显著。这说明，在其他条件一定的前提下，与直接去市场交易相比，农户的目标农产品市场价格波动越大，其加入农民专业合作经济组织的概率就越高。这说明农民合作经济组织在帮助农户降低市场风险方面有一定的作用。可见，目标农产品市场价格波动越大，农户面临的不确定性就越大，这就促使农户提高自身组织化程度以减少不确定性可能带来的损失。

5. 交易频率变量

与直接去市场交易相比，目标农产品交易频率对农户参加"农户＋经纪人"形式和松散型"农户＋企业"的形式没有显著影响；对农户加入农民专业合作经济组织有显著正向影响，统计显著性水平为 10%。这说明，在其他条件一定的前提下，农户的目标农产品交易频率越高，其加入农民专业合作经济组织的概率就越高。这在一定程度上说明，在与直接去市场交易相比，目标农产品市场交易频率越高，农民专业合作经济组织降低交易费用的作用越明显。

6. 外部环境特征变量

农户外部环境特征变量中对农户的实际选择行为均没有显著的影响。这也许是因为，对所调查的农户来说，其周围的道路状况和社会资本对农户参与市场交易带来的"利"或"弊"很小，对农户组织化程度没什么实际影响。

7. 可得性变量

与直接去市场交易相比，周围有无可提供销售合同的相关企业（简称相关企业）对农户参加松散型"农户＋企业"的组织形式有显著的正向影响，显著性水平为 1%。这意味着，在其他条件一定的前提下，与直接去市场交易相比，周围有相关企业的农户参加松散型"农户＋企业"组织形式的概率比周围没有相关企业的农户大，更确切地说，周围有相关企业的农户参加松散型"农户＋企业"的概率是周围没有相关企业农户的 10.254 倍[①]。

---

① 由对应的 Exp（B2）值所得。

与直接去市场交易相比，周围有无相关农民专业合作经济组织对农户加入农民专业合作经济组织有显著的正向影响，显著性水平为1%。这意味着，在其他条件一定的前提下，与直接去市场交易相比，周围有相关农民专业合作经济组织的农户加入农民专业合作经济组织的概率比周围没有的农户大，更确切地说，周围有相关农民专业合作经济组织的农户参加"农民专业合作经济组织"的概率是周围没有相关农民专业合作经济组织农户的11.917倍[1]。从上述计量结果的分析来看，产销组织的可得性对农户参与市场的组织化程度影响的显著性最高，影响的程度也很大。这在一定程度上说明，在现实中，各种产销组织的可得性是制约农民提高组织化程度的重要因素。

第4节 农户参加农民专业合作经济组织的意愿与实际行为的偏离分析

第五章和本章对农户的选择意愿和选择行为分别做了实证分析，通过对农户的选择意愿和选择行为的对比可见，农户的选择意愿和实际行为有很大的差距。那么农户的选择意愿与实际选择行为的偏离情况是怎样的，可能的原因又有哪些呢？对这些问题的探究对促进我国各类产销组织的健康发展和有针对性地引导我国农户提高参与市场的组织化程度有重要的现实意义。为此，本节将以组织化程度最高的农民专业合作经济组织为例，分析农户选择意愿与实际选择行为的偏离情况。

一、研究偏离情况的思路及目标

本节将分析农户参加农民合作经济组织的意愿与现实行为的偏离情况。具体分为两部分：

（1）在农户愿意参加农民专业合作经济组织的前提下，行为与意愿的偏离情况；（2）在农户不愿意参加农民专业合作经济组织的前提下，行为与意愿的偏离情况。

设 $Y = Y_1 - Y_2$，其中，Y 是农户意愿与现实行为的偏离值，Y_1 表示农户参

---

[1] 由对应的 Exp（B3）值所得。

与意愿，若农户愿意参与农民专业合作经济组织，则 $Y_1 = 1$，否则 $Y_1 = 0$；Y_2 表示农户实际的参与行为，若农户现实中参与了农民专业合作经济组织，则 $Y_2 = 1$，否则 $Y_2 = 0$。

则 Y 的可能取值为 -1，0，1。若 $Y = -1$，则表示农户的意愿与现实行为负向偏离，即农户不愿意却参加了农民专业合作经济组织；若 $Y = 1$，则表示农户的意愿与现实行为正向偏离，即农户愿意却没有参加农民专业合作经济组织；若 Y 取值为"0"，则表示农户的意愿与现实行为一致，这其中又分为两种情况，一种是农户意愿与现实行为一致均参加农民专业合作经济组织，令此种情况的偏离值 $Y = 0$，表示农户愿意并实际参加了农民专业合作经济组织；另一种情况是农户意愿与现实行为一致均为不参加农民专业合作经济组织，令此种情况的偏离值 $Y = -2$，表示农户不愿意也没参加农民专业合作经济组织。

$M_Y = (Y_1, Y_2)$ 表示 Y 对应的意愿 Y_1 与现实行为 Y_2 的组合。

表 9 – 18　偏离情况列表

研究目标	限制项	比较项	$M_Y = (Y_1, Y_2)$	Y	Y 对应的含义
1	$Y_1 = 1$	$Y_2 = 1$	(1, 1)	0	愿意并参加了
		$Y_2 = 0$	(1, 0)	1	愿意但没参加
2	$Y_1 = 0$	$Y_2 = 1$	(0, 1)	-1	不愿意但参加了
		$Y_2 = 0$	(0, 0)	-2	不愿意也没参加

二、农户选择意愿与实际行为的偏离情况分析

在有效的 981 个农户样本中，不愿意参加农民专业合作经济组织的农户共有 512 个，占样本总数的 52.2%；愿意参加农民专业合作经济组织的农户有 469 个，占样本总数的 47.8%。在现实情况中，参加了农民专业合作经济组织的农户有 308 个，占样本总数的 31.4%；而没有参加农民专业合作经济组织的农户是 673 个，占样本总数的 68.6%。可见，农户参与农民专业合作经济组的意愿与现实行为还是存在较大差异的。

表 9 - 19 农户参与农民专业合作经济组织的意愿与实际行为分布情况

	参与农民专业合作经济组织的意愿		参与农民专业合作经济组织的行为	
	不愿意参加	愿意参加	参加	没参加
样本频数	512	469	308	673
有效百分比（%）	52.2	47.8	31.4	68.6

表 9 - 20 农户愿意参加的前提下选择意愿与行为的偏离分布

限制项	比较项	样本频数	有效百分比（%）	比较项	样本频数	有效百分比（%）	有效百分比（%）
$Y_1 = 1$	$Y_2 = 1$	256	54.6	—	—	—	—
	$Y_2 = 0$	213	45.4	$H = 0$	155	72.8	
				$H = 1$	58	27.2	

注：$H = 0$ 表示农户周围没有相关的农民专业合作经济组织；$H = 1$ 表示农户周围有相关的农民专业合作经济组织。

根据表 9 - 20 中的数据可以看出，在愿意参加农民专业合作经济组织的 469 个农户中，现实中已经加入农民专业合作经济组织的农户有 256 个，这种意愿与现实行为一致的农户占愿意参加的样本总数的 54.6%；现实中没有参加农民专业合作经济组织的农户有 213 个，占 45.4%。在此种意愿与现实行为发生偏离的样本中，即愿意参加农民专业合作经济组织但现实没有参加的农户群体中，周围没有相关的农民专业合作经济组织的农户有 155 个。这说明，这部分农户的意愿与行为偏离情况主要是由于客观的不可得造成的，即主要由于不可得而产生偏离的农户占愿意参加但没参加的农户样本的 72.8%。

而在愿意参加但现实中没参加的 213 个农户中，周围有相关的农民专业合作经济组织的农户有 58 户，占 27.2%。这部分农户是愿意参加，周围也有相关的农民专业合作经济组织，但是现实中却没有参加。究其原因，应该是这部分农户觉得其周围的农民专业合作经济组织发展运营的水平不高，没能真正给农户带来收益，农户想参加的是真正能在产前、产中、产后发挥积极作用的农民专业合作经济组织，而不是徒有虚名的农民专业合作经济组织。从实际情况看来，我国的农民专业合作经济组织经过了改革开放后 30 多年的不断发展和完善，特别是近 10 年的迅猛发展，已经在农业生产的产前、产中、产后各环节发挥着重要作用，其优势也日益突出。但是，从总体来看，目前我国的农民专业合作经济组织的发展仍处于较初级的水平，也存在很多问题，比如农民合作经济组织的覆盖范围较小；经济实力不够强大；其内部管理不规范；内部制度排他性不强，容易产生"搭便车"现象等。特别是有些由地方政府为了完成任务而组建的一些没有什么实际内容的农民专业合作经济组织，无论是组织运行、经济实力，还是服务功能、社会影响力和合作程度都很差。这类农民专业合作经济组织对农户的吸引力很小，往往会造成因通过一些渠道了解农民专业合作经济组织优点而愿意参加的农户面对现实却"望而却步"。

表9-21　农户不愿意参加的前提下选择意愿与行为的偏离分布

限制项	比较项	样本频数	有效百分比（％）
$Y_1 = 0$	$Y_2 = 1$	52	10.1
	$Y_2 = 0$	460	89.9

在不愿意参加农民专业合作经济组织的512个农户样本中，现实中也没有参加农民专业合作经济组织的农户有460个，这类参与意愿与现实行为一致的农户在不愿意参加的农户样本中占89.9％。而不愿意参加、现实中却参加了农民专业合作经济组织的农户有52个，占不愿参加农户样本的10.1％。这种意愿与现实行为偏离的情况看上去有些难以理解，仔细考察其中原因会发现，这部分农户大都是被当地政府或村集体强制加入相关农民专业合作经济组织的。随着我国各级政府引导、推进农民专业合作经济组织快速发展的文件政策不断出台，一些地方基层政府为了获得相关的优惠政策或资金扶持，不惜临时或强制成立一些虚假农民专业合作经济组织，并强迫当地农民参加。这样会使一些本身并不愿意参加的农户被强迫加入，从而造成意愿与实际行为的偏离。

从上述的分析可以看出，所调查地区的农户参加农民专业合作经济组织的意愿与现实行为的偏离情况主要有两种：一种是愿意参加但没有参加农民专业合作经济组织；另一种是不愿意参加但现实参加了农民专业合作经济组织。其中的原因主要有：（1）受可得性限制，即当地没有相关的农民专业合作经济组织；（2）当地的相关农民专业合作经济组织没能发挥应有的积极作用，徒有虚名；（3）当地政府过度干预，强制农户参加农民专业合作经济组织。

本章小结

　　本章主要分析了农户实际选择不同产销组织的行为及影响因素，并以农民专业合作经济组织为例，探讨了农户选择意愿与现实行为的偏离情况。通过对所调查的 981 个样本农户实际参与市场的组织化程度的分析发现，在现实中，农户以"农户 + 经纪人"形式参与市场交易所占的比例最高，其次为农户加入农民专业合作经济组织的形式。在影响农户选择行为的因素中，加入农民专业合作经济组织或参加松散型"农户 + 企业"形式的农户与直接进市场交易的农户相比时，对农户选择行为有显著影响的变量较多。具体来说，与直接进市场交易相比，农户户主的受教育程度、特殊经历情况、农户的风险态度、机会主义倾向、目标农产品单位净收益、资产专用性、价格波动程度、交易频率、可得性均在不同程度上对农户加入农民专业合作经济组织选择有显著的正向影响。与直接进入市场交易相比，农户户主特殊经历情况、目标农产品单位净收益、资产专用性、可得性均在不同程度上对农户参加松散型"农户 + 企业"形式有显著的正向影响。而将"农户 + 经纪人"与农户直接进入市场相比时，只有户主特殊经历情况、资产专用性两类变量对农户选择行为有显著影响。这表明，在现实中，"农户 + 经纪人"形式与农户直接进入市场形式在所有不显著的变量所反映的特征上没有显著差别，这也在一定程度上体现了两种形式的农民组织化程度相差不大，都很低。

　　总体来说，计量模型分析的结果与本章的研究假说大体一致，在不同的统计显著性水平上验证了研究假说的正确性。计量结果表明，产销组织可得性越大、农户受教育程度越高、社会阅历越丰富、农户风险厌恶程度越高、机会主义倾向越低、目标农产品单位净收益越高、资产专用性越高、价格波动程度越高、交易频率越高，农户参与市场的组织化程度就越高。最后，本章通过对农户参加农民专业合作经济组织的意愿与实际行为的偏离情况的分析得出，造成意愿与实际行为偏离的原因主要有：农户周围没有相关农民专业合作经济组织；农户周围相关农民专业合作经济组织徒有虚名，不是农户愿意参加能发挥应有作用的有效组织；农户所在地区政府过度干涉，强制农户参与农民专业合作经济组织。

第10章 主要结论与对策建议

本章将通过对全书研究结果的梳理得出本书的主要结论，并在此基础上给出相应的对策建议。

第1节 主要结论

本书基于交易成本经济学原理，从交易主客体特征、交易三维度、外部环境特征、各种产销组织可得性四个方面分析了农户选择不同产销形式的意愿与现实行为。并在此基础上分析了农户选择意愿与现实行为的偏离情况。通过对上述问题的研究，得出以下结论：

（一）不同形式的产销组织对其参与者在生产经营过程中的影响各不相同。一般来说，组织化程度较高的农户，特别是加入农民专业合作经济组织的农户，在获取市场信息、优良品种、种养技术、稳定优质的生产资料等方面均存在优势，并且其产品的质量安全水平也较高

通过对处于不同组织模式下的农户在经营过程中的生产决策、受到各种服务、农产品的安全性水平等方面的对比分析可发现，组织化程度不同的农户所表现的生产经营的特征也各不相同。首先，在生产决策上，组织化程度较高的农户，尤其是加入农民专业合作经济组织的农户，普遍反映通过加入该类组织在市场信息获得方面要比以前充分、及时得多，因此，他们可以根据所掌握的市场信息较灵活的调整自己的种养规模。其次，在农产品新品种的更换方面，参与市场组织化程度较高的农户比组织化程度较低的农户更注重农产品新品种的更换。在新品种的获得途径方面，参加农民专业合作经济组织的农户获得新

品种的最主要途径是由合作社推荐或提供新品种；而以其他形式参与市场的农户获取新品种的主要途径是自己去种子公司或专业农畜牧市场等地方搜寻、购买。再次，从获得技术服务方面来看，随着农户参与市场组织化程度的提高，农户在种养目标农产品过程中接受过技术服务的比例也在不断提高。这说明，组织化程度越高的农户，其技术服务的来源越稳定，获得技术服务的机会越多。进一步对农户获得技术服务的途径进行分析发现，参加农民专业合作经济组织的农户其技术服务主要由农民专业合作经济组织提供，以其他三种组织形式参与市场的农户获得技术服务的主要途径是通过县乡农技站或畜牧站。最后，在参与市场组织化程度较高的农户中，种养"绿色"或"无公害"农产品的农户比例也较高，相应地，其农产品品质、安全性也较高。可见，参与市场组织化程度越高的农户可以获得的各种资源和服务也越多。

（二）组织化程度较高的农户在签订合同时的参与度较高、谈判的地位也较高，所签合同的利益联结机制更紧密，违约率较低

由对调查数据的分析可以看出，不同组织化程度的农户在销售过程中的谈判地位及销售关系的稳定性、利益联结机制等方面都有差异。首先，在销售关系的稳定性方面，在加入农民专业合作经济组织的农户中，有书面订单的农户所占比例要比以松散型"农户＋企业"形式中有书面订单的农户所占比例高得多。而对于签订了书面订单的农户，加入农民专业合作经济组织的农户签的大都是同时提供生产资料、生产技术、市场信息等服务的利益联结较紧密的生产合同，而其他两种产销形式中的签单农户签订的均是只有销售关系的利益联结较松散的销售合同。其次，不同组织化程度的农户在签订订单过程中的参与度不同，谈判地位也不同。在参加农民专业合作经济组织的农户中，订单内容的制定是由合作社成员一起协商的占 87.2%；而在在松散型"农户＋企业"形式的农户中，订单内容的制定是由双方协商的只占 41.2%。在有订单的三种产销组织中，加入农民专业合作经济组织的农户对订单制定的参与程度最高。再次，不同组织形式中的订单价格制定的形式也不同，组织化程度高的产销形式中订单价格制定形式多为保底价基础上随行就市，这就很大程度上降低了农户的市场风险。最后，在订单的违约率方面，在有订单的三种产销形式中，松散型"农户＋企业"形式中的签单违约率最高，"农户＋农民专业合作经济组织"形式的签单违约率最低，只有 1.6%。可以看出，参与市场组织化程度越高的农户销售渠道越稳定，谈判地位越高，市场风险越小，违约情况也越少。

（三）现实中，农户参与市场的组织化程度比较低，但是，愿意提高自身组织化程度的农户所占比例较高

由调查数据可知，在981个样本中，直接到市场上交易和以"农户＋经纪人"形式参与市场的农户共有618个，占样本总数的63％；松散型"农户＋企业"形式的农户样本有55个，占样本总数的4.9％；通过加入农民专业合作经济组织参与市场交易的农户有308个，占样本总数的31.4％。可见，现实中，大部分农户仍采取传统的直接去市场或通过经纪人的方式出售自己的农产品，参与市场的组织化程度较低。但是，在假定各种产销组织都可得的情况下询问受访农户参与市场组织化程度意愿时，在有效的981个样本中，愿意加入农民专业合作经济组织进行生产经营的农户最多，有469户，占样本总数的47.8％；将愿意加入农民专业合作经济组织与愿意以紧密型"农户＋企业"形式参与市场的农户加起来，即愿意以较高组织化程度参与市场的农户共有597个，占样本总数的60.8％；可见，在可得的前提下，愿意以较高组织化程度参与市场的农户所占比例还是较大的。

（四）在假定各种产销组织都可得的前提下，农户选择不同产销形式参与市场的意愿主要受交易主客体特性、交易特性、外部环境特征三类因素的影响

本书通过对农户选择意愿的计量分析结果得出，在可得的前提条件下，户主风险厌恶偏好、机会主义倾向、目标农产品单位净收益、有无专用设备投入、有无为种养目标农产品而借款、针对目标农产品的专用性资产沉没成本、种养目标农产品的技术复杂程度、目标农产品市场价格波动程度、目标农产品交易频率、周围道路交通状况对农户选择意愿有不同方向、不同程度的影响。具体来说：

将愿意选择松散型"农户＋企业"形式的农户与选择直接去市场交易的农户相比，农户的目标农产品单位净收益越大、专用性资产沉没成本越大、目标农产品市场价格波动越大、目标农产品交易频率越高，其愿意选择松散型"农户＋企业"形式的概率就越高。将愿意选择紧密型"农户＋企业"形式的农户与选择直接去市场交易的农户相比，农户的风险厌恶程度越高、机会主义倾向越低、目标农产品单位净收益越大、有为种养目标农产品而进行的专用设备投入、有为种养目标农产品而借款、目标农产品专用性资产沉没成本越高、种养目标农产品技术越复杂、目标农产品市场价格波动越大、目标农产品交易频率越高，其愿意选择紧密型"农户＋企业"形式的概率也越大。将愿意选择农民专业合作经济组织的农户与选择直接去市场交易的农户相比，农户的风

险厌恶程度越高、机会主义倾向越低、目标农产品单位净收益越大、有为种养目标农产品而进行的专用设备投入、有为种养目标农产品而借款、目标农产品的专用性资产沉没成本越高、种养目标农产品技术越复杂、目标农产品市场价格波动越大、目标农产品交易频率越高、周围道路交通状况越差其愿意选择农民专业合作经济组织的概率也越大。

　　而将愿意选择紧密型"农户＋企业"形式的农户与愿意选择松散型"农户＋企业"形式的农户相比，农户的目标农产品单位净收益越大、目标农产品市场价格波动越大、目标农产品交易频率越高，其愿意选择紧密型"农户＋企业"形式的概率就越高。

　　进一步将愿意选择农民专业合作经济组织与愿意选择紧密型"农户＋企业"的农户相比，户主风险厌恶程度越高、机会主义倾向越低、目标农产品单位净收益越大、有为种养目标农产品而进行的专用设备投入、有为种养目标农产品而借款、目标农产品的专用性资产沉没成本越高、种养目标农产品技术越复杂、目标农产品市场价格波动越大、目标农产品交易频率越高的农户愿意选择农民专业合作经济组织的概率也越大。

　　（五）在放开"可得性"的假设前提下，现实中农户参与市场组织化程度主要受交易主客体特性、交易特性、各种产销组织的可得性等因素的影响

　　从对农户实际选择行为的计量分析结果来看，各种产销组织的可得性对农户参与市场组织化程度影响的显著性最高，影响的程度也较大。此外，农户特征、农产品特征、交易三维度特征难等方面的因素也在不同方向、不同程度上对农户的实际选择行为产生影响。

　　在影响农户选择行为的因素中，加入农民专业合作经济组织或参加松散型"农户＋企业"形式的农户与直接进入市场交易的农户相比时，对农户选择行为有显著影响的变量较多。具体来说，与直接进入市场交易相比，周围有相关农民专业合作经济组织、农户户主的受教育程度越高、有过特殊经历、风险厌恶程度越高、机会主义倾向越低、目标农产品单位净收益越高、针对目标农产品的资产专用性水平越高、目标农产品的价格波动程度越大、交易频率越大农户选择加入农民专业合作经济组织的概率就越大。与直接进入市场交易相比，周围有可提供销售合同的企业、农户户主有过特殊经历、目标农产品单位净收益越高、针对目标农产品的资产专用性水平越高农户参加"松散型农户＋企业"组织形式的概率就越大。而进一步将加入农民专业合作经济组织的农户与参加松散型"农户＋企业"形式的农户相比，农户户主有过特殊经历、目

标农产品单位净收益越高、针对目标农产品的资产专用性水平越高，农户加入农民专业合作经济组织的概率就越大。

而将"农户＋经纪人"与农户直接进入市场相比时，只有户主特殊经历情况、资产专用性、可得性三类变量对农户选择行为有正向显著影响。这表明，在现实中，"农户＋经纪人"形式与农户直接进入市场形式在所有不显著的变量所反映的特征上没有显著差别，这也在一定程度上体现了两种产销形式的农民组织化程度相差不大，都很低。

（六）农户选择不同产销组织的意愿与现实行为存在偏离的情况

以农户参与农民专业合作经济组织的意愿与现实行为的偏离情况为例分析可知，所调查地区的农户参加农民专业合作经济组织的意愿与现实行为的偏离情况主要有两种：一种是农户愿意参加但没有参加农民专业合作经济组织，造成这种偏离的主要原因有：（1）当地没有相关的农民专业合作经济组织；（2）当地的相关农民专业合作经济组织没能在产前、产中、产后发挥应有的积极作用，徒有虚名。另一种偏离情况是农户不愿意参加但现实参加了农民专业合作经济组织。这主要是由于当地政府过度干预，强制农户参加农民专业合作经济组织造成的。

第2节 对策建议

通过对本书结果的梳理可以发现：所调查农户的组织化程度总体上偏低，但愿意提高自身组织化程度的农户还是比较多的。现实中农户参与市场组织化程度主要受交易主客体特性、交易特性、各种产销组织的可得性等因素的影响。造成农户实际行为与意愿发生偏离的原因主要有各种产销组织的可得性、产销组织的实际经营效率及地方政府的强制行为等。为了有效提高农户的组织化程度，本书提出以下对策建议：

（一）根据农户的需求有针对性地引导农户提高组织化程度，避免政府强制农民加入某种形式的产销组织

农户选择以何种形式参与市场是基于自身的收益与成本的比较而决定的，因此，生产经营特征及资源禀赋不同的农户适应于不同的组织化程度。所以，不是所有的农户都需要以很高的组织化程度参与市场。这就要求政府要根据农

户的特点有针对性地引导农户提高组织化程度，而不能不切实际地强求所有的农户都加入组织化程度较高的产销组织。此外，要加大宣传，使农民正确地了解农民专业合作经济组织或者是紧密型"农户＋企业"的组织形式，减少农户因为误解或不了解而没有参与相关产销组织的情况。比如，政府可以通过媒体宣传、编印简报资料、举办培训班、召开经验交流会等多种形式，让农户更准确地了解新型农民专业合作经济组织、紧密型"农户＋企业"形式的优点，以利于农户作出最有利的决策。

（二）引导农户优化种养结构，提高农产品科技含量和经济价值，以增加农户提高组织化程度的积极性

通过对调查数据的描述性分析和计量分析可见，种养高经济价值、高技术含量农产品的农户群体中，不管是愿意参加还是已经参加组织化程度较高的产销组织的农户所占比例都很高。这说明，种养高经济价值农产品的农户对预期收益会更在乎，农户为了降低市场风险会有足够的积极性提高自己参与市场的组织化程度。此外，种养高技术含量农产品的农户为了获得稳定、较为专业的技术服务以降低技术上的风险，往往会有较高的积极性参加组织化程度较高的产销组织。所以，引导农户优化种养结构，增大对高科技含量和高经济价值的农产品的种养，提高农户对预期收益和技术获取的重视程度，一方面可以提高农户的收入水平，另一方面可以有效促进农户提高自身组织化程度的积极性。

（三）对农户的生产技术装备投入给予补贴，提高农户技术装备水平，从而增加农户提高组织化程度的积极性

由调查数据的分析可知，有专门为种养农产品进行设备投资的农户群体中，不管是愿意参加还是已经参加组织化程度较高的产销组织的农户所占比例都很高。所以，为了有效促进农户提高自身组织化程度，可以对农户的生产技术装备投入给予补贴，例如，对大棚、滴灌装备、农产品简单的初加工设备、制冷保险设备等等实行补贴。这样，一方面可以提高农户的技术装备水平，从而提高农户经营效率和抵御风险能力；另一方面可以有效增强农户提高自身组织化程度的积极性。

（四）加大对农民专业合作经济组织、紧密型"农户＋企业"形式的扶持力度，促进这些组织形式的快速发展，以降低"不可得"对农户参与行为的约束

（1）继续鼓励和扶持紧密型"农户＋企业"的形式

本书研究显示，紧密型"农户＋企业"形式是农民愿意参与度较高的一

种产销组织形式。但现实中，由于受政策或资金等约束，提供生产合同的企业较少，并且合同履行的质量也不高。因此，政府需要在原有基础上继续扶持一批科技含量高、辐射力强的"龙头"企业，并鼓励和促进紧密型"农户＋企业"形式的发展。具体来说，政府可以对与农户结成紧密合作关系的企业实行贷款倾斜政策，以增加其投资。同时，政府应引导这类企业加快提高自身科技水平，走专业化、规模化和区域化发展的道路，不断提高企业自身的实力和竞争力，以更好地带动农户增收。

（2）加大对农民专业合作经济组织的引导和扶持，促进农民专业合作组织健康快速的发展

政府要在税收、财政、信贷等多个方面加大对农民专业合作组织的支持。首先，在税收方面，政府应充分考虑到农民合作经济组织及其提供的服务具有部分公共物品性质，给予减免税收的优惠政策。此外，还可以利用税收政策引导合作社的发展方向，引导合作社从事农产品深加工业；对于农民合作经济组织出口的农产品，给予全额退税等，增强其市场竞争能力。其次，在财政方面，农业综合开发部门要加大对农民专业合作经济组织的扶持力度，财政部门要建立专项扶持资金，并通过整合对农业的专项投资资金，重点支持农民专业合作经济组织开展的农产品生产基地的基础设施建设、科研开发能力、技术服务水平、质量检验检测水平和信息网络体系建设。最后，在信贷方面，一方面，农业发展银行应向农民专业合作经济组织进行信贷倾斜，增加对农民的信贷资金额度，对生产基地建设和农民发展生产所需要的资金给予大力支持，减少不必要的环节，对规范运作、信誉较好的，可给予低息贷款，也可采取政府贴息贷款的办法，把对农民合作经济组织的支持作为其重要业务之一。另一方面，政府还可以仿照很多合作经济组织发达的国家，建立农村合作金融体系。农村合作金融的主要业务除了向农民发放支持农业生产的低息贷款外，也可以吸收农民存款并向其他部门提供资金，帮助农民解决富余资金的出路问题，所得利润可以用于农业的技术推广、农民培训等等。使农村合作金融体系成为其他各类合作组织资金流通的后盾，有力地支持其他合作组织的经济活动。①

---

① 孔祥智、史冰清：《当前农民专业合作组织的运行机制、基本作用及影响因素分析》，《农村经济》2009年第1期。

（五）农民专业合作经济组织要加快提高自身的管理水平与经营效率，要在市场交易中发挥应有的积极作用，以促使愿意加入的农户将意愿转化为实际行动

（1）加强农民专业合作经济组织的自身制度建设

首先，要健全农民合作经济组织的组织机构和规章制度，包括合作组织章程、以社员为主体的明晰的产权制度、组织内部机构以及财务管理公开制度，规范运作。其次，要切实建立好农民专业合作经济组织的"三会"制度，包括会员大会、理事会、监事会，规定好各自的职责、权限和互相之间的制衡关系。再次，要增强社会资本和农民合作组织的凝聚力。合作组织在对内服务于社员，提供非营利性服务的前提下，对外参与市场竞争，其盈余和积累归全体社员共同所有，对于年度可分配的盈余，在留取必要的公共积累后，要按照交易额返还给本组织成员。这是增强合作组织凝聚力和向心力的关键所在。最后，要在农民专业合作经济组织中实现民主决策、民主管理的原则，首要一步是制定并严格实施合作组织的章程，建立健全民主决策制度。然后要依据章程，设立机构并切实履行职能。此外，要解决决策机制上的问题，忽视了农民民主决策意识的培养，一切也只能成为空谈。因此，要保证民主决策机制不落空，一方面要培养普通成员参与决策、行使权力的意识，另一方面要使组织的发展目标更贴近农民的需求，这样才能激发农民的热情，积极参与决策。

（2）增强经营服务功能，提高可持续发展能力

农民专业合作经济组织要设立专门的项目资金用于引进新品种、新技术，购置加工、储藏、运销设施、设备，建立信息网络等，以增强农民专业合作经济组织的综合服务能力和可持续发展能力。同时，应强化品牌和精品意识，提高产品特色，提升农产品质量安全水平，提高市场开拓能力，以增强农民专业合作经济组织的竞争力和经营服务功能。此外，对于有实力的农民专业合作经济组织，还可以建立自己的生产基地，通过组织内部的资金、技术、生产、加工、销售、信息等多种要素的开发整合，延伸产业链，使得农民专业合作经济组织实力不断增强，带动周边农户积极参与农民专业合作经济组织。①

---

① 孔祥智、史冰清：《我国农民专业合作经济组织发展的制度变迁和政策评价》，《农村经营管理》2008 年第 11 期。

附录：

附录1 农户数据资料的补充分析

在前面的实证研究中因样本量太小而被剔除的 7 个紧密型"农户 + 企业"农户样本，在现实中这类农户的生产经营特征还是比较有研究价值的，在此对这部分农户的生产经营特征、参与订单情况及选择不同产销组织意愿情况进行分析，以对本书农户参与市场组织化程度的研究作进一步的补充。

附表1 紧密型"农户 + 企业"样本农户生产经营特征情况 1

农户	目标作物名称	种植面积（亩）	单位净收益（元/亩）	有无更换新品种	是否绿色无公害	价格波动情况	专用性资产投资（元）	专用借款
1	水稻	35	1250	有	是	2	10000	无
2	小西红柿	5	9903	有	是	3	75000	有
3	棉花	18	1520	有	是	3	20000	有
4	苗木	10	1666	有	—	3	50000	有
5	苗木	15	1720	有	—	3	65000	有
6	谷子	9	1186	有	是	3	15000	无
7	谷子	13	1203	有	是	3	17000	有

注：价格波动情况中，1 表示价格基本稳定（上下浮动 10%）；2 表示价格波动较小（上下浮动 10%—20%）；3 表示价格波动较大（上下浮动 20%—50%）；4 表示价格波动很大（上下浮动 50% 以上）。

在以紧密型"农户 + 企业"形式参与市场的 7 个样本农户中，1 号农户的目标作物是水稻，种植面积为 35 亩，单位净收益为 1250 元/亩，2006—2008 年对水稻种植的专用性资产投资为 10000 元，没有专门为种水稻借款。2 号农户的目标作物是"小西红柿"，种植面积为 5 亩，单位净收益为 9903 元/亩，2006—2008 年对"小西红柿"种植的专用性资产投资为 75000 元，有专门为种"小西红柿"借款。3 号农户的目标作物是棉花，种植面积为 18 亩，单位净收益为 1520 元/亩，2006—2008 年对棉花种植的专用性资产投资为 20000元，有专门为种棉花借款。4 号农户的目标作物是苗木，种植面积为 10 亩，单位净收益为 1666 元/亩，2006—2008 年对苗木种植的专用性资产投资为

50000 元，有专门为种苗木借款。5 号农户的目标作物是苗木，种植面积为 15 亩，单位净收益为 1720 元/亩，2006—2008 年对苗木种植的专用性资产投资为 65000 元，有专门为种苗木借款。6 号农户的目标作物是谷子（小米"沁州黄"），种植面积为 9 亩，单位净收益为 1186 元/亩，2006—2008 年对谷子种植的专用性资产投资为 15000 元，没有专门为种谷子借款。7 号农户的目标作物是谷子（小米"沁州黄"），种植面积为 13 亩，单位净收益为 1203 元/亩，2006—2008 年对谷子种植的专用性资产投资为 17000 元，有专门为种谷子而借款。

以紧密型"农户＋企业"形式参与市场的 7 个样本农户针对目标农产品近 3 年均更换了新品种，除了种植苗木之外的 5 位农户所种植的目标农产品均为绿色无公害产品。2008 年 1 月以来当地市场上目标农产品价格波动情况，除了水稻的价格波动较小（上下浮动 10%—20%）以外，其余 4 种产品的价格波动均较大（上下浮动 20%—50%）。

附表 2   紧密型"农户＋企业"样本农户生产经营特征情况 2

农户	参与订单原因	订单制定方法	订单价格机制	违约情况	毁约意愿	技术复杂否	保持稳定关系的重要程度	参与意愿
1	2	2	2	有	毁约	否	2	2
2	3	2	2	无	不毁约	复杂	3	4
3	1	1	3	无	毁约	否	2	3
4	1	2	2	无	不毁约	复杂	3	3
5	1	2	2	无	不毁约	复杂	1	3
6	2	1	2	无	毁约	否	3	3
7	2	1	2	无	不毁约	复杂	3	4

注：①参与订单原因中，1 表示产品有稳定销路；2 表示价格有保证；3 表示得到技术支持；4 表示得到资金的支持；5 表示政府强制规定；6 表示其他。②订单内容的制定方法中，1 表示完全由对方/合作社领导说了算；2 表示由双方协商；3 表示由农户方说了算；4 表示其他。③订单价格机制中，1 表示随行就市；2 表示保底价基础上随行就市；3 表示固定价格；4 表示其他。④农户认为与农资供应商保持稳定关系的重要程度中，1 表示不重要；2 表示一般；3 表示重要。⑤在各种产销组织都存在的前提下，农户的选择意愿中，1 表示直接去市场；2 表示松散型"农户＋企业"；3 表示紧密型"农户＋企业"；4 表示加入农民专业合作经济组织。

在以紧密型"农户＋企业"形式参与市场的 7 个样本农户中，1 号农户针对目标农产品参与订单的主要原因是为了价格有保证；在签订订单执行的过程中，订单内容的制定方法为双方协商；订单的价格为在保底价基础上随行就市；在订单的执行中有过违约的情况；该农户表示，在目标农产品销售时，若市场价格高于已签订的订单价格，他会毁约而转售市场；该农户认为种植水稻技术不复杂；认为与农资供应商保持稳定关系一般重要；在各种产销组织都存在的前提下，该农户愿意选择以松散型"农户+企业"的形式参与市场。2号农户针对目标农产品参与订单的主要原因是为了得到技术支持；在签订订单的过程中，订单内容的制定方法为双方协商；订单的价格为在保底价基础上随行就市；在订单的过程中没有过违约的情况；该农户表示，在目标农产品销售时，若市场价格高于已签订的订单价格，他仍会执行合同；该农户认为种植小西红柿技术复杂；认为与农资供应商保持稳定关系重要；在各种产销组织都存在的前提下，该农户愿意选择入农民专业合作经济组织的形式参与市场。3号农户针对目标农产品参与订单的主要原因是为了产品有稳定销路；在签订订单执行的过程中，订单内容的制定方法为完全由对方说了算；订单的价格为固定价格；在订单的执行中没有过违约的情况；该农户表示，在目标农产品销售时，若市场价格高于已签订的订单价格，他会毁约而转售市场；该农户认为种植棉花技术不复杂；认为与农资供应商保持稳定关系一般重要；在各种产销组织都存在的前提下，该农户愿意继续选择紧密型"农户+企业"的形式参与市场。4号农户针对目标农产品参与订单的主要原因是为了产品有稳定销路；在签订订单的过程中，订单内容的制定方法为双方协商；订单的价格为在保底价基础上随行就市；在订单的过程中没有过违约的情况；该农户表示，在目标农产品销售时，若市场价格高于已签订的订单价格，他仍会执行合同；该农户认为种植苗木技术复杂；认为与农资供应商保持稳定关系重要；在各种产销组织都存在的前提下，该农户愿意继续选择紧密型"农户+企业"的形式参与市场。5号农户针对目标农产品参与订单的主要原因是为了产品有稳定销路；在签订订单的过程中，订单内容的制定方法为双方协商；订单的价格为在保底价基础上随行就市；在订单的过程中没有过违约的情况；该农户表示，在目标农产品销售时，若市场价格高于已签订的订单价格，他仍会执行合同；该农户认为种植苗木技术复杂；认为与农资供应商保持稳定关系不重要；在各种产销组织都存在的前提下，该农户仍然愿意选择紧密型"农户+企业"的形式参与市场。6号农户针对目标农产品参与订单的主要原因是为了价格有保证；在签订订单的过程中，订单内容的制定方法为全由对方说了算；订单的价格为在保底价基础上随行就市；在订单的过程中没有过违约的情况；该农户表示，在目标农产品销售时，若市场价格高于已签订的订单价格，他会毁约而转售市场；该农户认为种植谷子技术不复杂；认为与农资供应商保持稳定关系重要；在各种产销组织都存在的前提下，该农户愿意选择以加入农民专业合作经济组织的形式参与市场。7 号农户针对目标农产品参与订单的主要原因是为了价格有保证；在签订订单的过程中，订单内容的制定方法为全由对方说了算；订单的价格为在保底价基础上随行就市；在订单的过程中没有过违约的情况；该农户表示，在目标农产品销售时，若市场价格高于已签订的订单价格，他仍会执行合同；该农户认为种植的谷子技术复杂；认为与农资供应商保持稳定关系重要；在各种产销组织都存在的前提下，该农户愿意选择以加入农民专业合作经济组织的形式参与市场。

可以看出，这 7 个以紧密型"农户＋企业"形式参与市场的农户目标作物的种植面积都比较大，作物的经济价值也较高，产品的安全性较高，均为绿色无公害产品，7 个农户中有 6 个农户目标农产品的市场价格波动比较大，市场风险较高，农户的专用性资产投入水平较高。关于参与这种紧密型"农户＋企业"产销组织的主要原因，在这 7 个农户中，有 3 个农户表示与企业签订这种紧密型生产合同的原因主要是为了产品有稳定销路，有 3 个农户表示主要原因是为了产品价格有保证，还有 1 个农户是为了得到技术支持。此外，由这7 个农户的违约情况可以看出这种紧密型生产合同的违约率较低。最后，关于如果各种产销组织都可得的前提下，农户选择产销组织的意愿问题，这 7 个农户中，种植水稻的那个农户表示不愿继续选择紧密型"农户＋企业"形式，而愿意选择普通的松散型"农户＋企业"形式参与市场；种植棉花和苗木的那三位农户表示愿意继续选择紧密型"农户＋企业"形式参与市场；种植"小西红柿"和"沁州黄"谷子的农户表示愿意选择加入农民专业合作经济组织的形式参与市场。

附录 2　课题组的调查问卷

一、基本状况

（1）现在您家有＿＿＿＿口人？劳动力＿＿＿＿个，其中参加农业劳动的有＿＿＿＿人？

（2）被访者或户主情况：

表1 被访者或户主主要特征

	是否户主（1是，2否）	性别（1男，2女）	年龄	学历编码1	当前是否务农1是;2否	当前（其他)职业编码2	是否有以下经历编码3	是否村民代表1是;2否	是否党员1是;2否
被访者									

编码1：1 文盲；2 小学；3 初中；4 高中或中专；6 大专及以上；编码2：0 无其他经历；1 短期农工；2 为农产品经销商打工；3 企业工人；4 外出打工；5 自营工商业；6 村干部；7 教师；8 其他_____。编码3：0 无特殊经历；1 曾经担任村干部；2 机关退休；3 外出打工；4 在外工作；5 退伍军人；6 离退休教师；7 企业退休；8 其他（请说明）_____。

二、生产经营问题

（一）土地状况

（3）您家现在有_____亩地，共分为_____块，其中自家承包的_____亩，租（转）入的_____亩，可灌溉面积_____亩，养殖用地_____亩。

（二）种植业情况

（4）2008 年主要种植情况

表2 2008 年您家主要种些什么（如粮食、水果、蔬菜等，请写出具体的名称）

名称	1	2	3	4	5 面积（亩）
总产量（斤）					
销售量（斤）					
销售单价（元）					
总成本（元）					

（5）表 2 中的作物有没有是通过与企业签订单销售或者加入该类产品的农民专业合作经济组织销售的？（　　）1. 有；2. 没有

如果没有通过上述两种途径销售的作物，请问您家种植最重要的作物是什么？（名称必须和表 2 中的一致）

请将该作物的具体情况填入表3。

如果有，是哪种作物？_____（名称必须和表 2 中的一致）

请将该作物的具体情况填入表3。

表3　2008年目标作物种植具体情况（注意：所有支出项均为总支出，而非单价）

作物（名称和上题一致）	种类编码4	总面积（亩）	其中，租种面积（亩）	租金（元）	肥料支出（元）	农药支出（元）	种苗支出（元）	雇工工资（元）	灌溉支出（元）	机械使用支出（元）	其他支出（元）	总产量（斤）	销售量（斤）	单价（元／斤）

编码4：1. 粮食作物；2. 水果；3. 蔬菜；4. 油料作物；5. 食用菌；6. 苗木花卉；7. 其他_____。注：编码3由调查员自己判断填写。

注："灌溉支出"指灌溉中涉及的所有支出，包括灌溉用的机械费用。"机械使用支出"不包括购买机械的费用。

（三）养殖业情况

（6）2008年您家的养殖情况（包括普通畜禽、特种畜禽、水产等），请填下表4。

表4　2008年主要养殖情况（注意：所有支出项均为总支出，而非单价）

养殖内容	1	2	3	4	5
年初规模（只、头、尾……）					
年底规模（只、头、尾……）					
年销售量：主产品（只、头、尾……）					
副产品（只、头、尾……）					
年养殖的销售收入（元）					
年养殖的总成本（元）					
其中：饲料（元）					
防疫（元）					
配种、繁育、购买幼崽（元）					
雇工费用（元）					
水电费用					
机械使用费					
其他成本：					

（7）表4中的畜禽有没有是通过和企业签订单销售或者是加入该类产品的农民专业合作经济组织销售的？（　　　）1. 有；2. 没有

（8）如果有，是哪种畜禽？＿＿＿＿＿＿（名称必须和表4中的一致）；如果没有，哪种畜禽是最主要的＿＿＿＿＿＿（名称必须和表4中的一致）

三、该产品的生产技术情况

注：本部分针对表3中的目标作物或题8中的目标畜禽；如果种植、养殖两种都有，则选一种更为重要的。

这种产品是＿＿＿＿＿＿＿＿＿＿＿＿（名称和前面一致）

（9）近3年您家种养该产品的面积或数量是否有过变化（　　　）1. 有；2. 没有

（10）如果有，是根据什么确定的？（选两个最重要的）（　　　　）（1. 根据市场行情；2. 根据自家资金、土地、劳力等因素；3. 根据生产经营的费时费力和技术难易；4. 参考合作社社员种养情况；5. 订单企业规定的；6. 参考亲戚邻居的情况；7. 其他＿＿＿＿＿＿）

（11）2004年至今，您是否更换了品种？（　　　）1. 是；2. 否。

如果更换了，为什么要采用现在这个新品种？（可多选）（　　　　　　）【原因代码：1. 产量高；2. 品质好；3. 价格高；4. 省劳力；5. 产量稳定；6. 抗病虫害；7. 适合当地种养；8. 其他（请说明）＿＿＿＿＿＿】

如果没有更换，下面13题中新品种来源不填

（12）新旧两个品种最初是通过什么途径得到的？新品种（　　）；旧品种（　　）【途径代码：1. 县种子公司；2. 个体种子门市；3. 订单企业提供；4. 合作社推荐；5. 政府农业或畜牧部门；6. 科研机构；7. 村干部；8. 外村亲友；9. 邻居；10. 自己育/留种；11 其他（请说明）＿＿＿＿＿＿】

（13）该产品是绿色或无公害的吗？（　　）1. 是；2. 否；3. 不清楚；如果是，投入的化肥、农药或饲料是如何购买的？（　　　）（1. 直接去农资市场购买的；2. 订单企业提供；3. 合作社统一购买的；4. 直接从生产厂家购买的；5. 其他＿＿＿＿＿＿）

（14）您的农资供应商稳定吗？（　　）1. 是；2. 否；和他们的关系稳不稳定对您重要吗？（　　）1. 不重要；2. 一般；3. 重要

（15）您觉得该产品的种养技术复杂吗？（　　　　）1. 复杂；2. 不复杂；3. 说不清楚

（16）您需要技术服务吗？（　　　）1. 需要；2. 不需要

（17）是否有技术人员上门技术服务（　　　）（1. 是；2. 否）；一年
_____次？最近一次是什么时候_____年_____月？若有，是哪里组织
的？（　　　）（1. 订单企业；2. 合作社；3. 县乡农技站或畜牧站；4. 高校或
科研机构；5. 其他_____）；都是什么方面的指导？（　　　）（1. 选种；
2. 种养技术；3. 病虫害防疫；4. 其他_____）

（18）是否有技术培训？（　　　）（1. 是；2. 否）一年_____次？最近一
次是什么时候_____年_____月？若有，是哪里组织的？（　　　）（1. 订单
企业；2. 合作社；3. 县乡农技站或畜牧站；4. 高校或科研机构；5. 其他
_____）都是什么方面的培训？（　　　）（1. 选种；2. 种养技术；3. 病虫害防
疫；4. 其他　　　）

（19）您家有专门为该产品而购买的农用机械或设备等资产吗？（　　　）
（1. 有；2. 没有）；如果有，花了_____元购买的，哪年购买的
_____年

（20）您家有专门为该产品修建房舍吗？（　　　）（1. 有；2. 没有）；如果
有，花了_____元建造的，哪年建造的_____年。

（21）如果您不想经营该产品了，您能将房舍及设施转让给别人吗？
（　　　）1. 能，值_____元；2. 不能

四、该产品相关生产经营销售状况（注：本部分针对的产品同"第三部分"）

（22）您家附近有没有该产品销售市场（有形市场）？（　　　）1. 有；
2. 没有；3. 不知道。如果有，最近的距离有多远？_____公里

（23）您觉得该产品销售困难吗？（　　　）1. 困难；2. 不困难；3. 说不
清楚

（24）针对该产品你们当地有能提供订单合同的企业吗？（　　　）1. 有；
2. 没有；3. 不知道。　如果有，数量多吗（　　　）1. 多；2. 不多；3. 说不
清楚；其中有规模较大的该类产品龙头企业吗？（　　　）1. 有；2. 没有；3.
不知道。　如果有，您家离这些企业远吗？（　　　）1. 很远；2. 比较远；3.
比较近；4. 很近。

（25）您家该产品是怎么销售的？（　　　）（1. 直接在当地市场销售；2.
通过经纪人（商贩）上门收购；3. 通过企业直接收购；4. 通过农民专业合作

经济组织收购）

（26）您家该产品销售的比例情况：

表5　产品销售情况

产品名称	通过当地市场销售的比例为（%）		通过经纪人（商贩）上门收购销售的比例为（%）	通过公司或企业直接收购销售的比例为（%）	通过农民专业合作经济组织收购销售的比例为（%）	其他销售渠道（请说明）（%）_____
	零售	批发				

（27）2008年1月以来，当地市场上该产品价格波动大不大？（　　　）（1. 价格基本稳定（上下浮动10%）；2. 价格波动较小（上下10%—20%）；3. 价格波动较大（上下20%—50%）；4. 价格波动很大（上下50%以上））

（28）您认为价格波动呈现这种状况原因是：_____

（29）为了种养该产品您家有没有借款？（　　　）1. 无借款；2. 借款（若没有借款，请跳至第31题）

（30）若借款，则借款占总投资的比率约为：（　　　）1. 1%—20%；2. 21%—40%；3. 41%—60%；4. 61%及以上若借款，主要向谁借（多选）（　　　）1. 亲戚；2. 朋友或熟人；3. 农村信用社；4. 银行；5. 私人放债；6. 合作社；7. 公司；8. 其他

五、加入合作组织情况（注：本部分必须填写，如果加入多个合作社，就选择目标产品的合作社）

（31）您家有没有加入合作经济组织？（　　　）1. 参加；2. 没参加
若参加了，该合作社的名称是_____
（若没参加，请跳至第41题）

（32）您家周围有相关的农民专业合作经济组织吗？（　　　）1. 有；2. 没有

（33）通过合作社销售，价格会不会比一般市场上高些？（　　　）1. 低些；2. 差不多；3. 高些（如果不通过合作社销售，请填"0"）　如果高些，大概能高_____%。　（如果没有参加合作社，但是也通过合作社销售，此题也填）

（34）通过加入合作社，在资金借贷上会不会比以前容易些？（　　　）

1. 会；2. 不会；如果会，为什么（　　）1. 合作社提供资金；2. 合作社提供担保；3. 社员联保；4 其他_____

（35）通过加入合作社，在市场信息获得和经验交流方面是不是比以前充分些？（　　）1. 更不充分；2. 差不多；3. 更充分了

（36）合作社的社员人数大概是多少？_____人；社员间平时生产生活中遇到困难时会不会相互帮助？（　　）1. 基本上会2. 有时会3. 基本上不会

（37）该合作组织提供服务的内容：（可多选）（　　　　　　）（1. 产前服务；2. 产中服务；3. 产后服务）（注：产前服务是指：1. 购买良种；2. 购买化肥、农药或饲料；3. 购买农机；4. 租用农机；产中服务是指：5. 播种；6. 施肥；7. 打药或打疫苗；8. 灌溉；9. 机耕；10. 农机修理；11. 提供田间管理或养殖中的技术指导；产后服务是指：12. 大宗农作物收割或屠宰；13. 采摘；14. 包装；15. 储藏；16. 运输；17. 收购与销售；18. 加工）

（38）您最需要合作组织提供哪项服务？（　　　　　）（1. 农产品销售；2. 生产资料供应；3. 农业技术服务；4. 提供市场信息；5. 资金；6. 其他_____）

（39）您对该合作组织的服务满意吗？（　　）（0. 难说；1. 很不满意；2. 不满意；3. 一般；4. 比较满意；5. 很满意）

（40）您愿意与该合作组织保持稳定的销售关系吗？（　　）1. 非常不愿意；2. 不愿意；3. 一般；4. 比较愿意；5. 很愿意

（41）您如果退出合作组织，会不会面临家庭收益减少的问题？（　　）0. 难说/不确定；1. 不会；2. 有可能；3. 会　　（跳至第42题）

若没有参加

（42）您家没有参加的原因是什么？（可多选）（　　　　）1. 附近没有合作经济组织；2. 不了解合作经济组织是什么组织；3. 好处不明显；4. 不相信这些组织能办好；5. 自己规模太小，没有必要；6. 要交会费；7. 不够资格，合作社不接纳；8. 其他（请说明）_____

（43）您认为农村中是否需要农业合作组织？（　　）1. 需要；2. 不需要；0. 说不清

（44）今后您家是不是愿意参加合作组织？（　　）1. 愿意；2. 不愿意；0. 无所谓

（45）当地政府有支持农民专业合作社发展的政策吗？（　　）（1. 有；2. 没有；0. 不知道）

六、农户去年和今年参与订单（合同农业）的情况（注：本部分针对种植业中表 3 中的产品或养殖业中通过订单或合作社销售的产品）

（46）针对该产品，以前是否签订过订单（合同）？（　　）（1. 签订过；2. 没有签订过）

（47）针对该产品，2008 年 1 月以来是否签订过订单（合同）？（　　）（1. 签订过；2. 没有签订过）

a. 如选"没有签订过"，您家没有签订过的原因是什么？（　　）（1. 没有机会；2. 好处不明显；3. 手续太复杂；4. 自己规模太小，对方不感兴趣；5 说不清；6 其他（请说明）＿＿＿＿＿＿）（下面请跳至第 61 题）

b. 如选"签订过"，继续回答以下问题：

（48）如果有，这次的订单是什么时候开始的＿＿＿＿＿年＿＿＿＿＿月

（49）您家是直接与下列哪类组织签订订单（合同）？（　　）（1. 当地贩销大户；2. 加工企业；3. 农技部门；4. 供销社；5. 农业合作社或专业协会；6. 其他（请说明）＿＿＿＿＿＿）

（50）您家订单（合同）的具体形式为（　　）（1. 口头协议；2. 书面协议；3. 其他（请说明）＿＿＿＿＿＿）

（51）您家参与订单的最主要原因是（　　）（1. 产品有稳定的销路；2. 价格有保证；3. 得到技术支持；4. 得到资金的支持；5. 政府强制规定；6. 其他）

（52）您家与对方签订的合同期限一般为多长时间（　　）（1.1 年以内；2.1—2 年；3.2—3 年；4.3 年以上）

（53）您家与对方签订的主要是什么内容的合同（　　）（1. 一般销售合同；2. 生产合同；3. 其他＿＿＿＿＿＿）注：一般销售合同是指仅和订单企业有销售业务关系的合同；生产合同是指与企业签订的包括销售关系的以内，还提供生产资料、生产技术、市场信息等服务的合同。

（54）通过订单销售的农产品占您家该农产品总销售量的比例为＿＿＿＿＿%

（55）您家与对方签订的订单规定了下面哪些内容？（可多选）（　　）（1. 价格；2. 数量；3. 耕种面积；4. 质量规格标准；5. 收购的时间；6. 其他（请说明）＿＿＿＿＿＿）

（56）您家与对方签订订单内容是如何制定的？（　　）（1. 完全由对方说了算；2. 双方协商；3. 由我家说了算；4. 其他（请说明）＿＿＿＿＿＿）

（57）您家与对方签订的订单的价格为（　　）（1. 随行就市；2. 保底收购，随行就市；3. 固定价格；4. 其他（请说明）_____）

（58）您家通过订单形式销售的价格会比一般市场上高些吗（　　）1. 高些；2. 差不多；3. 低些　　如果高些，大概能高_____％。

（59）您家与对方签订后，对方是否要求您家有一些配套投入吗？（　　）（1. 有要求，配套投入_____元；2. 没有要求）

（60）您家最想要的订单方式为（　　）（1. 随行就市；2. 保底收，随行就市；3. 固定价格；4. 其他（请说明）_____）

（61）您家签订的订单有过违约的吗？（　　）（1. 有；2. 没有；）；若有，最近一次是什么时候（年、月）_____；谁违约（　　）1. 企业；2. 农户自己；3. 双方违约。为什么违约？_____；违约怎么解决_____

（62）如果您已经签订了一份农产品销售合同，但销售时市场价格高于合同价格，您会（　　）（1. 执行合同；2. 市场上销售；3. 不知道）

（63）如果合同中规定企业要向您提供相关的生产资料、生产技术、市场信息等服务，那么当该产品销售时市场价格高于合同价格，您会（　　）（1. 执行合同；2. 市场上购买；3. 不知道）为什么_____；当企业提供的这些农资价格高于市场价格，您会（　　）（1. 执行合同；2. 市场上购买；3. 不知道）；为什么_____

（64）当地政府有支持订单农业发展的政策吗？（　　）（1. 有；2. 没有；3. 不知道）

（65）（不管现在是否签订订单）您家今后是否愿意签订合同？（　　）（1. 愿意；2. 不愿意；3. 无所谓）；为什么_____

七、家庭其他各项经营活动（不包括前述生产方面的收支情况）

（66）2008 年家庭其他收入和支出情况

	（1）其他收入				（2）其他支出（均指）							
	自营工商业收入	打工收入	租金	其他未列收入	电话费	煤/煤气/液化气	吃穿方面的生活费	水电费	教育费用	医疗卫生支出	红白喜事支出	其他未列支出
2008 年												

（67）您估计一下 2008 年全年家庭总支出大概＿＿＿＿＿＿＿元；农业生产总投入大概＿＿＿＿＿＿＿元。

（68）您估计一下，2008 年全年家庭总收入大概＿＿＿＿＿＿＿元；农业生产总收入大概＿＿＿＿＿＿＿元。

八、村庄特征变量

（69）你所在的村民小组有＿＿＿＿＿＿＿人？（生产队）

（70）村里平常与您聊天的人多吗？（　　）1. 有很多；2. 有一些，但不多；3. 基本没有

（71）村里你周围的大多数人是可以信任的吗？（　　）1. 不太清楚；2. 根本不可信；3. 在很大程度上不信任；4. 在很大程度上可信任；5. 完全信任

（72）您认为您的邻居或村里大多数人是尽量互相帮助还是只顾自己？（　　）1. 总是尽量帮助别人；2. 花一定的时间帮助别人；3. 花很少的时间帮助别人；4. 大多数人只关心自己，从不帮助别人

（73）你们村干部是通过民主选举的吗？（　　）1. 是；2. 不是；3. 不清楚

（74）您觉得您周围的交通状况如何？（　　）1. 很好；2. 比较好；3. 一般；4. 比较差；5. 很差

（75）亲戚朋友中是否有公务员？（　　）1. 有；2. 没有

（76）亲戚朋友中是否有开办企业的？（　　）1. 有；2. 没有

九、信息情况

（77）您认为自己缺不缺市场信息？（农产品的价格和需求）（　　）1. 缺；2. 不缺；3. 不好说

（78）您获得政府的信息或政策（如生产投资补贴）的最重要的两个渠道是什么（　　）1. 亲戚朋友；2. 村里的公告；3. 合作社；4. 企业；5. 报纸；6. 电视；7. 广播；8. 杂志；9. 村领导；10. 互联网；11. 政府派出机构；12. 其他（说明）＿＿＿＿＿＿

（79）您对市场价格信息很了解吗？（　　）1. 是；2. 否；你获得市场信息最重要的渠道是什么（　　）选项同上

（80）您经常去赶集/去镇里吗？（　　）1. 从来不去；2. 很少；3. 一月

一次；4. 两三周一次；5. 一周最少一次；6. 天天

（81）对于您家最重要的产品，您知道现在市场上什么品种最好卖吗？（   ）您知道现在市场上什么品种价格比较高吗？（   ）1. 知道；2. 不知道；3. 不好说

（82）您觉得目前您借钱困难吗？（   ）1. 困难；2. 比较困难；3. 一般；4. 比较容易；5. 容易

十、意愿问题　注：请调查员向农户解释清楚一般销售合同与生产合同的含义！如果各种产销形式都存在，都可以选择，您家愿意参与哪种生产经营方式？（   ）（1. 直接到市场上买卖；2. 通过经纪人或商贩销售；3. 与企业签订一般销售合同；4. 与企业签订生产合同；5. 加入农民合作经济组织）

参考文献

中文文献

1. 阿曼·阿尔钦、哈罗德·德姆赛茨：《生产、信息成本和经济组织》，奥利弗·威廉姆森、斯科特·马斯滕编，李自杰、蔡铭等译：《交易成本经济学经典名篇选读》，北京：人民出版社 2008 年版。

2. 奥利弗·威廉姆森：《生产的纵向一体化：市场失灵的考察》，奥利弗·威廉姆森、斯科特·马斯滕编，李自杰、蔡铭等译：《交易成本经济学经典名篇选读》。

3. 奥利弗威·廉姆森：《比较经济组织：对离散组织结构选择的分析》，奥利弗·威廉姆森、斯科特·马斯滕编，李自杰、蔡铭等译：《交易成本经济学经典名篇选读》。

4. 敖毅、许鸣：《当前我国农村新型社会中介组织的发展及其再转型》，《中国农村经济》2004 年第 7 期。

5. 本杰明·克莱因等：《纵向一体化、可占用性租金与竞争性缔约过程》，陈郁编：《企业制度与市场组织——交易费用经济学文选》，上海：上海人民出版社 1996 年版。

6. 曹利群：《茶叶初治环节组织形式分析》，《茶叶通讯》2001 年第 4 期。

7. 池泽新：《中介组织主导市场农业体制初探——我国"小规模、分散化"农户经营市场化的"制度安排"与政策建议》，《农村经济》2004 年第 11 期。

8. 陈和午：《农户模型的发展与应用：文献综述》，《农业技术经济》2004 年第 3 期。

9. 褚保金、戴国海：《加强政府扶持引导 促进农村合作组织发展——对江苏省农业专业合作经济组织调查与思考》，《现代经济探讨》2004 年第 9 期。

10. 崔彬：《果品产销组织化研究》（博士学位论文），西北农林科技大学 2004 年。

11. 戴迎春：《猪肉供应链垂直协作关系研究——以江苏省为例》（硕士毕

业论文），南京农业大学 2003 年。

12. 邓宏图、米献炜：《约束条件下合约选择和合约延续性条件分析——内蒙古塞飞亚集团有限公司和农户持续签约的经济解释》，《管理世界》2002 年第 12 期。

13. 杜吟堂：《合作社：农业中的现代企业制度》，南昌：江西人民出版社 1998 年版。

14. 房风文：《农业产业链中农户与龙头企业的利益联结机制》（硕士学位论文），中国人民大学 2007 年。

15. 傅晨：《农民专业合作经济组织的现状及问题》，《经济学家》2004 年第 5 期。

16. 高燕、杨名远：《农业家庭经营的交易特性、交易费用与农业产业化》，《新疆农垦经济》1998 年第 3 期。

17. 郭红东：《农业龙头企业与农户订单安排及履约机制研究——基于企业与农户行为的分析》（博士学位论文），浙江大学 2005 年。

18. 郭红东：《我国农户参与订单农业行为的影响因素分析》，《中国农村经济》2005 年第 3 期。

19. 郭红东：《龙头企业与农户订单安排与履约：理论和来自浙江企业的实证分析》，《农业经济问题》2006 年第 2 期。

20. 郭红东、方文豪：《浙江省农户农产品生产与销售实证分析》，《西北农林科技大学学报（社会科学版）》2004 年第 9 期。

21. 郭红东、蒋文华：《影响农户参与专业合作经济组织行为的因素分析——基于对浙江省农户的实证研究》，《中国农村经济》2004 年第 5 期。

22. 郭红东、蒋文华：《"行业协会 + 公司 + 合作社 + 专业农户"订单模式的实践与启示》，《中国农村经济》2007 年第 4 期。

23. 郭红东、蒋文华：《龙头企业与农户的订单安排与履约——一个一般分析框架的构建及对订单蜂业的应用分析》，《制度经济学研究》2007 年第 1 期。

24. 郭红东、钱崔红：《对浙江省 164 个农户的调查与分析发展新型农民专业合作经济组织：农户的意愿和需求》，《农业经济》2004 年第 3 期。

25. 国鲁来：《德国合作社制度的主要特点》，《中国农村经济》1995 年第 6 期。

26. 国鲁来：《合作社制度及专业协会实践的制度经济学分析》，《中国农村观察》2001 年第 4 期。

27. 郭锦塘：《农产品营销中农户合作行为实证研究——基于江西省农户的调研》（博士学位论文），华中农业大学 2007 年。

28. 郭锦塘、尹琴、廖小官：《农产品营销中影响农户合作伙伴选择的因素分析》，《农村经济问题》2007 年第 1 期。

29. 龚勤林：《产业链延伸的价格提升研究》，《价格理论与实践》2003 年第 3 期。

30. 韩晓翠：《中国农民组织化问题研究》（博士学位论文），山东农业大学 2006 年。

31. 胡继连、杨红香：《我国果品产业的组织结构与绩效》，《山东农业大学学报》（社会科学版）2008 年第 2 期。

32. 黄宗智：《中国农村的过密化与现代化：规范认识及出路》，上海：上海社会科学院出版社 1992 年版。

33. 黄宗智：《华北的小农经济与社会的变迁》，北京：中华书局 2000 年版。

34. 黄祖辉、梁巧：《小农户参与大市场的集体行动——以浙江省箬横西瓜合作社为例的分析》，《农业经济问题》2007 年第 9 期。

35. 黄祖辉、梁巧：《梨果供应链中不同组织的效率及其对农户的影响——基于浙江省的实证调研数据》，《西北农林科技大学学报》2009 年第 1 期。

36. 黄祖辉、王祖锁：《从不完全合约看农业产业化经营的组织方式》，《农业经济问题》2002 年第 3 期。

37. 黄祖辉、徐旭初、冯冠胜：《农民专业合作组织发展的影响因素分析——对浙江省农民专业合作组织发展现状的探讨》，《中国农村经济》2002 年第 3 期。

38. 黄祖辉、张静、陈志钢：《中国梨果产业价值链分析》，《中国农村经济》2008 年第 7 期。

39. 黄道霞等主编，《建国以来农业合作化史料汇编》，北京：中共党史出版社 1992 年版。

40. 刘一名、傅晨：《农村专业技术协会的组织制度与运行机制》，《华南农业大学学报》（社会科学版）2005 年第 2 期。

41. 何坪华：《论降低农户经营市场交易成本的意义与途径》，《调研世界》2000 年第 7 期。

42. 何坪华、凌远云：《订单农业发展中企业与农户之间的利益矛盾及其协调机制——基于湖北宜昌夷陵地区的调查》，《调研世界》2004 年第 6 期。

43. 何坪华、沈建中：《中介组织节约市场交易成本的理论与案例分析》，《农业经济》2000 年第 6 期。

44. 何坪华、杨名远：《小生产与大市场矛盾的表现与根源及其整合》，《华中农业大学学报》（社会科学版）2000 年第 2 期。

45. 何坪华、杨名远：《农村市场中介组织的经济评价》，《新疆农垦经济》2000 年第 3 期。

46. 胡定寰：《国际养鸡产业一体化经营的比较研究》，《中国农村经济》1998 年第 2 期。

47. 江波：《农产品供应链垂直协作关系研究——以四川省加工企业为例》（硕士学位论文），四川农业大学 2008 年。

48. 詹姆斯·C. 斯科特著，程立显、刘建等译：《农民的道义经济学——东南亚的反判与生存》，南京：译林出版社 2001 年版。

49. 姜明伦、于敏、郭红东：《农民合作的经济学分析》，《经济问题探索》2005 年第 3 期。

50. 蒋玉珉：《依托型农村专业合作社制度创新分析》，《中国农村经济》2004 年第 11 期。

51. 孔祥智：《大力发展服务于民的农民专业合作社》，《中国农民合作社》2009 年第 1 期。

52. 孔祥智：《中国农业社会化服务基于供给和需求的研究》，北京：中国人民大学出版社 2009 年版。

53. 孔祥智、陈丹梅：《政府支持与农民专业合作社的发展》，《教学与研究》2007 年第 1 期。

54. 孔祥智、史冰清：《当前农民专业合作组织的运行机制、基本作用及影响因素分析》，《农村经济》2009 年第 1 期。

55. 孔祥智、徐珍源等：《当前我国农业社会化服务体系的现状、问题和对策研究》，《江汉论坛》2009 年第 5 期。

56. 孔祥智等：《西部地区农民合作经济组织的作用及制约因素——基于陕、宁、川三省（区）调查的实证研究》，《经济理论与经济管理》2005 年第 6 期。

57. 李大胜、罗必良：《关于农产品流通的若干理论问题》，《南方农村》

2002 年第 1 期。

58. 李杰义：《农业产业链视角下的区域农业发展研究》（博士学位论文），同济大学 2008 年。

59. 李杰义、白庆华：《农业产业链管理对农产品价格风险规避效应的分析》，《经济管理与实践》2006 年第 6 期。

60. 李军民等：《国外农业产业链运作经验对中国的启示》，《世界农业》2007 年第 2 期。

61. 李岳云等：《不同经营规模农户经营行为的研究》，《中国农村观察》1999 年第 4 期。

62. 林坚、马彦丽：《农业合作社和投资者所有企业的边界——基于交易费用和组织成本角度的分析》，《农业经济问题》2006 年第 3 期。

63. 刘凤芹：《不完全合约与履约障碍》，《经济研究》2003 年第 4 期。

64. 刘金山：《内生性与农业市场组织创新》，《中国农村观察》2001 年第 5 期。

65. 刘玲、孙凯：《"企业＋农户"型产业组织效率改进的博弈分析》，《安徽农业科学》2006 年第 24 期。

66. 刘勇：《西方农业合作社理论文献综述》，《华南农业大学学报》2009 年第 4 期。

67. 罗必良：《管理学市场、企业和政府：功能边界与作用范围——基于交易费用经济学的考察》，《学术研究》2000 年第 7 期。

68. 罗必良：《交易费用的测量：难点、进展与方向》，《学术研究》2006 年第 9 期。

69. 罗必良：《农民合作组织：偷懒、监督及其保障机制》，《中国农村观察》2007 年第 2 期。

70. 罗必良：《合作机理、交易对象与制度绩效——温氏集团与长青水果场的比较研究》，《中国制度变迁的案例研究》2008 年第 10 期。

71. 罗必良等：《资产专用性、专业化生产与农户的市场风险》，《农业经济问题》2008 年第 7 期。

72. 罗必良等：《农产品流通组织制度的效率决定：一个分析框架》，《农业经济问题》2000 年第 8 期。

73. 罗必良等：《论两种农业产业化经营组织形式的选择》，《经济前沿》2007 年第 4 期。

74. 罗纳德·科斯：《企业的性质》，奥利弗·威廉姆森、斯科特·马斯滕编，李自杰、蔡铭等译：《交易成本经济学经典名篇选读》，北京：人民出版社 2008 年版。

75. 罗倩文：《我国农民合作经济组织内部合作行为及激励机制研究》（博士学位论文），西南大学 2009 年。

76. 马新安等：《供应链管理中的契约设计》，《工业工程与管理》2001 年第 3 期。

77. 闵学冲：《合作经济与集体经济是两个不同层次的经济范畴》，《农业经济问题》1986 年第 8 期。

78. 恰亚诺夫：《农民的经济组织》，北京：中央编译出版社 1996 年版。

79. 屈小博：《不同经营规模农户市场行为研究——基于陕西省果农的理论与实证》（博士学位论文），西北农林科技大学 2008 年。

80. 潘劲：《流通领域农民专业合作组织发展研究》，《农业经济问题》2001 年第 11 期。

81. 彭可茂：《中国油菜产业——交易行为与合约选择研究》（博士学位论文），华中农业大学 2007 年。

82. 石敏俊、金少胜：《中国农民需要合作组织吗？——沿海地区农户参加农民合作组织意向研究》，《浙江大学学报》（人文社会科学版）2004 年第 3 期。

83. 史清华：《农户经济增长与发展研究》，北京：中国农业出版社 1999 年版。

84. 史清华：《农户家庭经济资源利用效率及其配置方向比较》，《中国农村经济》2000 年第 8 期。

85. 生秀东：《农业产业化：一个理论假设及其政策含义》，《中州学刊》1998 年第 15 期。

86. 生秀东：《订单农业的运行机理和稳定性分析》，《中州学刊》2004 年第 11 期。

87. 生秀东：《订单农业的契约困境和组织形式的演进》，《中国农村经济》2007 年第 12 期。

88. 孙天琦、魏建：《农业产业化过程中"市场、准企业（准市场）和企业"的比较研究——从农业产业组织演进视角的分析》，《中国农村观察》2000 年第 2 期。

89. 孙亚范：《现阶段我国农民合作需求与意愿的实证研究的启示——对江苏农户的实证调查与分析》，《江苏社会科学》2003 年第 1 期。

90. 孙亚范：《新型农民专业合作经济组织发展研究》，北京：社会科学文献出版社 2006 年版。

91. 孙艳华：《江苏省肉鸡行业垂直协作关系研究——基于农户角度》（博士学位论文），南京农业大学 2007 年。

92. 孙艳华等：《生产合同模式对农户增收绩效的实证研究——基于江苏省肉鸡行业的调查数据》，《农业技术经济》2008 年第 4 期。

93. 唐步龙：《产业链框架下江苏杨树产业纵向协作关系研究》（博士学位论文），南京农业大学 2007 年。

94. 王爱丽、李圣军：《农户家庭经营行为研究的相关评述》，《农村经济与科技》2008 年第 7 期。

95. 王爱群、夏英：《合同关系与农业垂直一体化应用比较研究》，《农业经济问题》2006 年第 7 期。

96. 王朝全：《农业产业组织创新：动因、目标与路径》，《科技进步与对策》2003 年第 8 期。

97. 王桂霞等：《我国肉牛养殖户纵向协作形式选择的影响因素分析》，《农业经济问题》2006 年第 8 期。

98. 王凯：《中国农业产业链管理的理论与实践研究》，北京：中国农业出版社 2004 年版。

99. 王文勇：《"集体所有制的合作经济"质疑》，《中国农村经济》1987 年第 8 期。

100. 王瑜、应瑞瑶：《契约选择和生产者质量控制行为研究——基于农户风险偏好视角》，《经济问题》2007 年第 9 期。

101. 王瑜、应瑞瑶：《垂直协作与农产品质量控制：一个交易成本的分析框架》，《经济问题探索》2008 年第 4 期。

102. 王蒲华：《农村专业合作组织：发展模式与运行机制》，《中国合作经济》2006 年第 10 期。

103. 王伟：《农村合作经济与农民增收》，《农业经济》2001 年第 9 期。

104. 卫新、胡豹、徐萍：《浙江省农户生产经营行为特征与差异分析》，《中国农村经济》2005 年第 10 期。

105. 吴金明、邵昶：《产业链形成机制研究——"4＋4＋4"模型》，《中国工业经济》2006 年第 4 期。

106. 吴秀敏、林坚：《农业产业化经营中契约形式的选择：要素契约还是商品契约———一种基于 G－H－M 模型的思考》，《浙江大学学报》（人文社会科学版）2004 年第 5 期。

107. 席爱华、陈宝峰：《农机户参与农机合作组织的意愿研究》，《农业技术经济》2007 年第 4 期。

108. 西奥多·W. 舒尔茨著，梁小民译：《改造传统农业》，北京：商务印书馆 1999 年版。

109. 徐力行：《农民和农业组织化模式的决定因素和一般规律——国际验证及对我国的启示》，《财经研究》2002 年第 11 期。

110. 徐旭初：《中国农民专业合作经济组织的制度分析》，北京：中国经济科学出版社 2005 年版。

111. 杨明洪：《农业产业化经营的经济风险及其防范》，《经济问题》2001年第 8 期。

112. 杨明洪：《农业产业化经营组织形式演进：一种基于内生交易费用的理论解释》，《中国农村经济》2002 年第 10 期。

113. 杨明洪：《从"中心化模式"向"中间化模式"：农业产业化经营组织演化分析》，《中州学刊》2008 年第 9 期。

114. 杨明洪：《订单农业风险形成的圈层结构：一般性的概念分析框架》，《四川大学学报》（哲学社会科学版）2009 年第 1 期。

115. 杨霞、王朝全：《组织有效性：农村合作经济组织成长之路》，《农村经济》2006 年第 10 期。

116. 杨小凯、张永生：《新型古典发展经济学导论》，《经济研究》1999年第 7 期。

117. 尹云松等：《公司与农户间商品契约的类型及其稳定性考察——对 5家农业产业化龙头企业的个案分析》，《中国农村经济》2003 年第 8 期。

118. 苑鹏：《市场经济转型时期村级社区合作组织的功能转换探析——以三个村级社区合作组织的案例调查为例》，《农村合作经济经营管理》2001 年第 3 期。

119. 苑鹏：《中国农村市场化进程中的农民合作组织研究》，《中国社会科学》2001 年第 6 期。

120. 苑鹏：《农民专业合作经济组织：农业企业化的有效载体》，《农村经营管理》2003 年第 5 期。

121. 于全辉：《基于有限理性假设的行为经济学分析》，《经济问题探索》2006 年第 7 期。

122. 张静：《交易费用与农户契约选择——来自梨农调查的经验证据》（博士学位论文），浙江大学 2009 年。

123. 张正河、杨虎峰：《产业化过程中的违约行为及影响因素分析》，《农村经营管理》2006 年第 1 期。

124. 章寿荣、王蕾：《从农产品流通的组织效率探讨"农改超"》，《江苏商论》2006 年第 10 期。

125. 张维迎：《博弈论与信息经济学》，上海：上海人民出版社 1996 年版。

126. 张晓山：《促进以农产品生产专业户为主体的合作社的发展——以浙江省农民专业合作社的发展为例》，《中国农村经济》2004 年第 11 期。

127. 张晓山：《发展农民专业合作组织的几个问题》，《浙江经济》2004 年第 12 期。

128. 张昱、黄祖辉：《农产品市场竞争力问题的理论性探讨》，《浙江社会科学》2004 年第 4 期。

129. 张云华、孔祥智、罗丹：《安全食品供给的契约分析》，《农业经济问题》2004 年第 8 期。

130. 赵西亮、吴栋、左臣明：《农业产业化经营中商品契约稳定性研究》，《经济问题》2005 年第 3 期。

131. 赵绪福、王雅鹏：《从产业化经营的需要看中国农业产业链的构建》，《湛江师范学院学报》2004 年第 4 期。

132. 赵绪福、王雅鹏：《农业产业链的增值效应与拓展优化》，《中南民族大学学报》（人文社会科学版）2004 年第 4 期。

133. 祝宏辉、王秀清：《新疆番茄产业中农户参与订单农业的影响因素分析》，《中国农村经济》2007 年第 7 期。

134. 周立：《资金互助解决农村融资难题》，《银行家》2005 年第 10 期。

135. 周立群、曹利群：《农村经济组织形态的演变与创新——山东省莱阳市农业产业化调查报告》，《经济研究》2001 年第 1 期。

136. 周曙东：《电子商务概论》，南京：东南大学出版社 2002 年版。

137. 周曙东、戴迎春：《供应链框架下生猪养殖户垂直协作形式选择分析》,《中国农村经济》2005 年第 6 期。

138. 左两军、张丽娟:《农产品超市经营对农业产业链的影响分析》,《农村经济》2003 年第 3 期。

英文文献

1. Alback S. and Schultz C. One Cow? One Vote? Scandinavian Journal of Economics, 1997, 99 (4): 597 - 615.

2. Alback S. and Schultz C. On the Relative Advantage of Cooperatives, Economic Letters, 1998, 59: 397 - 401.

3. Anthony Wilson. Capitalist Coordination of Agriculture: Food Processing Firm and Farming in Central Canada. Rural Sociology, Vol. 55 (3), 1990, pp. 376 - 394.

4. Bijman, J. and Hendrikse G. Co - operatives in Chains: Institutional Restructuring in the Dutch Fruit and Vegetables Industry, Journal on Chains and Network Science, 2003, 3 (2): 95 - 107.

5. Bugos, G. E. Intellectual property protection in the American chicken - breeding industry Business history review, Vol. 66, 1992: 68 - 127.

6. Boger, silke. Quality and contractual choice: a transaction cost approach to the polish hog market. European Review of Agricultural Economics, Vol., 28 (3), 2001: 241 - 261.

7. DeeVon Bailey, Lynn Hunnicutt, The Role of Transaction Costs in Market Selection: Market Selection in Commercial Feeder Cattle Operations, Annual Meeting of the American Agricultural Economics Association in Long Beach, CA; July 28 - 31, 2002.

8. Deval, Y. and Biere, A. Grain Producers Attitudes to New Forms of Supply Chain Coordination. International Food and Agribusiness Management Review, 1998, 1 (2): 179 - 193.

9. Eisenhardt, K. M, Control: Organizational and Economic Approaches, Management Science, 1985 (31): 134 - 149.

10. Emelianoff, Economic Theory of Cooperation, Ann Ailbor Edward Brothers, 1942.

11. Enke S Consumer Cooperatives and Economic Efficiency, American Econom-

ic Review, 1945. 35 (1): 148 –155.

12. Frank, S. D. and Henderson, D. R. Transaction Costs as Determinants of Vertical Coordination in the U. S. Fond Industries. American Journal of Agricultural Economics, 1992, 74: 941 –950.

13. Fulton M. The Future of Canadian Agricultural Cooperatives: A Property Rights Approach, American Journal of Agricultural Economics, 1995, 77 (5): 1144 –1152.

14. Fulton M. E. and Giannakas K. Organizational Commitment in a Mixed Oligopoly: Agricultural Cooperatives and Investor – owned Firms, American Journal of Agricultural Economics, 2000, 83 (5): 1258 –1265.

15. Helmberger. P. G. , Hoos. S. Cooperative Enterprise and Organization Theory, Journal of Farm Economics, 1962, (44) : 275 –290.

16. Helmberger P. G. Cooperative Enterprise as a Structural Dimension of Farm Markets, Journal of Farm Economics, 1964, 46: 603 –617.

17. Helmberger P. G. and Hoos S. Cooperative Bargaining in Agriculture: Grower – Processor Markets for Fruits and Vegetables, Los Angeles: University of California, 1965.

18. Hendrikse G. Screening, Competition and the Choice of the Cooperative as an Organizational Form, Journal of Agricultural Economics, 1998, 49 (2): 202 –217.

19. Hendrikse G. W. and Veerman C. P. Marketing Cooperatives: an Incomplete Contracting Perspective, Journalof Agricultural Economics 2001, 52 (1): 53 –61.

20. Hennessy, David, A. and Lawrence, John D. , Contractual Relations, Control, and Quality in the Hog Sector, Review of Agricultural Economics, volume 21, 1999 (1): 52 –67.

21. Hobbs, Till E. , Increasing Vertical Linkages in Agri – food Supply Chain: A Conceptual Model and some Preliminary Evidence, Research Discussion Paper No. 35, University of Saskatchewan, August 1999.

22. Hobbs. J. E. and Youg. L M. Closer vertical co – ordination in agri – food supply chains: a conceptual framework and some preliminary evidence , Supply Chain Management, 2000, 5: 131 –142.

23. Joskow, Paul. L Vertical Integration and Long – term Contracts: The Case of Coal – burning Electric Generating PlantsJournal of Law, Economics and Organization. 1985: 33 – 77.

24. Key, Nigel and McBride, William, Production Contracts and Productivity in the U. S. Hog Section, American Journal of Agricultural Economics, Vol. 81No1, 2003, pp. 121 – 133.

25. Kliebenstein, James B. and John D. Lawrence. Contracting and Vertical Coordination in the United States Pork Industry. American Journal of Agricultural Economics. 77, 1995 (12): 1213 – 1218.

26. Levay C. Agricultural Cooperative Theory: A Review, Journal of Agricultural Economics, 1983, 34 (1): 1 – 44.

27. Martinez, S. W. Vertical Coordination in the Pork and Broiler Industries: Implications for Pork and Chicken Products. USDA, ERS, AER 1999, No. 777.

28. Martinez S. W. Vertical Coordination of Marketing Systems: Lessons from the Poultry, Egg, and Pork Industries, Agricultural Economic Report No. 807 April 2002.

29. Mighell, R. L, Jones, L. A, Vertical Coordination In Agriculture, U. S. Department of Agriculture, Economic Research Service, Agricultural Economic Report No. 19, 1963.

30. Nickerson, A. J. &Silverman, S. B. Why Firms Want to Organize Efficiently and What Keeps Them from Doing So: Inappropriate Governance, Performance, and Adaptation in a Deregulated Industry. Administrative Science Quarterly, 2003, 48 (3): 433 – 465.

31. Ollila P. and Nilsson J. The Pension of Agricultural Cooperatives in the Changing Food Industry of Europe, in Nilsson J. and Van Dijk G, Strategies and Structures in the Agro – food Industries, Assen: Van Gorcum, 1997: 131 – 150.

32. Rehber, Erkan, Vertical Integration in Agricultural and Contract Farmer Working Paper Series, Food Marketing Policy Center, University of Connecticut, 1998, Report No. 32.

33. Rehber, Erkan, Vertical Coordination in the Agro – food Industry and Contract Farming: A Comparative Study of Turkey and the USA, Food Marketing Policy Center Research, University of Connecticut 2000, Report No. 52.

34. Renos Vakis, Elisabeth Sadoulet, and Alain de Janvry, Measuring Transactions Costs from Observed Behavior: Market Choices in Peru, JEL classification: D23, D83, O12, October 2003.

35. Rhodes V. J. The Large Agricultural Cooperative as a Competitor, American Journal of Agricultural Economics, 1983, 65: 1090 – 1095.

36. Rhodes V. J. Cooperatives and Contestable/Substainable Markets, in Royer J. Cooperative Theory: New Approaches, Washington D. C.: USDA, 1987: 108 – 116.

37. Rogers, R. T., R. J. Sexton. Assessing the importance of oligopsony power in agriculture . Amer. J. Agr. Econ, 1994: 1143 – 1150.

38. Royer J. S. Potential for Cooperative Involvement in Vertical Coordination and Value – added Activities, Agri – business: An International Journal, 1995, 11 (5): 473 – 481.

39. Runsten, analysisD. and Key, N. (1996) Contract farming in developing countries: Theoretical issues of some Mexican cases, Report LC/L. 989, United Nations Economic Commission Latin America and the Caribbean, Santiago, Chile, September.

40. Phillips R. Economic Nature of the Cooperative Association, Journal of Farm Economics, 1953 (35): 74 – 87.

41. Poole, N. D.: DeI Campo Comis: Igual, J. and Gimenz, F. V. Formal Contracts in Fresh Produce Markets. Food Policy, 1998, Vol, 23, No. 2: 131 – 142.

42. S. Popkin, The Rational Peasant: The Political Economy of Rural Society in Vietnem Berkeley : University of California Press , 1979 , 31.

43. Sexton R. J. and Iskow J. Factors Critical to the Success or Failure of Emerging Agricultural Cooperatives: Giannini Foundation Information Series No. 88 – 3. Davis: University of California – Davis, 1988.

44. Shaffer J. D. Thinking about Farmer' Cooperatives, Contracts, and Economic Coordination, in Royer J: Cooperative Theory: New Approaches. Washington D. C. : USDA, 1987: 61 – 86.

45. Spolter, J. Bargaining cooperatives lead in using conciliation: agricultural bargaining in a competitive world, Proceedings of Service Report of 37th National and

Pack Coast Bargaining Cooperative Conference, USDA, 1992: 20 – 21.

46. Sporleder, T. Assessing vertical strategic alliances by agribusiness. Canadian Journal of Agricultural Economics 1994 (42): 533 – 540.

47. Staatzs J. M. Cooperatives: A Theoretical Perspective on the Behavior of Farmers, East Lansing: Michigan State University, 1984.

48. Staatzs J. M. The Structural Characteristics of Farmer Cooperatives and Their Behavioral Consequences, in Royer J Cooperative Theory: New Approaches, Washington D. C. : USDA, 1987: 33 – 60.

49. Staatzs J. M. Recent Developments in the Theory of Agricultural Cooperation, 1987 (2): 74 – 95.

50. Staatzs J. M. Farmers' Incentives to Take Collective Action via Cooperatives: A Transaction – Cost Approach in Royer J. Cooperative Theory: New Approaches, Washington D. C. : USDA, 1987: 87 – 108.

51. Sykuta M. E. and Cook M. L. A New Institutional Economics Approach to Contracts and American Cooperatives, Journal of Agricultural Economics, 2001, 83 (5): 1273 – 1279.

52. Williamson, O. E. Markets and Hierarchies: Analysis And Antitrust Implications, New York: Free Press, 1975.

53. Williamson, O. E. , The Economic Institutions of Capitalism: Firms, Markets, Relational Contracting , New York: Free Press, 1985.

54. Williamson, O. E. , Comparative Economic Organization: The Analysis of Discrete Structural Alternatives Administrative Science Quarterly 36 (June): 269 – 96, 1991.